■ 新时代教育改革发展研究丛书

西部教育

发展宏观政策研究（2018）

主　编：靳建设

副主编：秦志功

编　委：岳文果　邓湘萍　许文婕　单亚玲　李丽娟
漆治文　何宝平　杨军峰　马金玲　李　劼

兰州大学出版社
LANZHOU UNIVERSITY PRESS

图书在版编目（C I P）数据

西部教育发展宏观政策研究. 2018 / 靳建设主编
. -- 兰州 : 兰州大学出版社, 2019.6
（新时代教育改革发展研究丛书）
ISBN 978-7-311-05624-7

Ⅰ. ①西… Ⅱ. ①靳… Ⅲ. ①教育事业—发展—研究
—西北地区②教育事业—发展—研究—西南地区 Ⅳ.
①G527

中国版本图书馆CIP数据核字(2019)第142146号

责任编辑 王曦莹 宋 婷
封面设计 王 挺

书 名 西部教育发展宏观政策研究(2018)
作 者 靳建设 主编
出版发行 兰州大学出版社 (地址:兰州市天水南路222号 730000)
电 话 0931-8912613(总编办公室) 0931-8617156(营销中心)
0931-8914298(读者服务部)
网 址 http://press.lzu.edu.cn
电子信箱 press@lzu.edu.cn
印 刷 白银兴银贵印务有限公司
开 本 710 mm×1020 mm 1/16
印 张 13
字 数 216千
版 次 2019年6月第1版
印 次 2019年6月第1次印刷
书 号 ISBN 978-7-311-05624-7
定 价 29.00元

前 言

百年大计，教育为本。党的十八大以来，我们围绕培养什么人、怎样培养人、为谁培养人这一根本问题，全面加强党对教育工作的领导，坚持立德树人，加强学校思想政治工作，推进教育改革，加快补齐教育短板，教育事业中国特色更加鲜明，教育现代化加速推进，教育方面人民群众获得感明显增强，我国教育的国际影响力加快提升，13亿多中国人民的思想道德素质和科学文化素质全面提升。

党的十九大和全国教育大会对我国新时期教育发展规划了宏伟的蓝图，提出了崭新的要求。为更好促进西部地区教育快速健康发展，教育部政策法规司委托我院组织开展“西部教育发展宏观政策系列研究”（项目编号：JY-BZF2017112）。该项目下设6大选题：西部基础教育和全国基础教育发展比较研究，西部职业教育和全国职业教育发展比较研究，西部高等教育和全国高等教育发展比较研究，西部高校人才流失问题研究，四省藏区教育一体化发展研究，教育精准扶贫新路径研究。接受委托后，我院组织专业力量成立课题组，分析项目背景，制定研究目标，设计研究路径，确定研究内容，分解研究任务，组织开展了系统深入的研究。

本项研究基于陕西、甘肃、宁夏、青海、新疆、云南、贵州、四川、重庆、广西、西藏、内蒙古12省（自治区、直辖市）教育发展实际，包括学前教育、义务教育、普通高中教育、中等职业教育、高等教育、四省藏区教育、教育精准扶贫等领域，从普及程度、办学规模、师资队伍建设、经费投入与支出、办学基础条件等方面进行对比分析，力求客观反映西部教育发展现状，找准西部教育与全国平均水平、东部发达地区的差距，探寻、发现制约西部教育发展的困难，聚焦西部地区教育发展中存在的问题，厘清问题成因，提出具有针对性和可操作性的政策、思路和举措，为教育部对进一步加快西部地区教育发展提供了重要的决策依据。

由于研究者水平有限，本书中的一些研究内容与研究结论还不是十分成熟或略失偏颇，不足之处敬请教育界各位同仁提出宝贵意见。

编　者

2018年12月

目 录

第一章　西部学前教育发展研究
——基于与全国比较的视角

一、研究背景和意义

学前教育是国民教育体系的重要组成部分，是一项重要的社会公益事业，它对促进国民素质整体提高、社会公平、脱贫攻坚等均具有基础性、先导性作用，大力促进教育公平已成为党和政府的国家意志。学前教育作为基础教育起点公平的教育，缩小其差距是大力促进教育公平的重中之重。

习近平总书记在十九大报告中指出："中国特色社会主义进入新时代，我国社会主要矛盾已经转化为人民日益增长的美好生活需要和不平衡不充分的发展之间的矛盾。"当这种不平衡不充分发展的矛盾具体到学前教育发展上时显得更为突出，在初步解决"能不能入园"后，"入好园""好入园"成为人民群众新的期待，它主要表现在人民群众对接受高质量学前教育的热切期盼与学前教育资源严重短缺且发展不均衡不充分之间的矛盾，比如，东西部之间、城乡之间、园际之间学前教育资源配置不均衡，教育发展水平差异明显，教育质量提升不充分等，难以满足人民群众日益增长的享受公平、优质、多样化的学前教育需求，解决这一矛盾的根本途径是转变教育发展方式，优化教育资源配置结构，促进内涵发展。

我国西部地区由于受地理位置和经济发展水平等因素的限制，历来学前教育整体发展比较滞后，2010年，随着《国家中长期教育改革和发展规划纲要（2010—2020）》的出台，特别是三期学前教育三年行动计划的实施，我国学前教育事业迎来了快速发展的新时期。我国政府加大了对学前教育的投入，尤其对西部、老少边穷地区和困难家庭儿童的扶持力度，通过多种途径扩大学前教育资源，增加学前教育机会，保证适龄儿童接受学前教育，基本实现了《国家中长期教育改革和发展规划纲要（2010—2020）》提出的普及学前教育的目标。但在教师队伍数量、质量、经费投入、办园条件等方面，西部地区和国家发展水平相比，仍存在一定的差距和差异，本研究通过相关核心指标的分析，探寻影响西部地区学前教育发展的关键因素，对于提高我国西部学前教育高质量发展具有重要意义。

二、研究目标

其一，了解目前西部12省（自治区、直辖市）学前教育发展现状。

其二，找出西部与全国学前教育发展差距。

其三，提出促进西部学前教育发展的政策建议。

三、研究方法

（一）文献研究

本研究通过查阅国内外有关“西部学前教育政策法规”“西部学前教育发展现状”“西部学前教育资源配置”等相关文献、论著和《中国教育统计年鉴》《中国教育经费统计年鉴》等权威数据，充分利用中国知网数据库、中国优秀硕士论文全文数据库等电子检索系统，对国内外有关西部学前教育发展研究的文献进行归纳分析整理，确定具有典型意义的核心数据指标，作为整个研究数据分析的基础。

（二）比较研究

在文献研究的基础上，搜集有关衡量学前教育发展的核心指标，构建学前教育发展比较研究指标体系，将西部学前教育发展与全国学前教育发展情况进行比较，找出差距，分析其产生的原因，提出对策建议。

（三）数据分析

课题组采用《中国教育统计年鉴》《中国教育经费统计年鉴》等权威数据，从普及程度、发展规模、教师队伍、办学条件及财政投入等方面进行对比分析，力求客观、公正地比较分析全国及西部地区学前教育发展的基本现状及水平，找准西部学前教育与全国学前教育的差距。

四、研究内容

1.学前教育普及现状

截至2016年，我国西部各省区三年毛入园率得到极大的提高，充分体现了学前教育发展取得的成效。

表1-1　2016年全国及西部地区学前教育基本情况

地区	园所总数(人)	在园人数(人)	学前三年毛入园率(%)
全　国	239 812	44 138 630	77.4
内蒙古	3 672	607 529	90
广　西	11 013	2 096 356	76
重　庆	5 109	932 584	82.54
四　川	12 903	2 593 131	79.61
贵　州	8 008	1 446 274	83
云　南	7 310	1 315 060	68.27
西　藏	1 028	96 777	66.2
陕　西	7 313	1 431 294	96.9
甘　肃	6 441	892 087	90
青　海	1 667	199 804	80.74
宁　夏	889	206 219	77.94
新　疆	4 643	919 555	76.29

从表1-1可以看出，2016年我国西部12个省（自治区、直辖市）的学前教育虽然已经基本普及，但是差别依然较大。与全国三年毛入园率的平均数值77.4%相比较，陕西省、内蒙古自治区和甘肃省三年毛入园率均达90%以上，远远高于全国平均水平，尤其是陕西省三年毛入园率高达96.9%，高出全国平均值19.5个百分点。低于全国平均值的省份有广西壮族自治区、云南省、西藏自治区和新疆维吾尔自治区，其中最低的省份是西藏自治区，三年毛入园率仅为66.2%，低于全国平均值11.2个百分点，低于陕西省30.7个百分点。西部区域内学前教育普及程度仍存在较大差距，发展不均衡。

2.师资队伍现状

本研究中师资队伍现状主要从幼儿园教职工结构、幼师比和幼儿园园长、专任教师的学历和职称几方面，通过占比形式进行比较分析。

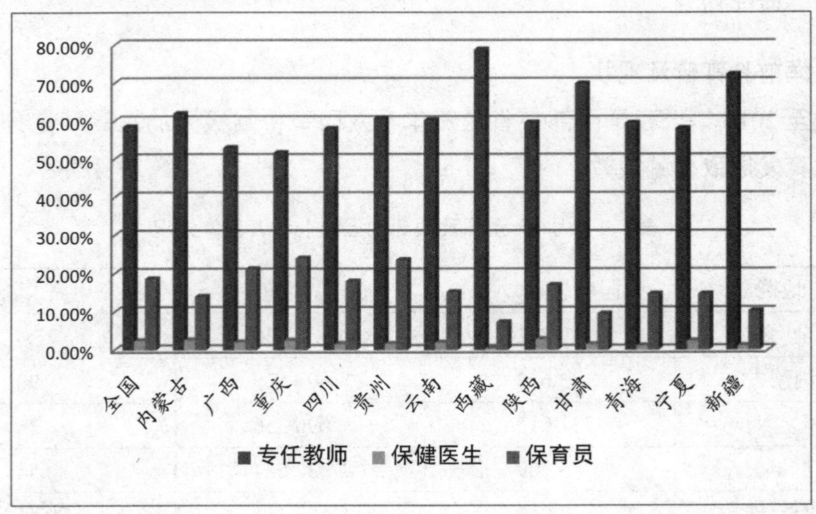

图1-1 2016年全国及西部地区幼儿园教职工结构占比情况(单位:%)

从图1-1中可看出，我国西部地区与全国幼儿园专任教师、保健医生、保育员占比相比较存在较大差异，保健医生占比普遍较低。

从专任教师来看，全国专任教师在教职工总数当中的占比为58.46%，西部地区高于这一数值的有西藏自治区、新疆维吾尔自治区、甘肃省、内蒙古自治区、贵州省、云南省、陕西省、青海省，其中西藏自治区的专任教师占比最高，达到了78.79%，高出全国平均值20.33个百分点。专任教师占比最低的是重庆市，仅为51.60%，低于全国平均水平6.86个百分点，与西藏自治区相差27.19个百分点。

从保健医生占比分析，全国平均占比为2.46%，只有陕西省、内蒙古自治区、重庆市勉强超出全国平均值，其余省区保健医生的占比则更低。陕西省保健医生占比相对较高为2.82%，仅高出全国平均值0.36个百分点。保健医生占比最低的是西藏自治区，仅为0.47%，低于全国平均水平1.99个百分点，与陕西省相差2.35个百分点。根据《托儿所幼儿园卫生保健工作规范》中对卫生保健人员的配备标准（每150名幼儿配备1名保健医生）来推算，保健医生合理的比例应该为7.70%。目前全国的保健医生占幼儿园教职工比例非常低。

从保育员来看，全国保育员占幼儿园教职工总数的比例为18.61%，超过这一数值的有重庆市、贵州省和广西壮族自治区，其余省区的保育员占比均低于全国水平。其中重庆市保育员占比最高，达到23.94%，高出全国平均值5.33个百分点。保育员占比最低的是西藏自治区，仅有7.24%，低于全国平均水平11.37个百分点，与重庆市相差16.7个百分点。

从表1–2可看出，西部地区的幼师比偏高，结构不合理。2016年全国幼师比为11.56∶1，同期我国西部地区低于这一数值的有内蒙古自治区、陕西省和重庆市，其余省区的幼师比均高于全国水平。其中内蒙古自治区幼师比最低，为9.49∶1，低于全国平均水平2.07个百分点；西藏自治区的幼师比最高，达20.48∶1，高出全国平均水平8.92个百分点，与内蒙古自治区相差10.99个百分点。国家出台的《幼儿园教职工配备标准》规定全日制幼儿园中推荐的幼师比为5∶1～7∶1，不难发现，当前西部各省区的幼师比均未能达到国家规定的相关政策文件要求。

表1–2　2016年全国及西部各省区幼师比情况表

省(市、区)	教职工数与幼儿数的比例		
	教职工数(人)	幼儿数(人)	幼师比
全　国	3 817 830	44 138 630	11.56∶1
内蒙古	63 994	607 529	9.49∶1
广　西	140 128	2 096 356	14.96∶1
重　庆	79 479	932 584	11.73∶1
四　川	182 221	2 593 131	14.23∶1
贵　州	120 829	1 446 274	11.97∶1
云　南	89 122	1 315 060	14.76∶1
西　藏	4 725	96 777	20.48∶1
陕　西	140 656	1 431 294	10.18∶1
甘　肃	56 510	892 087	15.79∶1
青　海	17 092	199 804	11.69∶1
宁　夏	16 272	206 219	12.67∶1
新　疆	57 784	919 555	15.91∶1

从图1-2可看出，西部各省区幼儿园园长和专任教师学历差别较大，专科及以上学历占大多数，但高中及以下学历依然占有较大比例。全国专科及以上学历的幼儿园园长和专任教师占比为77.55%，西部省区超过这一数值的有西藏自治区、内蒙古自治区、重庆市、四川省、陕西省、甘肃省、宁夏回族自治区和新疆维吾尔自治区，其中占比最高的是西藏自治区，高达91.99%，高出全国平均水平14.44个百分点，但是广西壮族自治区的专科及以上学历的幼儿园教师占比为72.09%，低于全国水平5.46个百分点，高中及以下占比达到了27.91%。因此，专科学历的教师依旧是西部地区幼儿园教师队伍的中坚力量。

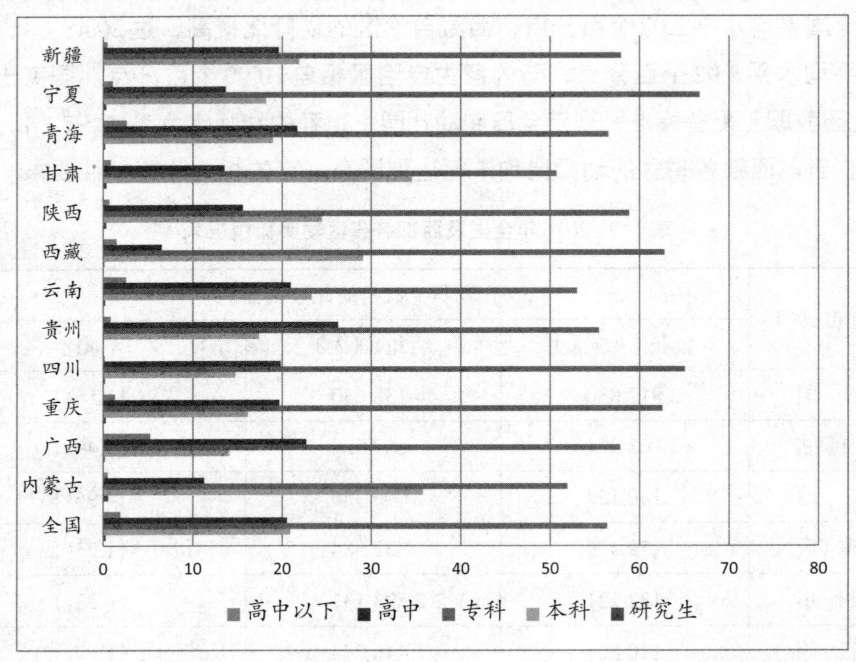

图1-2　2016全国及西部地区幼儿园园长和专任教师学历占比情况(单位:%)

从图1-3可以看出，幼儿园教师职称问题整体情况不容乐观，未定职称教师占比较高，全国平均数值高达72.94%。我国西部地区超过全国平均未定职称的省区有重庆市、青海省、广西壮族自治区、宁夏回族自治区和四川省，其中重庆市未定职称教师占比高达84.67%，高于全国平均数值11.73个百分点，西藏自治区未定职称教师占比较低，为43.72%，低于全国未定职称教师平均值29.22个百分点，与重庆市相差17.49个百分点。我国西部幼儿园园长和专任教师未定职称人数占比高，省区之间差别较大。

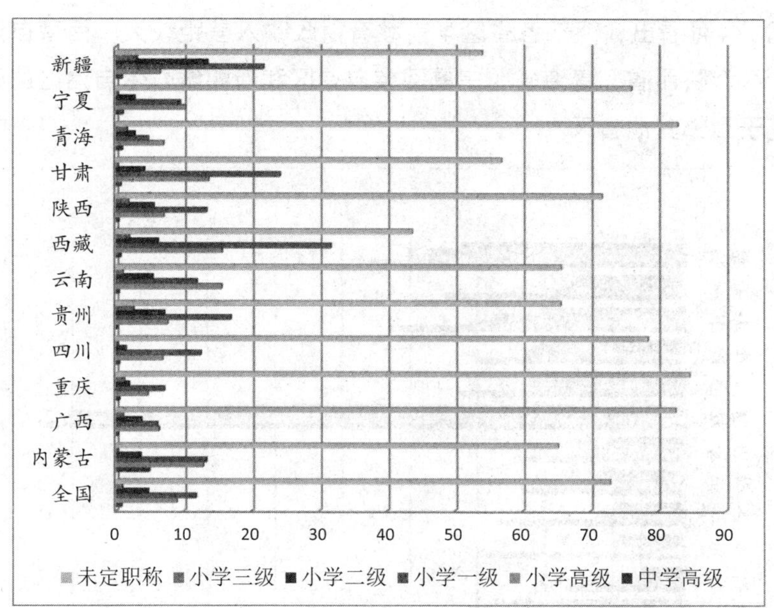

图1-3　2016年全国及西部地区幼儿园园长和专任教师职称占比情况(单位:%)

从中学高级教师职称数据分析，全国具有高级职称的教师占比为0.77%，只有内蒙古自治区占比较高为4.87%，超出全国平均水平4.1个百分点；贵州省较低为0.12%，低于全国平均值0.65个百分点，与内蒙古自治区相差4.75个百分点。幼儿园教师中具有中学高级教师职称的人数偏少。

从小学高级教师数据分析，全国具有小学高级职称的教师占比为8.91%，西藏自治区、云南省、内蒙古自治区、甘肃省和宁夏回族自治区均高于全国平均值，尤其西藏自治区具有小学高级职称的教师高达15.68%，超出全国平均水平6.77个百分点；重庆市较低为4.65%，低于全国平均值4.26个百分点，与西藏自治区相差11.03个百分点。西部各省区之间具有小学高级教师职称的人数差距较大。

从小学一级教师数据分析，整体对比幼儿园教师职称占比情况中具有小学一级教师的占比较高。

3.经费投入情况

在本研究经费投入比较分析中，我们重点对财政收入和财政支出的统计数据进行了比较，财政收入包括了总计收入，为了能更清楚的说明具体的收入情况，还分别比较了国家财政性教育经费、公共财政教育经费和教育事业费的收入状况。财政支出为城市和农村的学前教育生均教育经费支出。

从图1-4可看出，西部各省区学前教育财政收入差距较大。西藏自治区、内蒙古自治区、陕西省、青海省、宁夏回族自治区和新疆维吾尔自治区的财政收入整体要高于西部其他省区。

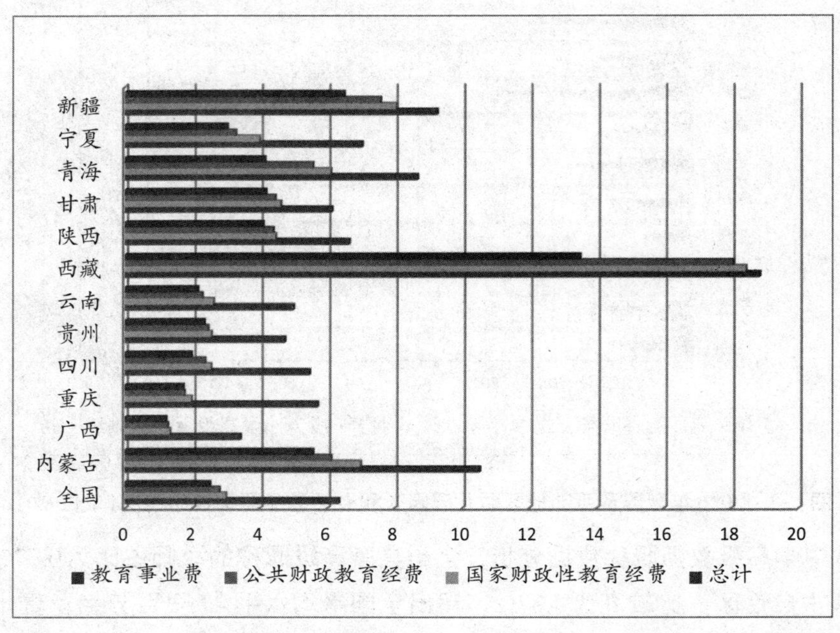

图1-4　2017年全国及西部地区学前教育财政收入情况(单位:千元)

从全国生均教育总计数据分析，2017年全国生均教育总计收入为6.35千元，西藏自治区、内蒙古自治区、新疆维吾尔自治区、青海省和宁夏回族自治区均超出全国数值，尤其是西藏自治区生均教育总计收入最高达18.85千元，高出全国平均值12.5千元，其中广西壮族自治区生均教育总计收入最低，仅3.43千元，与西藏自治区相差15.42千元。西部各省区之间生均教育总计收入差距较大。

从生均国家财政性教育经费数据分析，生均国家财政性教育经费收入为3.00千元，西藏自治区、新疆维吾尔自治区、内蒙古自治区、青海省、陕西省、甘肃省和宁夏回族自治区均高于全国平均数，其中西藏自治区生均国家财政性教育经费收入最高为18.43千元，高出全国平均值15.43千元，广西壮族自治区生均国家财政性教育经费收入最低仅1.33千元，与西藏自治区相差17.1千元。西部各省区之间生均国家财政性教育经费收入差距较大。

从生均公共财政教育经费数据分析，全国生均公共财政教育经费收入为2.81

千元，西藏自治区、新疆维吾尔自治区、内蒙古自治区、青海省、甘肃省、陕西省和宁夏回族自治区均高于全国平均数，其中西藏自治区生均公共财政教育经费收入最高为18.04千元，高出全国平均值15.23千元，广西壮族自治区最低为1.27千元，与西藏自治区相差16.77千元。

从生均教育事业费数据分析，全国生均教育事业费收入为2.53千元，西藏自治区、新疆维吾尔自治区、内蒙古自治区、甘肃省、青海省、陕西省和宁夏回族自治区的生均教育事业费收入都超过了全国平均水平。生均教育事业费收入最高的是西藏自治区，达到了13.51千元，高出全国平均值10.98千元，最低的是广西壮族自治区为1.22千元，与西藏自治区相差12.29千元。

从图1-5可看出，西部各省区学前教育生均教育经费支出差距依然显著，内蒙古自治区、西藏自治区、陕西省、甘肃省、青海省、宁夏回族自治区和新疆维吾尔自治区的生均教育经费支出无论是城市还是农村均高于全国平均水平，值得让我们关注的是这些高于全国平均水平的省区当中有4个是民族自治区。

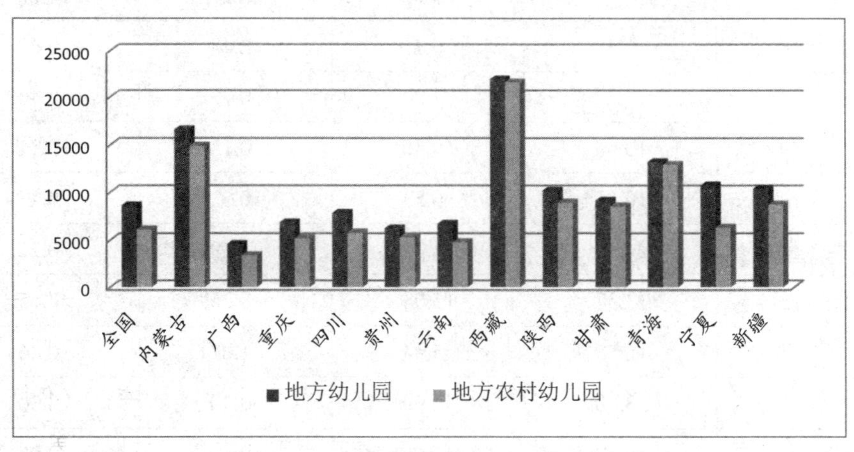

图1-5　2017年全国及西部地区学前教育生均教育经费支出(单位:元)

从生均教育经费支出地方幼儿园数据分析，全国生均教育经费支出地方幼儿园为8 595.97元，只有广西壮族自治区、重庆市、四川省、贵州省和云南省未达到国家生均数，其中最高的是西藏自治区为21 913.88元，高于全国水平13 317.91元，最低的是广西壮族自治区为4 579.68元，与西藏自治区相差17 334.2元。

从生均教育经费支出地方农村幼儿园数据分析，全国生均教育经费支出地方农村幼儿园为6 070.76元，只有广西壮族自治区、重庆市、四川省、贵州省、云南省未达到国家生均数，其中最高的是西藏自治区为21 593.35元，高于全国水平15 522.59元，最低的是广西壮族自治区为3 380.25元，与西藏自治区相差18 213.1元。

4. 办园条件

对我国西部各省区的办园条件本研究主要通过幼儿园教学及辅助用房、幼儿园的占地面积、图书和电子图书，以及相关的教育教学视频小时数作为指标进行比较分析。

表1-3 2016年全国及西部地区学前教育生均物质资源统计表

地区	生均占地面积（平方米）	生均图书（册）	生均电子图书（册）	生均视频（小时）
全　国	11.74	7.36	35.63	1.96
内蒙古	21.27	6.49	0.29	0.19
广　西	5.97	3.96	0.27	14.66
重　庆	8.36	6.71	2.48	0.69
四　川	7.72	7.20	0.73	0.46
贵　州	10.45	6.56	0.13	0.21
云　南	10.31	6.53	0.52	0.47
西　藏	24.88	4.72	1.39	0.22
陕　西	13.37	11.08	8.26	7.65
甘　肃	12.53	5.94	1.07	0.86
青　海	23.80	4.99	0.20	0.30
宁　夏	16.49	5.66	0.48	0.95
新　疆	19.22	3.43	15.56	0.63

从表1-3可看出，我国西部省区办学资源差别较大，且生均图书、生均电子图书、生均视频远不及全国平均水平。

从生均占地面积数据分析，全国学前教育生均占地面积为11.74平方米，高于这一数值的有内蒙古自治区、西藏自治区、陕西省、青海省、宁夏回族自治区和新疆维吾尔自治区，其中生均占地面积最多的是西藏自治区达24.88平方米，高于全国13.14平方米，广西壮族自治区生均占地面积最小，仅为5.97平方米，与西藏自治区相差18.91平方米。

从生均图书册数分析，全国的生均图书册数为7.36册，西部各省区超过这一数值的只有陕西省，为11.08册，高出全国3.72册，最低的是新疆维吾尔自治区，仅为3.43册，与陕西省相差7.65册。

从生均电子图书数据分析，全国生均电子图书为35.63册，西部地区没有一个省区能够超出全国平均水平，最低的是贵州省，仅为0.13册，低于全国35.5册。

从生均教学视频数据分析，全国生均视频为1.96小时，西部地区中广西壮族自治区最高，达14.66小时，高于全国12.7小时，最低的是贵州省，仅为0.21小时，与广西壮族自治区相差14.45小时。

为了能够使我国西部幼儿园生均教学及辅助用房更加具体，本项数据中单列了生均活动室、生均洗手间、生均睡眠室、生均保健室和生均图书室。从图1-6可以看出，我国西部地区幼儿园生均教学及辅助用房有差距，洗手间、保健室和图书室的生均使用面积较小。

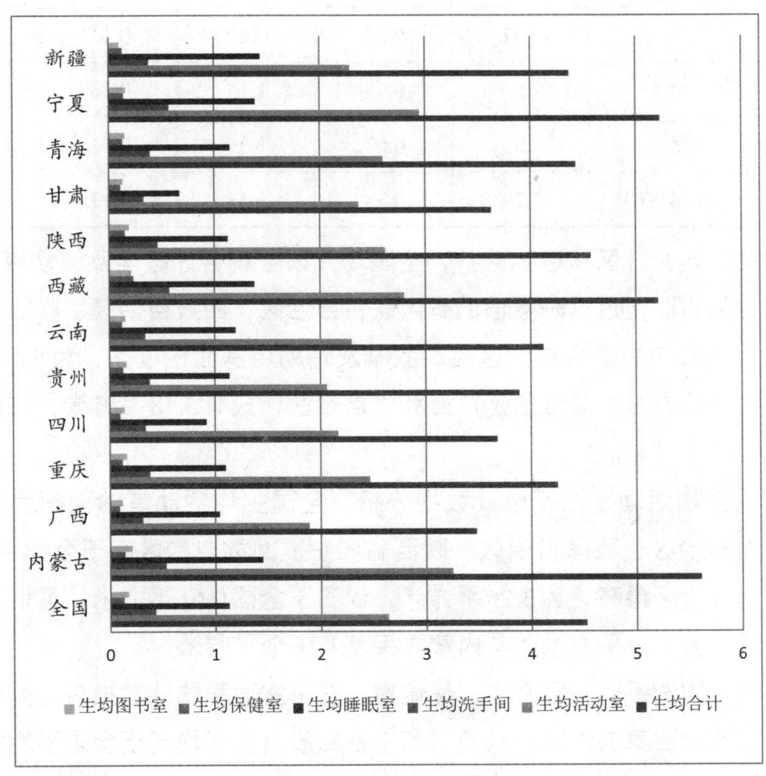

图1-6　2016年全国及西部地区幼儿园生均教学及辅助用房(单位:平方米)

表1-4　2016年全国及西部地区幼儿园生均教学及辅助用房(单位:平方米)

地区	生均合计	生均活动室	生均洗手间	生均睡眠室	生均保健室	生均图书室
全　国	4.52	2.64	0.43	1.13	0.13	0.17
内蒙古	5.61	3.25	0.53	1.45	0.14	0.21
广　西	3.48	1.89	0.31	1.04	0.09	0.12
重　庆	4.25	2.47	0.38	1.10	0.12	0.16
四　川	3.68	2.17	0.34	0.92	0.10	0.14
贵　州	3.89	2.06	0.38	1.14	0.13	0.16
云　南	4.12	2.30	0.34	1.20	0.12	0.15
西　藏	5.21	2.80	0.57	1.38	0.23	0.21
陕　西	4.57	2.62	0.46	1.13	0.15	0.19
甘　肃	3.63	2.37	0.33	0.67	0.11	0.13
青　海	4.43	2.60	0.39	1.15	0.13	0.15
宁　夏	5.23	2.95	0.57	1.39	0.14	0.16
新　疆	4.37	2.29	0.38	1.44	0.13	0.10

从全国生均合计面积数据分析，全国幼儿园生均合计教学及辅助用房为4.52平方米，西部省区超过这一数值的有内蒙古自治区、西藏自治区、陕西省和宁夏回族自治区，其中内蒙古自治区生均教学及辅助用房面积最高，为5.61平方米，高于全国1.09平方米，最低的是广西壮族自治区，只有3.48平方米，与内蒙古自治区相差2.13平方米。

从全国生均活动室面积统计数据分析，全国生均活动室的面积为2.64平方米，内蒙古自治区、西藏自治区、陕西省和宁夏回族自治区高于全国平均水平，其中内蒙古自治区最高，为3.25平方米，仅高于全国0.61平方米，最低的是广西壮族自治区，为1.89平方米，与内蒙古相差1.36个平方米。

通过对生均洗手间、睡眠室、保健室、图书室面积统计数据对比分析，发现内蒙古自治区、西藏自治区、陕西省和宁夏回族自治区均高于全国平均水平，但是差距并不明显。

五、主要问题

通过对西部地区师资队伍、经费投入、办园条件的比较分析，可以看到各省区学前教育得到长足发展，教育资源持续扩大，“入园难”问题得到明显缓解，甘肃省学前三年毛入园率已经达到90%，提前完成了《规划纲要》中提出的2020年完成学前三年毛入园率70%的目标。教师数量和质量也有了较快的增长和提升，内蒙古自治区的幼师比已经达到了9.49∶1，其中达到了我国《幼儿园教职工配备标准（暂行）》当中全日制幼儿园9∶1的规定比例。西藏自治区专科学历以上的幼儿园教师已经超过了90%，远远超过西部其他各省区和全国平均水平。在中央政策的大力支持下，经费投入通过多项专项资金，使我国西部各省区学前教育财政投入稳步增加，四川省和陕西省的财政总收入都已超过全国平均水平。生均教育经费支出更是成效显著，内蒙古自治区、西藏自治区、陕西省、甘肃省、青海省、宁夏回族自治区、新疆维吾尔自治区均已经远远高于全国平均水平。办园条件得到极大改善，幼儿园占地面积扩大，幼儿活动空间增多。这些成效充分体现了党和国家对我国西部地区学前教育的高度重视和大力支持。但是成绩和问题并存，西部各省区在学前教育纵向发展上，虽然有了很大提升，但横向比较，问题依然突出。

我国西部地区占地面积685万平方公里，占全国的71.4%，少数民族众多，战略位置重要。但自然条件严酷，经济落后，加之文化传统、民族习俗和历史的原因，学前教育发展困难较多，推进缓慢，整体水平滞后，成为影响我国学前教育均衡发展的重要问题之一。主要体现在：

1.师资队伍数量不足且质量不高

师资队伍建设问题复杂多样，西部各省区间的差距比较明显。主要的共性问题体现在保健医生短缺、幼儿园教师入职学历偏低和未定职称教师数量巨大。从上述图表数据显示西藏自治区全区保健医生只有22名，与2012年教育部和卫生部颁布的《托儿所幼儿园卫生保健工作规范》的配备要求（卫生保健人员配备，按照收托150名儿童至少设1名专职卫生保健人员的比例配备卫生保健人员，收托150名以下儿童的可配备兼职卫生保健人员）相比短缺数量巨大。而保健医生对幼儿园日常卫生消毒、食品安全、传染病防控、常见病预防管理等工作有着举足轻重的作用，是幼儿健康成长的守护者。教师队伍短缺，从幼师比统计分析中发现，西部地区教师短缺省份占比很高，随着学前教育机构数量迅速增长，教师数量面临严重不足的现状，正严重制约着学前教育的有效扩大与发展。幼儿园教师的学历，按照《教师法》的规定要求应是幼师毕业生，在招聘教师时，一般要求大专以上学历，但是数据显示西部各省区大专以下学历的幼儿园教师数量依旧不少。比如，广西壮族自治区大专以下学历的幼儿园教师占到了27.91%，严重影响教师专业水平。在职称认定方面，西部各省区未定职称的幼儿园教师数量巨大，其中重庆市和青海省高达80%以上，这不利于调动幼儿园教师的专业发展积极性，学前教育质量也难以提升。高学历和高职称的幼儿园教师很大程度上体现了幼儿园教师专业能力的高低。

2.财政投入长效机制不健全

基于我国学前教育事业发展的基本格局和目标，在财政投入方面，西部各省区在学前教育财政收入和生均教育经费支出方面存在较大差距。广西壮族自治区、贵州省、重庆市、四川省、云南省的生均教育经费投入都低于全国平均水平，西藏、内蒙古、新疆三个民族自治区的生均教育经费投入远远高于全国平均值。我国学前教育财政投入不足的一个重要原因在于，目前承担学前教育财政责任的重心偏低，负责对学前教育进行投入的主要是区县、乡镇及村一级的政府。在“国十条”推出之前，中央和省市级政府对教育的投入主要集中在义务教育和高等教育阶段，对学前教育阶段的投入较少。由于我国的财政分权体制，财政资金主要集中在省市以上政府部门，区县以下政府所拥有的财政资源非常有限，大多依靠转移支付资金，财政投入机制尚不健全。财政收入的水平很大程度上决定着这个地区的学前教育发展情况，保证充足的学前教育财政收入才能支撑起学前教育发展所需，教育财政投入是教育公平的起点，而西部各省区经济发展差异较大，导致财政能力差异也较大，这就导致了西部学前教育财政投入上差距较大。

3.办园资源匮乏

通过幼儿园生均占地面积、图书、电子图书的数量，以及相关的教育教学视频小时数作为指标，对全国及西部各省区的幼儿园办园物质条件进行比较分析。发现我国西部地区物质资源差别较大，且生均图书、生均电子图书、生均教学视频远不及全国平均水平，尤其5个民族自治区和青海省的图书、电子图书及电子视频资源生均拥有量更少，只有陕西省的生均图书拥有量为11.08本，高于全国生均值。国家对幼儿园图书、电子图书和电子视频的生均拥有量没有明确的规定，但是部分省区对幼儿园进行等级评估时做出了明确的要求，如图书的生均拥有量为10本。幼儿园教学资源匮乏，一方面反映出各省区之间的资金投入有限，另一方面由于受文化观念所致，对于使用图书、电子资源对幼儿发展的价值认识不清，更是缺少专业的幼儿园教师对比进行指导。教学物质资源是提高幼儿园办学质量的重要保障，幼儿的发展需要空间、时间和可以操作的玩教具等，这是由幼儿的身心发展特点决定的。图书不但是培养幼儿早期阅读能力的重要物质载体，也是幼儿最初了解世界、认识世界的重要途径，进而激发起他们对读书的兴趣，对促进幼儿身心健康发展具有重要的作用。

六、政策建议

教育资源配置不均衡，教育发展水平差异明显，教育质量提升不充分，教育法律体系还不完备等。而解决这些矛盾的根本途径是转变教育发展方式，坚持以提高质量、优化结构为特征的内涵式发展。

1.健全幼儿园教师补充长效机制

要切实加强教师队伍建设。教师是教育发展的关键因素，没有高素质的教师，就没有高质量的教育，实现内涵发展的根本问题就是教师队伍的建设。目前，我国西部各省区幼儿园教师编制紧缺，尤其是公办性质幼儿园教师数量严重不足，国家教育部门应连同编办、人社等部门，统筹公办园教师编制配给，核定教师编制总量，核定公办幼儿园教师编制，形成独立编制体系，明确幼儿园教师的身份和社会地位。并对幼儿园教师编制进行统筹，实施动态管理，根据区域内各类公办园实际办学规模和教育需要定期核编，对缺编严重的公办性质幼儿园配备基本的编制数量。各省区要根据自己的实际情况，出台相关解决教师短缺问题的政策，努力缩小差距。认真落实2013年教育部发布的《幼儿园教职工配备标准（暂行）》中对教师配备的要求，提升幼师比。加强幼儿园卫生保健工作，依据教育部和卫生部颁布的《托儿所幼儿园卫生保健工作规范》的要求，配备幼儿园保健医生的数量。要严把教师入口关，提高幼儿园教师的学历水平。学历水平的提升，很大程度上就是提升了学前教育的质量，对于解决幼儿园小学化倾向有积极的推动作用。

在幼儿园教师职称评定方面，要进一步重视幼儿园教师职称评聘工作，建立健全的幼儿园教师职称评聘制度，加强对农村幼儿园教师职称评聘的支持力度。根据学前教育性质和幼儿园教师职业特点，适当提高中高级职称比例，对农村幼儿园教师可单独划定中高级职称数，以提高幼儿园教师的工作积极性。

2.建立多元化的财政投入机制

政府是发展学前教育的责任主体，建立以财政性经费投入为主的多元化投入机制，保障适龄儿童接受基本的有质量的学前教育。基于我国学前教育事业发展的基本格局和目标，明确将我国学前教育财政投入结构定为“基础性投入、激励性投入、倾斜性投入”三部分。“基础性投入”重点为保障公办学前教育资源的数量稳步发展、质量稳定提升；“激励性投入”则重在激发不同性质和类型的幼儿园举办者更主动为民众提供普惠且有质量的学前教育服务的积极性；“倾斜性投入”则重在保障财政经费向学前教育事业发展的薄弱环节、薄弱领域分配，确保学前教育事业发展的底线均衡。

解决财力资源的不均衡要从财政投入和支出两方面来考虑。一方面，西部地区要加强对学前教育的财政投入，明确在学前教育投入中政府财政投入的主渠道作用、多渠道投入的引导作用、对其他投入主体的规制作用等政府责任，明确提高学前教育经费在财政性教育经费支出中的比重。增强县级政府在学前教育投入的财力，强化省级政府统筹，并通过预算法等相关法律制度来规范政府责任。另一方面，要通过增加普惠性公办园、建立资助体系、发展普惠性民办园等方式促进公平并提高资金的使用效率，在财政投入的使用上加强监督，才能确保投入的资金能够得到很好的使用。财政性经费应优先投入低质量薄弱幼儿园，在物质条件、人员条件上予以帮助，促使其提供有质量的学前教育服务。高质量的幼儿园教育，其成本应有政府、家庭、社会合理分担。优先投向人力资源，保障幼儿园教师的地位与待遇，促进教育质量的提升。

3. 优化配置幼儿园的物质资源

完善幼儿园设施设备，是幼儿园发展的物质保障。一方面，应为幼儿提供一定的活动空间和必要的图书、玩教具，保障幼儿园基本的教学需要。要实现科学保教，提高幼儿园教育质量，坚持以游戏为基本活动，避免幼儿园教育小学化，必须为幼儿园配备种类多样、数量充足、质量可靠安全的玩教具。在幼儿园生均经费中单列生均玩教具经费项目和标准，以免经费被挤占或挪作他用，同时，要规范玩教具采购招投标，从源头上管住玩教具的质量和安全问题。

另一方面，通过增加经费投入，提高西部各省区的幼儿园图书的拥有量。尤其电子资源共享性较高，省际互通有无，使具有适合幼儿发展内容的电子资源可以得到更多更好的使用。西部地区，尤其是老少边穷地区，要充分的利用电子资源打破空间和时间的这一特性，让幼儿接受相对高质量的学前教育，实现更好的发展。

（执笔人：邓湘萍　刘　鑫　孙爱琴）

第二章　西部义务教育发展研究

一、研究背景和意义

党和国家高度重视义务教育发展，党的十八大以来，国家始终把实现义务教育均衡发展作为最大的民生，摆在优先发展的战略地位。围绕“培养什么人、怎样培养人”这一根本问题，国家着力构建以学生发展为核心，以课程改革、队伍建设、督导评价等为保障的政策体系。以增强学生责任感、创新精神和实践能力为目标，贯彻落实立德树人的根本任务，通过深化课程教材改革、美育改革、推广校园足球、启动农村义务教育学生营养改善计划、开展研学旅行等，不断提高学生的核心素养，不断增强学生的创新精神和实践能力。

截至2016年年底，全国学前教育（即幼儿园）毛入园率为77.4%，普惠性的幼儿园占比60%左右；全国共有小学17.76万所，招生1 752.47万人，毕业生1 507.45万人，小学学龄儿童净入学率达到99.92%；全国共有初中学校5.21万所（含职业初中16所），招生1 487.17万人，毕业生1 423.87万人，初中阶段毛入学率104.0%，初中毕业生升学率93.7%；全国共有特殊教育学校2 080所，招生9.15万人，毕业生5.92万人；全国高中阶段教育共有学校2.47万所，招生1 396.26万人，高中阶段毛入学率87.5%。义务教育巩固水平稳步提高，学生综合素质显著增强，教师队伍素质不断提升，育人模式不断创新，满意度不断提高，均衡督导成效显著。

在此背景下总结2011—2016年西部基础教育取得的成就与经验，针对西部基础教育发展存在的问题并提出有针对性的对策，有利于西部基础教育更快更好的发展，以实现新时期西部基础教育内涵式的均衡发展。

二、研究目标

本研究的目标有以下三点：

其一，了解目前西部12省（自治区、直辖市）义务教育发展现状。

其二，找出西部与全国义务教育发展的差距。

其三，提出促进西部义务教育发展的政策建议。

三、研究方法

（一）文献研究

本研究通过查阅近年来国内外关于“西部基础教育”“西部基础教育发展现状”“西部基础教育资源”的相关文献、论著和教育统计年鉴，充分利用中国知网数据库、中国优秀硕士论文全文数据库等电子检索系统，对国内外有关西部基础教育发展研究的文献进行归纳分析整理，确定本研究的思路和方向。

（二）比较研究

在文献研究的基础上，搜集有关衡量基础教育发展的核心指标，构建基础教育发展比较研究指标体系，将西部基础教育发展与全国的基础教育发展情况进行比较，找到差距，并分析差距产生的原因。

（三）数据分析

课题组采用《中国教育统计年鉴》《中国教育经费统计年鉴》等权威数据，从义务教育巩固水平、教师队伍建设、教育经费、办学条件等方面进行对比分析，力求客观、公正地反映西部基础教育发展现状，找准西部基础教育与全国基础教育的差距。

四、研究内容

我国西部地区是行政区划上位于国土西部的地区，一共包含了12个省、直辖市、自治区，分别是陕西省、重庆市、四川省、贵州省、云南省、广西壮族自治区、青海省、宁夏回族自治区、甘肃省、内蒙古自治区、新疆维吾尔自治区、西藏自治区。西部地区是相对于东部地区而言的，相比东部地区，我国西部地区除了个别主要城市外，大部分地区尤其农村地区的发展一直处于落后状态，经济发展的落后直接制约了西部地区教育的发展。教育是百年大计，当前，我国政府对西部的教育问题越来越重视，已经投入大量人力、财力和物力，尽量改善其教育情况，近年来，西部地区教育事业发展取得了显著成绩。

（一）义务教育巩固水平

2011年，我国所有省（自治区、直辖市）通过了国家“普九”验收，人口覆盖率达到100%，全面普及了城乡免费义务教育，解决了孩子们“有学上”的问题。2016年，我国九年义务教育巩固率为93.4%，九年义务教育普及率已超过世界高收入国家的平均水平。

1.小学净入学率

2011年以来，在党和国家领导人的高度重视下，在党中央、国务院的统一部署下，在西部各省（自治区、直辖市）政府、人民的共同努力下，在中东部的大力支援下，我国实施了贫困地区义务教育薄弱学校改造等工程，以改善农村义务教育学校和教学点办学条件；从2011年秋季学期起，实施农村义务教育学生营养改善计划，每年惠及3200多万学生；严格落实义务教育免试就近入学法律规定，推行学区制和九年一贯对口招生，合理划定招生范围，实行阳光招生，将优质高中招生名额合理分配到区域内初中；深入贯彻《西部大开发“十二五”规划》，展开东部城市支持西部地区人才培训……各地方也发布教育发展规划，制定政策法规，加大基础教育的投入，努力改善基础教育办学条件，这些举措深入推进教育改革，扩大教育开放的步伐，基础教育质量得到稳步提高。以内蒙古自治区和云南省为例，2016年末，内蒙古自治区有小学1 730所，招收学生22.8万人，增长1.7%；在校学生133.8万人，增长1.9%；全区初中阶段毛入学率98.7%，小学适龄儿童入学率100%。2016年，云南省义务教育阶段共招生128.15万人，在校生563.93万人，其中，男女童净入学率分别为99.75%和99.7%，男童高于女童0.05个百分点；全省初中招生63.68万人，在校生187.32万人，毕业生60.04万人；初中阶段毛入学率106.91%，比上年提高0.55个百分点；初中毕业生升学率

87.45%，比上年提高1.75个百分点。

2015年底，教育部发布的《国家中长期教育规划纲要（2010—2020）》中期评估报告显示，九年义务教育巩固水平稳步提高，辍学率有所降低。以贵州省为例，2012年小学辍学率和初中辍学率分别为2.98%、5.09%；2013年分别为1.36%、2.89%；2014年有所上升，分别为1.8%、2.8%；2015年大幅下降，分别为0.16%、1.17%。

表2-1　2011—2016年西部地区小学净入学率(%)

地区	2011年	2012年	2013年	2014年	2015年	2016年	年均增长率
全　国	99.79	99.85	99.71	99.81	99.88	99.92	0.03
内蒙古	99.96	99.76	99.86	100	100	100	0.01
广　西	99.64	99.82	99.60	99.58	99.39	99.58	-0.01
重　庆	99.96	99.98	99.98	99.99	99.99	99.99	0.01
四　川	99.51	99.53	99.38	99.21	99.72	99.78	0.05
贵　州	98.57	99.34	99.29	98.48	99.48	99.57	0.20
云　南	99.61	99.57	99.50	99.51	99.68	99.73	0.02
西　藏	99.35	99.40	99.59	99.97	98.94	99.12	-0.05
陕　西	99.91	99.87	99.34	99.89	99.94	99.94	0.01
甘　肃	99.56	99.68	99.78	99.80	99.83	99.92	0.07
青　海	99.68	99.68	99.73	99.67	99.77	99.80	0.02
宁　夏	99.78	99.88	99.50	99.20	99.98	99.98	0.04
新　疆	99.73	99.72	99.81	99.81	99.85	99.87	0.03

2011—2016年，我国西部地区大多数小学净入学率年均增长率比国家年均增长率低，但仍然保持增长势头，国民受教育机会进一步扩大。贵州、甘肃、四川、宁夏四省（自治区）的年均增长率均高于国家，其中，贵州省比国家年均增长率高0.17个百分点。2016年西部地区小学净入学率最高的是内蒙古自治区，达到100%，最低的是西藏自治区，达到99.12%，二者相差0.88个百分点。

2. 每十万人口小学、初中学校平均在校生数

表2-2 2011—2016年西部地区每十万人口小学学校平均在校生数(人)

地区	2011年	2012年	2013年	2014年	2015年	2016年	年均增长率(%)
全 国	7 403	7 196	6 913	6 946	7 086	7 211	-0.49%
内蒙古	5 685	5 501	5 263	5 191	5 244	5 329	-1.26%
广 西	9 262	9 182	9 104	9 150	9 258	9 411	0.33%
重 庆	6 776	6 657	6 754	6 849	6 932	6 955	0.53%
四 川	7 207	6 966	6 513	6 554	6 655	6 698	-1.40%
贵 州	11 749	10 957	10 205	9 888	9 872	10 011	-3.09%
云 南	9 215	8 783	8 416	8 166	8 014	7 942	-2.92%
西 藏	9 792	9 628	9 571	9 458	9 192	9 349	-0.91%
陕 西	6 790	6 269	6 057	6 015	6 175	6 375	-1.17%
甘 肃	8 597	8 048	7 243	6 980	6 956	7 006	-3.93%
青 海	9 092	8 777	8 283	7 980	7 787	7 787	-3.03%
宁 夏	10 163	9 667	9 335	8 999	8 814	8 726	-2.99%
新 疆	8 785	8 606	8 484	8 581	8 916	9 150	0.84%

与全国年均增长率相比，新疆、重庆、广西三省（自治区、直辖市）的每十万人口小学学校平均在校生数呈逐年递增趋势，其中，新疆维吾尔自治区增长率最高，比全国年均增长率高1.33个百分点；甘肃、贵州、青海三省每十万人口小学学校平均在校生数呈逐年递减趋势，其中，甘肃省增长率最低，与全国年均增长率相差3.44个百分点。2016年西部地区每十万人口小学学校平均在校生数最高的是贵州省，为10 011人，最低的是内蒙古自治区，为5 329人，二者相差4 682人。

表2-3 2011—2016年西部地区每十万人口初中学校平均在校生数(人)

地区	2011年	2012年	2013年	2014年	2015年	2016年	年均增长率(%)
全国	3 779	3 535	3 279	3 222	3 152	3 150	-3.53%
内蒙古	3 202	3 007	2 765	2 681	2 553	2 439	-5.28%
广西	4 356	4 233	4 167	4 134	4 129	4 144	-0.99%
重庆	4 125	3 725	3 455	3 298	3 211	3 202	-4.88%
四川	4 060	3 779	3 365	3 187	3 027	2 984	-5.92%
贵州	6 146	6 057	6 036	5 906	5 643	5 358	-2.69%
云南	4 460	4 220	4 023	4 050	4 018	3 950	-2.37%
西藏	4 531	4 295	4 095	3 983	3 696	3 712	-3.88%
陕西	4 013	3 515	3 202	2 968	2 837	2 771	-7.07%
甘肃	5 021	4 603	4 018	3 760	3 509	3 370	-7.62%
青海	3 968	3 674	3 632	3 669	3 656	3 536	-2.23%
宁夏	4 734	4 579	4 401	4 254	4 144	4 112	-2.77%
新疆	4 469	4 270	4 113	4 025	3 949	3 792	-3.23%

2011—2016年，西部地区每十万人口初中学校平均在校生数均呈逐年递减趋势，与全国年均增长率相比，降幅最大的三个省是甘肃、陕西、四川，分别为-7.62%、-7.07%、-5.92%，分别比全国低4.09%、3.54%、2.39%。广西壮族自治区年均增长率达到-0.99%，比全国平均水平高2.54%。2016年西部地区每十万人口初中学校平均在校生数最高的是贵州省，为5358人，最低的是内蒙古自治区，为2439人，二者相差2919人。

3.结论

义务教育经费保障机制建立和“两免一补”政策实施以来，虽然我国小学辍学率一直稳定控制在1%以内，除个别地区外，初中辍学率也一直稳定控制在3%以内，但是“普九”的成果很不稳固。由于社会教育程度低、教育需求弱等，不少地方中小学学生流失严重，贫困地区初中辍学率甚至呈现反弹趋势。近年来，辍学的原因、辍学学生的年级都发生了明显变化，因贫辍学和因远辍学的学生比例逐步降低，因学习困难而辍学的学生占大多数。2016年有关统计显示，流失学生中因厌学或学习困难而辍学的占60%以上，辍学学生主要集中在八、九年级。这些学生学习困难的原因主要有二：一方面随着农村学校布局调整，转学、换老师等导致学习环境不稳定，不利于学生学习；另一方面，农村教育基本上模仿城镇的教育模式，包括教材、教学方式等，不一定适合农村学生，随着初中学科增多和难度加大，学习困难的情况比小学更为明显。

（二）教师队伍建设

教育质量的高低主要是由教师的素质水平决定的，保证基础教育的均衡发展首先要解决师资均衡的问题。中央和地方各级政府采取各种措施，加大了西部地区基础教育特别是农村中小学教师队伍的建设。教师的待遇和社会地位显著提高，农村中小学教师补充机制得到改革和创新，教师队伍素质进一步提高。

1.西部地区小学师资队伍建设基本情况

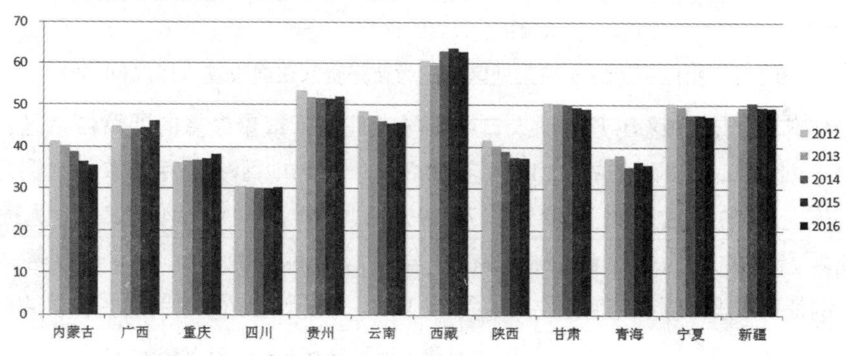

西部地区每万劳动人口中小学专任教师数量

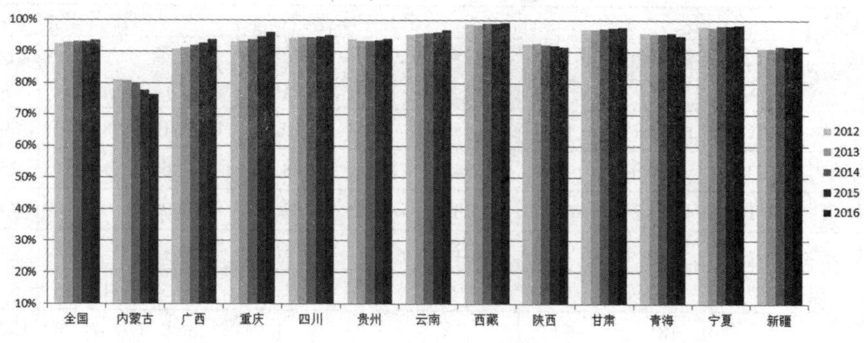

西部地区小学专任教师比例

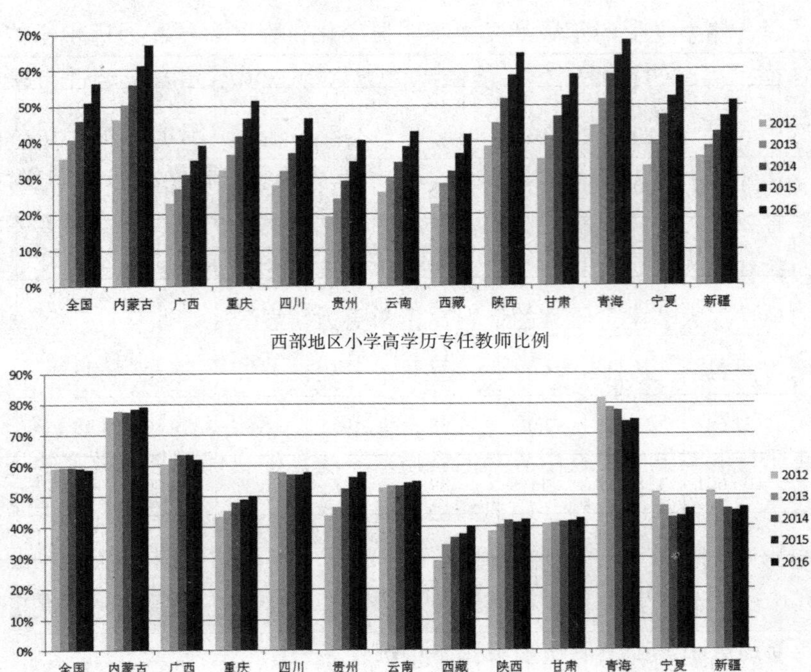

西部地区小学高级职称教师比例

图2-1　2012—2016年西部地区基础教育师资队伍建设基本情况(小学)

2016年，西部地区每万劳动人口中小学专任教师数量最多的西藏自治区，达到62.93人，比第二名贵州省的52.13人多10.8人；西部地区小学专任教师比例几乎均达90%以上（内蒙古自治区除外，76.29%）；小学高学历专任教师比例提高很快，增幅最大的陕西省达到25.88%；小学高级职称的教师比例增长显著，2016年，比例最高的是内蒙古自治区，达到79.14%，最低的是西藏自治区，为40.12%。

表2-4　2012年、2016年西部地区小学师资队伍建设情况

地区		专任教师数			研究生毕业			本科毕业		
		2012年（人）	2016年（人）	增长比例(%)	2012年（人）	2016年（人）	增长比例(%)	2012年（人）	2016年（人）	增长比例(%)
全国		5 121 626	5 176 454	1.1%	14 459	44 914	210.6%	1 805 118	2 874 007	59.2%
西部地区	内蒙古	103 344	90 017	−12.9%	342	849	148.2%	47 600	59 515	25.0%
	广　西	211 315	224 260	6.1%	297	843	183.8%	48 289	86 789	79.7%
	重　庆	107 297	116 932	9.0%	222	957	331.1%	34 140	59 221	73.5%
	四　川	247 086	250 900	1.5%	397	1 276	221.4%	68 509	116 351	69.8%
	贵　州	186 880	185 309	−0.8%	138	193	40%	36 015	74 784	107.6%
	云　南	226 609	218 947	−3.4%	232	599	158.2%	58 736	93 071	58.5%

续表

	地区	专任教师数			研究生毕业			本科毕业		
		2012年（人）	2016年（人）	增长比例(%)	2012年（人）	2016年（人）	增长比例(%)	2012年（人）	2016年（人）	增长比例(%)
西部地区	西　藏	18696	20 802	11.3%	18	33	83.3%	4 211	8 706	106.7%
	陕　西	156 651	142 761	-8.9%	390	1 195	206.4%	60 130	90 912	51.2%
	甘　肃	130 492	128 591	-1.5%	153	463	202.6%	45 513	74 871	64.5%
	青　海	21 518	21 232	-1.3%	77	187	142.9%	9 453	14 267	50.9%
	宁　夏	32 697	32 032	-2.0%	38	101	165.8%	10 808	18 468	70.9%
	新　疆	106 601	118 277	11%	89	228	156.2%	38 001	60 299	58.7%
	地区	专科毕业			高中毕业			高中毕业以下		
		2012年	2016年	增长比例	2012年	2016年	增长比例	2012年	2016年	增长比例
全国		2 922 865	2 502 616	-14.4%	832 459	364 105	-56.3%	10 575	3 503	-66.9%
西部地区	内蒙古	53 698	36 221	-32.5%	11 105	2 773	-75.0%	153	—	—
	广　西	127 626	121 713	-4.6%	40 458	22 971	-43.2%	481	232	-51.8%
	重　庆	66 890	57 894	-13.4%	12 591	4 944	-60.7%	193	50	-74.1%
	四　川	187 293	176 806	-5.6%	48 481	19 948	-58.9%	219	25	-88.6%
	贵　州	126 265	105 451	-16.5%	33 227	16 090	-51.6%	2 338	551	-76.4%
	云　南	133 504	113 581	-14.9%	39 101	18 985	-51.4%	2 137	810	-62.1%
	西　藏	12 656	11 652	-7.9%	1 794	666	-62.9%	174	27	-84.5%
	陕　西	84 610	58 436	-30.9%	21 518	5 655	-73.7%	174	43	-75.3%
	甘　肃	65 526	50 723	-22.6%	28 497	14 867	-47.8%	546	189	-65.4%
	青　海	13 870	10 909	-21.3%	2 656	1 030	-61.2%	47	15	-68.1%
	宁　夏	17 417	13 908	-20.1%	6 058	1 631	-73.1%	64	8	-87.5%
	新　疆	79 398	75 240	-5.2%	8 447	10 598	-25.5%	195	30	-84.6%

2012年，西部地区小学教师具有研究生学历的仅有2 393人，占全国总数量的16.6%。随着免费师范生、农村学校教育硕士师资培养计划等的实施，西部地区小学具有研究生学历的人数才迅速增多。截至2016年，西部地区小学教师具有专科学历的人数为832 534人，占全国总量的33.27%，体现教师受教育程度的非均衡特征。

2. 西部地区初中师资队伍建设基本情况

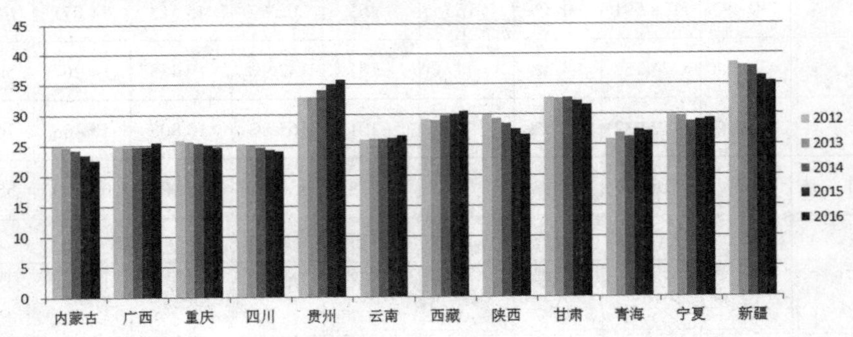

西部地区每万劳动人口中初中专任教师数量

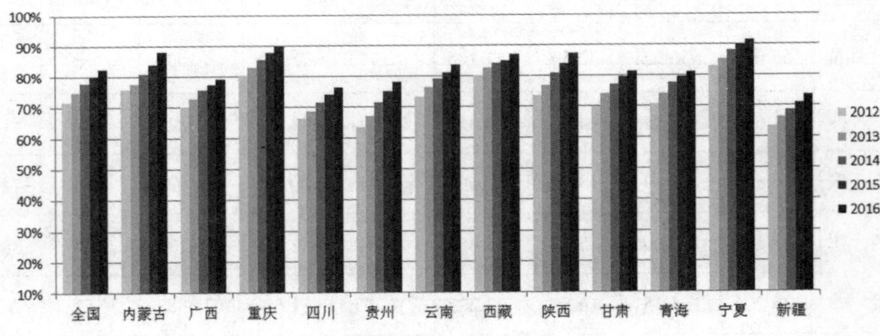

西部地区初中高学历专任教师比例

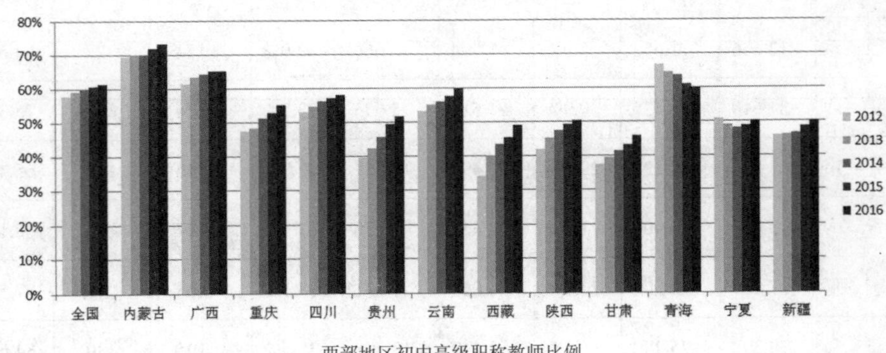

西部地区初中高级职称教师比例

图2-2　2011—2016年西部地区基础教育师资队伍建设基本情况(初中)

2016年，西部地区每万劳动人口中初中专任教师数量最多的是贵州省，达到35.75人，比第二名新疆维吾尔自治区的35.41人多0.34人；2016年，初中高学历专任教师比例最高的宁夏回族自治区，达到91.58%；2016年，初中高级职称教师比例最高的是内蒙古自治区，达到73.31%，最低的是甘肃省，为45.96%。

表5　2012年、2016年西部地区初中师资队伍建设情况

地区		研究生毕业			本科毕业			专科毕业		
		2012年（人）	2016年（人）	增长比例（%）	2012年（人）	2016年（人）	增长比例（%）	2012年（人）	2016年（人）	增长比例（%）
全国		36 424	76 857	111.0%	247 3810	2 799 585	13.2%	963 243	602 922	−37.4%
西部地区	内蒙古	870	2 010	131.0%	46 308	48 247	4.2%	14 546	6 800	−53.3%
	广　西	726	1 350	86.0%	81 769	96 215	17.7%	33 607	25 261	−24.8%
	重　庆	645	1 539	138.6%	60 610	66 239	9.3%	14 228	7 360	−48.3%
	四　川	978	2 233	128.3%	134 110	149 339	11.4%	67 575	46 795	−30.8%
	贵　州	308	600	94.8%	72 664	98 816	36.0%	40 635	27 395	−32.6%
	云　南	547	1 229	124.7%	88 086	104 756	18.9%	30 943	19 954	−35.5%
	西　藏	97	151	55.7%	7 106	8 605	21.1%	1 667	1 261	−24.4%
	陕　西	1 573	2 928	86.1%	81 120	86 143	6.2%	28 574	12 671	−55.7%
	甘　肃	384	976	154.2%	58 670	66 127	12.7%	24 213	14 978	−38.1%
	青　海	203	351	73.0%	10 270	12 795	24.6%	4 250	3 000	−29.4%
	宁　夏	154	347	125.3%	15 947	17 731	11.2%	3 174	1 642	−48.3%
	新　疆	311	798	156.6%	54 330	61 545	13.3%	30 939	22 442	−27.5%

2016年，西部地区初中教师具有研究生学历人数最高的是陕西省，达到2 928人；西部地区初中教师具有本科学历人数最多的是四川省，达到149 339人；西部地区具有专科学历的教师人数为189 559人，占全国总量的31.4%。

3. 生师比

生师比，是指学校专任教师数与在校学生数的比例。一般情况下，同一时间里办学条件基本相同的同级同类学校中，平均每个教师负担的学生多，则教师工

作量大，人力资源及财力资源的利用率高；反之，每个教师负担的学生少，说明教师的工作量小，人力资源及财力资源的利用率低。

表2-6 2011—2016年西部地区小学学校生师比(%)

地区		2011年	2012年	2013年	2014年	2015年	2016年
西部地区	全国	17.71	17.36	16.76	16.78	17.05	17.12
	内蒙古自治区	12.36	10.69	10.51	12.09	12.91	11.34
	广西壮族自治区	19.50	18.33	18.57	19.87	19.83	18.88
	重庆市	16.95	16.84	17.03	17.48	17.44	17.23
	四川省	18.98	21.37	20.11	17.43	17.59	20.83
	贵州省	20.74	19.08	18.28	17.96	17.90	17.93
	云南省	18.06	17.11	16.80	16.94	16.80	16.63
	西藏自治区	15.45	15.40	15.52	14.56	13.99	14.42
	陕西省	14.83	13.82	13.87	14.21	14.93	15.50
	甘肃省	15.57	15.34	13.89	12.83	12.84	13.85
	青海省	19.77	22.20	20.60	18.28	17.15	20.48
	宁夏回族自治区	19.32	18.50	18.17	17.65	17.28	17.91
	新疆维吾尔自治区	14.20	16.22	15.38	13.39	14.15	16.74

2011年的西部地区小学学校生师比中，广西壮族自治区、四川省、贵州省、云南省、青海省、宁夏回族自治区均高于全国水平。2016年的西部地区小学学校生师比中，广西壮族自治区、重庆市、四川省、贵州省、青海省、宁夏回族自治区均高于全国水平，最高的四川省与最低的内蒙古自治区相差9.49个百分点。

表2-7 2011—2016年西部地区初中学校生师比(%)

地区		2011年	2012年	2013年	2014年	2015年	2016年
西部地区	全国	14.38	13.59	12.76	12.57	12.41	12.41
	内蒙古自治区	12.65	12.01	11.12	11.02	10.82	10.73
	广西壮族自治区	16.84	16.74	16.68	16.56	16.50	16.10
	重庆市	15.51	14.29	13.36	12.94	12.71	12.82

续表

地区		2011年	2012年	2013年	2014年	2015年	2016年
西部地区	四川省	16.09	14.92	13.41	12.86	12.39	12.34
	贵州省	19.23	18.31	18.23	17.29	16.01	14.88
	云南省	17.21	16.18	15.38	15.49	15.29	14.81
	西藏自治区	14.95	14.50	13.92	13.08	12.10	11.96
	陕西省	12.98	11.68	10.88	10.40	10.23	10.31
	甘肃省	15.22	13.99	12.28	11.44	10.84	10.64
	青海省	15.18	14.06	13.34	13.81	13.21	12.86
	宁夏回族自治区	15.90	15.11	14.68	14.59	14.16	13.92
	新疆维吾尔自治区	11.46	10.98	10.67	10.47	10.58	10.54

2011年的西部地区初中学校生师比，广西壮族自治区、重庆市、四川省、贵州省、云南省、西藏自治区、甘肃省、宁夏回族自治区均高于全国水平。2016年的西部地区初中学校生师比，广西壮族自治区、重庆市、贵州省、云南省、青海省均高于全国水平，最高的广西壮族自治区与最低的陕西省相差5.79个百分点。

4.结论

西部民族地区基础教育阶段师资不均衡的现象仍然较为严重，抑制了教育的发展步伐。

2012—2016年，西部地区中小学专任教师数量有下降趋势。西部地区教师学历普遍偏低，且缺乏优质教师资源。我国自20世纪70年代开始实施计划生育政策以来，人口出生率不断下降，学龄人口不断减少是小学生源减少的客观原因。由于城市化进程，出现了"城市新移民"，很多家长在城市务工，孩子随迁就学，再加上自2001年开始实施的"撤点并校"政策，都导致了西部地区小学生人数的减少。西部地区教师在经济待遇上与东部地区存在较大差距，西部地区教师收入低、福利和津贴待遇不高；教师社会地位不高，社会和家长对教师职业的要求却越来越高，教师的积极性容易挫伤，易产生职业倦怠。西部地区学校工作条件差、教学设施落后、硬件设备不齐全、信息资源更新不及时；工作任务繁重，教师工作压力过大；学校内部分配不公，评价制度不规范或者不公平等都造成教师的职业不满甚至教师流失。

到2016年，西部地区教师资源仍是不足，全国呈现出基础教育专任教师数量的总体不足。整体上，西部地区教师供应能力不足，教师的缺乏势必会引起基础教育的非均衡发展。

西部地区代课教师数量偏多，教师绝对数量不足。西部地区代课教师多集中在农村，在国家“清退”政策的影响下，迅速减少，而城市代课教师受到的影响不大。

西部地区教师队伍结构不合理。这表现在教师学科结构、年龄结构不合理。西部地区在音乐、体育、美术、信息技术、英语、生物等课程上的教师数量严重不足，在双语教学中，理科类双语教师数量缺口更大，且跨学科任教的现象比较普遍，这些都会影响到学校教学质量的提升。此外，西部地区的牧区、农村学校中，教师年龄结构亦呈现不合理状况，主要是中年教师缺乏，断层严重。教师队伍结构不合理还表现在中小学教师的性别失衡，一方面，教师职业性质、劳动强度等吸引女性选择教师岗位；另一方面，教师的工资水平、社会地位、工作环境、传统的社会偏见等，不同程度地阻碍男性选择教师行业。性别失衡在一定程度上会影响学生的个性心理、性别角色、创新能力培养与健康成长。

（三）西部地区义务教育经费

通过改革基础教育经费投入体制，西部各省（自治区、直辖市）基础教育经费投入均有大幅度增加，办学条件得到明显改善。

1.公共财政教育经费及公共财政教育经费占公共财政支出比例的情况

2011—2016年，在国家政策的引导下，全国公共财政教育经费从数量上有了巨幅的增长，西部各省（自治区、直辖市）公共财政教育经费每年度也都比上年度有了大幅的增长。从2011年和2016年西部地区公共财政教育经费来看，2011年公共财政教育经费最多的是四川省的776.00亿元，最少的是西藏自治区的80.74亿元；而到2016年，公共财政教育经费最多的仍是四川省，高达1 277.45亿元，最少的是宁夏回族自治区的149.71亿元，二者相差1 127.74亿元。2011年与2016年相比，各省公共财政教育经费均有增长，其中增长比例最高的是贵州省和西藏自治区，分别达到122.68%和117.77%，分别比全国平均水平高67.25个百分点和62.34个百分点。

2011—2016年，西部地区公共财政教育经费增长比例差异很大，最高贵州省的122.68%与最低青海省的17.13%之间相差105.55个百分点。2011—2016年，西部地区省（自治区、直辖市）公共财政教育经费占公共财政支出比例差异较大。

从2011年和2016年公共财政教育经费占公共财政支出比例来看，2011年和2016年没有特别显著的变化，其中贵州省和甘肃省增幅最快，分别达到2.94%和0.46%。

表2-8　2011年，2016年西部地区公共财政教育经费占公共财政支出比例情况

地区		公共财政教育经费（亿元）			公共财政教育经费占公共财政支出比例(%)		
		2011年	2016年	增长比例(%)	2011年	2016年	增减百分点
全国		17 821.74	27 700.63	55.43	16.31	14.75	−1.56
西部地区	内蒙古自治区	428.19	543.29	26.88	14.32	12.04	−2.28
	广西壮族自治区	479.53	850.78	77.42	18.84	19.15	0.31
	重庆市	376.17	565.26	50.27	14.64	14.13	−0.51
	四川省	776.00	1 277.45	64.62	16.60	15.95	−0.67
	贵州省	377.33	840.25	122.68	16.77	19.71	2.94
	云南省	558.19	864.12	54.81	19.05	17.22	−1.83
	西藏自治区	80.74	175.83	117.77	10.65	11.07	0.42
	陕西省	520.40	776.29	49.17	17.76	17.69	−0.07
	甘肃省	303.85	548.78	80.61	16.96	17.42	0.46
	青海省	144.10	168.79	17.13	14.89	11.07	−3.82
	宁夏回族自治区	111.65	149.71	34.01	15.82	11.93	−3.89
	新疆维吾尔自治区	404.78	664.59	64.19	17.72	16.06	−1.66

注：公共财政教育支出包括教育事业费拨款、基建拨款、教育费附加。

2. 小学、初中生均公共财政预算教育事业费及其增长情况

西部地区普通小学生均公共财政预算教育事业费从2011年到2016年的6年间有了很大增长。西部地区12个省（自治区、直辖市）普通小学生均公共财政预算教育事业费从2011年到2016年年均增长率为9.68%～23.73%，其中最低的是内蒙古自治区的9.68%，最高的是贵州省的23.73%，相差14.05个百分点。西部地区有8个省（自治区、直辖市）的年均增长率高于全国水平。

表2-9　2011—2016年西部地区普通小学生均公共财政预算教育事业费增长情况

单位：元

地区		2011年	2012年	2013年	2014年	2015年	2016年	年均增长率(%)
全国		4 966.04	6 128.99	6 901.77	7 681.02	8 838.44	9 557.89	14.11%
西部地区	内蒙古	8 295.77	8 896.05	9 837.99	10 181.40	11 972.33	13 109.32	9.68%
	广　西	4 003.29	4 863.70	5 472.39	5 945.96	7 061.36	7 690.45	14.06%
	重　庆	4 773.15	6 378.25	6 308.70	7 259.92	8 431.67	9 180.10	14.53%
	四　川	4 164.05	6 107.61	6 822.64	7 530.41	8 984.53	9 003.19	17.65%
	贵　州	3 419.25	5 038.12	5 975.72	6 789.79	8 645.83	9 659.17	23.73%
	云　南	3 704.84	4 979.84	6 145.38	6 200.67	7 532.21	8 931.35	19.75%
	西　藏	10 382.40	11 727.54	12 820.24	17 905.94	25 750.22	24 237.46	19.98%
	陕　西	5 996.96	8 747.40	9 633.06	10 196.97	10 896.37	11 172.06	14.24%
	甘　肃	4 113.89	5 371.52	6 191.50	7 289.18	9 118.26	10 321.93	20.37%
	青　海	6 518.71	8 037.07	8 200.50	9 438.49	10 472.79	11 948.81	13.09%
	宁　夏	4 226.33	5 312.20	6 011.26	6 470.11	8 034.85	8 719.91	15.84%
	新　疆	7 639.92	9 094.62	10 463.21	11 292.19	12 929.81	12 133.41	10.07%

2011—2016年，西部地区普通初中生均公共财政预算教育事业费也有了巨大增长。2011年普通初中生均公共财政预算教育事业费最少的是贵州省的4 134.17元，最多的是新疆维吾尔自治区的10 182.63元。6年间，普通初中生均

公共财政预算教育事业费绝对量增加最多的是西藏自治区，由2011年的生均9 593.73元增加到2016年的生均24 605.62元，6年间增加了15 011.89元；年均增长率最快的也是西藏自治区，6年间年均增长率为21.54%；年均增长率最少的是宁夏回族自治区的11.61%；西部地区12省（自治区、直辖市）的年均增长率都在10%以上。

表2-10　2011—2016年西部地区普通初中生均公共财政预算教育事业费增长情况

单位：元

地区		2011年	2012年	2013年	2014年	2015年	2016年	年均增长率(%)
全国		6 541.86	8 137.00	9 258.37	10 359.33	12 105.08	13 415.99	15.55%
西部地区	内　蒙	9 115.00	10 207.12	11 414.81	11 954.80	14 362.59	16 301.67	12.44%
	广　西	5 359.96	6 361.27	6 750.79	7 360.62	8 745.99	9 507.61	12.27%
	重　庆	5 604.96	7 422.55	7 606.65	9 224.77	10 834.51	11 917.36	16.72%
	四　川	5 210.02	7 024.97	8 336.83	9 111.07	11 477.01	12 063.03	18.78%
	贵　州	4 134.17	5 403.22	6 140.45	6 924.70	8 704.94	10 131.84	19.84%
	云　南	4 872.34	6 131.55	7 189.98	7 586.92	9 335.79	10 822.06	17.52%
	西　藏	9 593.73	10 632.87	12 783.54	16 631.68	23 845.23	24 605.62	21.54%
	陕　西	7 422.63	10 502.62	11 358.64	12 330.50	13 619.44	14 155.05	14.52%
	甘　肃	5 020.27	6 411.44	7 494.27	8 377.71	10 187.13	11 721.46	18.61%
	青　海	8 331.43	10 062.21	10 494.92	11 949.57	13 295.04	14 915.34	12.48%
	宁　夏	6 903.36	7 886.81	8 479.07	9 689.53	11 047.18	11 929.40	11.61%
	新　疆	10 182.63	12 022.20	14 549.15	14 452.18	16 999.84	17 410.13	11.69%

3.小学、初中生均公共财政预算公用经费及其增长情况

按照财政部、教育部的文件规定，中小学校的公用经费是指保证中小学校正常运转所需经费，范围包括：学校维持正常运转所需开支的业务费、公务费、设备购置费、修缮费和其他属于公用性质的费用等方面。

西部地区普通小学生均公共财政预算公用经费从2011年到2016年的6年间也有了很大增长。西部地区12个省（自治区、直辖市）普通小学生均公共财政预算公用经费从2011年到2016年年均增长率为4.57%～24.89%，其中最低的是青海省的4.57%，最高的是西藏自治区的24.89%，二者相差20.32个百分点。

表2-11　2011—2016年西部地区普通小学生均公共财政预算公用经费增长情况

单位：元

地区		2011年	2012年	2013年	2014年	2015年	2016年	年均增长率(%)
全国		1 366.41	1 829.14	2 068.47	2 241.83	2 434.26	2 610.80	14.23%
西部地区	内蒙古	1 895.02	2 099.11	2 298.51	2 527.43	2 885.38	3 352.30	12.11%
	广　西	994.53	1 339.14	1 439.85	1 639.99	1 748.87	2 049.22	15.98%
	重　庆	1 501.87	2 219.34	2 309.65	2 513.19	2 940.79	3 416.73	18.77%
	四　川	1 020.36	1 716.83	1 771.71	1 824.03	1 983.24	2 337.49	20.20%
	贵　州	834.21	1 235.95	1 400.32	1 386.05	1 785.02	2 024.45	20.53%
	云　南	979.16	1 460.56	1 670.26	1 712.94	1 948.57	2 187.85	18.42%
	西　藏	3 040.30	3 257.80	3 434.75	6 641.25	8 728.22	7 600.47	24.89%
	陕　西	1 570.87	2 934.22	3 343.90	3 589.97	3 563.14	3 554.27	21.42%
	甘　肃	1 167.53	1 394.72	1 585.10	1 815.62	2 116.95	2 588.47	17.30%
	青　海	2 505.72	3 033.09	2 741.16	3 176.07	3 260.35	3 028.22	4.57%
	宁　夏	1 710.68	1 960.89	2 034.80	2 425.75	3 158.89	3 140.41	13.45%
	新　疆	1 948.48	2 071.50	2 475.17	2 587.43	2 389.88	2 528.65	5.70%

2011—2016年，西部地区普通初中生均公共财政预算公用经费也有所增长。2011年普通初中生均公共财政预算公用经费最少的是贵州省，为1 371.62元，最多的是新疆维吾尔自治区，为3 768.21元。6年间，普通初中生均公共财政预算公用经费绝对量增加最多的是西藏自治区，由2011年的生均2 453.46元增加到2016年的生均5 980.63元，6年间增加了3 527.17元；年均增长率最快的也

是西藏自治区，6年间年均增长率为20.53%；年均增长率最少的是新疆维吾尔自治区，为3.70%；西部地区12省（自治区、直辖市）的年均增长率差异比较大。

表2-12　2011—2016年西部地区普通初中生均公共财政预算公用经费增长情况

单位：元

	地区	2011年	2012年	2013年	2014年	2015年	2016年	年均增长率(%)
全国		2 044.93	2 691.76	2 983.75	3 120.81	3 361.11	3 562.05	12.15%
西部地区	内蒙古	2 574.48	3 014.58	3 168.45	3 283.98	4 011.43	4 545.55	12.26%
	广　西	1 676.50	2 222.64	2 238.77	2 353.21	2 545.93	2 863.90	11.82%
	重　庆	1 966.78	2 684.50	2 887.39	3 050.43	3 340.42	3 905.74	15.23%
	四　川	1 508.40	2 125.02	2 508.43	2 322.48	2 514.71	2 905.91	15.07%
	贵　州	1 371.62	1 739.74	1 887.40	1 724.98	2 233.70	2 498.66	13.61%
	云　南	1 454.77	1 929.46	2 119.78	2 165.66	2 695.30	2 840.87	14.90%
	西　藏	2 453.46	2 575.82	3 727.30	4 951.50	5 751.01	5 980.63	20.53%
	陕　西	2 757.54	3 989.34	4 081.73	4 388.87	4 195.93	4 093.82	9.54%
	甘　肃	1 645.70	1 997.89	2 271.73	2 381.58	2 499.15	2 828.00	11.61%
	青　海	3 271.74	4 211.74	3 914.69	4 266.70	4 343.68	3 906.87	4.48%
	宁　夏	3 408.41	3 611.17	3 181.74	4 168.46	4 534.91	4 359.20	6.00%
	新　疆	3 768.21	4 069.48	5 293.35	4 238.65	4 166.55	4 252.55	3.70%

4.结论

教育经费投入不足导致无法满足教育发展的基本需要。西部地区各省生均公共预算经费普遍偏低，区域内经费投入极不均衡，基础教育财政支出难以保持常态增长。

（1）中央及地方政府责任不到位。在基础教育、财政支出责任划分上，中央及地方政府没有清楚的界定，且缺乏有效的监督机制来规范基础教育专款的使用。有的地方政府缘于政绩需求，关注点集中于地区经济的发展，教育经费的投入力度有限，甚至出现挪用教育经费的现象；此外，只注重外部物质条件的改变，热衷于设备购置、危房改造，致使维持学校正常运作的经费短缺，导致基础教育的发展由于缺乏必要的经费而维持现状甚至倒退。

(2) 政策制定中既有模式引发的偏差。新中国成立初期，我国将经济社会发展的重点置于东部城市，这种长期以东部发展为先的观念，无形中影响到后继的执政者，而成为一种习惯性思维模式延续下来。政策制定中既有模式引发的偏差，使得中央在对西部地区基础教育方面的拨款规模较小。西部地区山多地少，沟壑纵横，道路崎岖，人员居住分散，交通不便，在自然条件如此复杂、贫瘠的地区建设学校，其运行的成本必然会远高于东部地区。

(3) 家庭教育支出不足。西部地区社会经济发展落后，家庭收入有限，生活负担过重，很多人不得不辍学，导致当地学生受教育水平整体较低；从家庭教育支出项目来看，农村家庭尤其是贫困家庭，为子女所提供的教育支出仅是基本的学习费用，而城市中相对富裕的家庭为子女提供的教育支出更体现在家教费、课外辅导费等方面。这表明学生在学习能力相当的情况下，家庭经济条件贫困的学生若要取得与家庭条件较好的学生相同的学业成就，需要付出的努力远大于后者。

(四) 西部地区义务教育基本办学条件

全面改善西部地区基础教育基本办学条件可以统筹城乡义务教育资源均衡配置，缩小区域、城乡教育差距，促进基本公共教育服务均等化。

1. 生均图书册数

2012—2016年全国及西部地区的小学生均图书册数均呈递增趋势，中间略有变化。2012年全国小学生均图书册数为17.12册/生，2016年为21.53册/生，增长了4.41册/生；2012年西部地区小学生均图书册数最高的陕西省为23.88册/生，比最低的新疆维吾尔自治区的11.92册/生高11.96册/生；2016年西部地区小学生均图书册数最高的仍为陕西省，为31.24册/生，最低的仍然是新疆维吾尔自治区，为14.46册/生，相差16.78册/生。

表2-13　2012—2016年西部地区小学生均图书册数(册/生)

地区	2012年	2013年	2014年	2015年	2016年
全　国	17.12	18.92	19.71	20.44	21.53
内蒙古	17.18	17.84	18.06	17.43	19.01
广　西	12.25	13.20	13.85	16.50	21.11
重　庆	12.84	13.62	12.79	14.53	15.14
四　川	13.86	15.74	15.83	15.91	15.59
贵　州	12.99	15.25	18.93	21.07	22.05
云　南	13.18	15.93	17.57	19.42	21.66
西　藏	15.87	15.58	15.80	16.33	16.31
陕　西	23.88	26.72	28.62	29.68	31.24
甘　肃	16.61	18.96	19.49	20.14	20.12
青　海	15.65	18.94	20.09	22.11	23.37
宁　夏	16.11	17.50	17.95	18.73	20.18
新　疆	11.92	12.77	13.92	14.33	14.46

2012—2016年全国及西部地区的初中生均图书册数均呈递增趋势。2012年全国初中生均图书册数为24.70册/生，2016年为34.37册/生，增长了9.67册/生；2012年西部地区初中生均图书册数最高的陕西省为31.26册/生，比最低的重庆市的12.70册/生高18.56册/生；2016年西部地区初中生均图书册数最高的仍为陕西省，为44.28册/生，最低的仍然是重庆市，为18.65册/生，相差25.63册/生。

表2-14　2012—2016年西部地区初中生均图书册数(册/生)

地区	2012年	2013年	2014年	2015年	2016年
全　国	24.70	28.23	30.19	32.42	34.37
内蒙古	22.32	24.63	25.58	26.80	31.08
广　西	16.63	18.75	20.46	24.65	30.06
重　庆	12.70	14.39	14.38	16.92	18.65

续表

地区	2012年	2013年	2014年	2015年	2016年
四　川	23.34	28.13	30.44	31.91	32.28
贵　州	20.04	22.29	26.88	30.71	34.47
云　南	15.20	18.69	20.28	22.31	25.76
西　藏	19.79	20.84	21.69	22.83	24.52
陕　西	31.26	36.62	39.46	43.92	44.28
甘　肃	20.64	24.64	28.06	30.72	32.73
青　海	24.90	33.28	34.69	37.45	42.08
宁　夏	20.42	21.73	25.34	27.92	30.76
新　疆	24.13	25.80	28.67	31.91	33.62

2.生均计算机数

2012—2016年全国及西部地区小学生均计算机数均呈逐年递增趋势。2012年全国小学生均计算机数为6.52台/100人，2016年增至11.18台/100人，增长比例为71.47%。2012年，西部地区小学生均计算机数最多的是西藏自治区，为9.74台/100人，比最少的广西壮族自治区的2.71台/100人高出7.03台/100人。2016年，西部地区小学生均计算机数最多的是宁夏回族自治区，为16.66台/100人，比最少的广西壮族自治区的6.20台/100人高出10.46台/100人。西部地区中增长比例最高的是贵州省，达到179.55%。

表2-15　2012—2016年西部地区小学生均计算机数(台/100人)

地区	2012年	2013年	2014年	2015年	2016年
全　国	6.52	7.82	8.96	9.97	11.18
内蒙古	6.30	7.21	8.76	10.38	13.93
广　西	2.71	3.15	3.66	4.49	6.20
重　庆	7.21	7.76	8.36	10.34	12.21
四　川	4.69	5.80	6.53	7.71	8.58
贵　州	3.08	4.16	5.78	7.46	8.61
云　南	4.11	5.00	5.71	6.87	9.03
西　藏	9.74	11.20	12.66	14.16	15.40

续表

地区	2012年	2013年	2014年	2015年	2016年
陕　西	7.80	9.31	11.84	13.25	15.36
甘　肃	5.81	7.14	8.33	9.96	11.55
青　海	6.69	9.15	9.93	10.76	13.53
宁　夏	8.46	10.16	12.49	14.16	16.66
新　疆	5.51	7.31	8.48	8.93	9.85

2012—2016年全国及西部地区初中生均计算机数均呈逐年递增趋势。2012年全国初中生均计算机数为10.43台/100人，2016年增至16.63台/100人，增长比例为59.44%。2012年，西部地区初中生均计算机数最多的是宁夏回族自治区，为12.41台/100人，比最少的贵州省的5.51台/100人高出6.9台/100人。2016年，西部地区初中生均计算机数最多的是青海省，为21.23台/100人，比最少的广西壮族自治区的9.36台/100人高出11.87台/100人。西部地区中增长比例最高的仍然是贵州省，达到127.22%。

表2-16　2012—2016年西部地区初中生均计算机数（台/100人）

地区	2012年	2013年	2014年	2015年	2016年
全　国	10.43	12.26	13.57	15.12	16.63
内蒙古	8.49	10.01	12.00	14.27	19.11
广　西	6.31	6.85	7.30	8.10	9.36
重　庆	7.43	8.72	8.94	10.43	11.01
四　川	8.54	10.48	11.81	14.00	15.51
贵　州	5.51	6.55	8.41	10.58	12.52
云　南	6.59	7.71	8.26	9.35	11.47
西　藏	7.23	9.37	11.27	13.06	14.70
陕　西	11.04	12.93	14.83	17.00	18.97
甘　肃	8.90	10.88	12.48	14.70	16.79
青　海	11.96	15.47	16.62	18.02	21.23
宁　夏	12.41	14.00	17.14	18.53	20.64
新　疆	11.27	13.38	15.24	16.41	18.65

3.生均教学仪器设备资产值

2012—2016年全国及西部地区小学生均教学仪器设备资产值均呈递增趋势。2012—2016年全国小学生均教学仪器设备资产值增长了0.06万元/生，增长比例为100%。2012年西部地区小学生均教学仪器设备资产值最高的是陕西省的0.07万元/生，比最低的贵州省的0.00万元/生高出0.07万元/生；2016年西部地区小学生均教学仪器设备资产值最高的是宁夏回族自治区的0.26万元/生，比同样最低的贵州省和青海省的0.08万元/生高出0.18万元/生。

表2-17　2012—2016年西部地区小学生均教学仪器设备资产值(万元/生)

地区	2012年	2013年	2014年	2015年	2016年
全　国	0.06	0.08	0.09	0.10	0.12
内蒙古	0.06	0.07	0.10	0.14	0.19
广　西	0.03	0.04	0.05	0.06	0.10
重　庆	0.06	0.08	0.09	0.11	0.12
四　川	0.05	0.07	0.09	0.11	0.13
贵　州	0.00	0.04	0.05	0.07	0.08
云　南	0.03	0.04	0.06	0.07	0.09
西　藏	0.06	0.08	0.10	0.13	0.14
陕　西	0.07	0.08	0.11	0.12	0.13
甘　肃	0.05	0.06	0.08	0.10	0.13
青　海	0.05	0.07	0.07	0.08	0.08
宁　夏	0.06	0.11	0.17	0.22	0.26
新　疆	0.05	0.08	0.10	0.11	0.13

2012—2016年全国及西部地区初中生均教学仪器设备资产值均呈递增趋势。2012—2016年全国初中生均教学仪器设备资产值增长了0.10万元/生，增长比例为100%。2012年西部地区初中生均教学仪器设备资产值同样最高的是宁夏回族自治区和新疆维吾尔自治区的0.12万元/生，比同样最低的贵州省和云南省的0.05万元/生高出0.07万元/生。2016年西部地区初中生均教学仪器设备资产值最高的是宁夏回族自治区的0.36万元/生，比最低的云南省的0.11万元/生高出0.25万元/生。

表2-18　2012—2016年西部地区初中生均教学仪器设备资产值(万元/生)

地区	2012年	2013年	2014年	2015年	2016年
全　国	0.10	0.13	0.15	0.17	0.20
内蒙古	0.09	0.12	0.14	0.20	0.29
广　西	0.06	0.07	0.08	0.10	0.13
重　庆	0.07	0.09	0.11	0.13	0.14
四　川	0.10	0.13	0.16	0.21	0.25
贵　州	0.05	0.06	0.08	0.10	0.12
云　南	0.05	0.06	0.07	0.08	0.11
西　藏	0.07	0.11	0.11	0.14	0.15
陕　西	0.10	0.13	0.16	0.18	0.20
甘　肃	0.08	0.10	0.12	0.15	0.19
青　海	0.09	0.13	0.19	0.16	0.16
宁　夏	0.12	0.17	0.26	0.31	0.36
新　疆	0.12	0.16	0.19	0.23	0.27

4.教师周转宿舍面积

2010年教育部与发改委共同启动实施了“边远艰苦地区农村学校教师周转宿舍建设”项目，通过中央和地方的共同努力，“十二五”期间，从“最边远、最艰苦、最困难、最急需”的地方做起，重点支持省内经济社会发展滞后、自然条件恶劣、地理交通不便的县，新建和改扩建一批布局合理、实用适用的农村学校教师周转宿舍，努力改善边远艰苦地区农村学校教师工作和生活条件，吸引和留住优秀人才在农村长期从教、终身从教，稳定农村教师队伍，促进城乡教师交流，为推进义务教育均衡发展创造条件。

2012—2016年全国及西部地区小学师均周转宿舍面积快速增长。2012年全国小学师均周转宿舍面积为1.14平方米/师，2016年增至2.58平方米/师，增长比例为126.32%。2012年，西部地区小学师均周转宿舍面积最小的是内蒙古自治区，只有0.15平方米/师，师均周转宿舍面积最大的是西藏自治区，达到24.12平方米/师，二者相差23.97平方米/师。2016年西部地区小学师均周转宿舍面积最小的是甘肃省，只有1.33平方米/师，师均周转宿舍面积最大的仍然是西藏自治区，达到36.51平方米/师，二者相差35.18平方米/师。

表2-19 2012—2016年西部地区小学师均周转宿舍面积(平方米/师)

地区	2012年	2013年	2014年	2015年	2016年
全 国	1.14	1.43	1.88	2.25	2.58
内蒙古	0.15	0.30	0.47	0.68	1.16
广 西	2.01	2.79	3.73	5.08	6.22
重 庆	2.69	3.37	3.89	4.68	4.55
四 川	3.72	4.21	4.65	5.40	6.14
贵 州	1.29	4.08	7.53	8.92	9.74
云 南	1.80	2.64	3.54	3.91	5.06
西 藏	24.12	29.97	33.33	35.00	36.51
陕 西	0.62	0.79	1.09	1.21	1.39
甘 肃	0.38	0.52	0.84	1.07	1.33
青 海	4.27	5.52	7.57	8.69	9.78
宁 夏	1.05	1.67	2.17	2.62	3.00
新 疆	0.43	1.19	1.56	2.24	3.00

2012—2016年全国及西部地区初中师均周转宿舍面积呈逐年递增趋势。2012年全国初中师均周转宿舍面积为2.12平方米/师，2016年增至4.21平方米/师，增长比例为98.58%。2012年西部地区初中师均周转宿舍面积最小的是内蒙古自治区，只有0.50平方米/师，师均周转宿舍面积最大的是西藏自治区，达到35.99平方米/师，二者相差35.49平方米/师；2016年，西部地区初中师均周转宿舍面积最小的仍然是内蒙古自治区，只有1.79平方米/师，师均周转宿舍面积最大的仍然是西藏自治区，达到40.88平方米/师，二者相差39.09平方米/师。

表2-20　2012—2016年西部地区初中师均周转宿舍面积（平方米/师）

地区	2012年	2013年	2014年	2015年	2016年
全　国	2.12	2.56	3.24	3.76	4.21
内蒙古	0.50	0.49	0.90	1.26	1.79
广　西	3.81	5.30	6.66	8.21	9.04
重　庆	2.98	3.76	4.41	5.24	4.49
四　川	4.87	5.47	6.31	7.34	8.51
贵　州	2.36	6.37	9.19	10.81	11.50
云　南	4.24	4.88	6.17	6.37	7.01
西　藏	35.99	36.32	44.59	41.09	40.88
陕　西	1.54	2.01	2.58	2.94	3.04
甘　肃	0.88	1.46	2.27	2.68	3.46
青　海	3.81	4.55	4.87	6.67	8.56
宁　夏	1.13	1.89	2.58	3.00	3.95
新　疆	1.33	2.37	2.99	4.74	5.56

5.其他

2013年国家开始实施《全面改善贫困地区义务教育薄弱学校基本办学条件工作专项督导办法》，中央财政每年都安排一定的增量资金用于薄弱学校建设。2014—2016年，中央财政已累计投入专项资金978亿元，带动地方投入2 300多亿元，有力保障了工程建设进展。截至2016年，全国共新建、改扩建校舍面积1.23亿平方米、室外运动场地1.12亿平方米，购置学生课桌椅2 284万套、图书3.38亿册，实现了五年规划时间过半，任务完成过半。全国共购置学生用床、食堂、饮水、洗浴等生活设施设备1 157万台件套，大部分地区寄宿制学校基本实现一人一床位，有力改善了农村学生住宿、用餐、饮水、洗浴条件。2015年，中央财政安排补助资金7.5亿元，专项用于支持义务教育寄宿制学校及附属设施建设，集中兴建一批标准化寄宿制学校，有效解决了这类地区学生居住分散、上下学交通不便等突出问题。2015年全国义务教育阶段有66人以上的超大班额17.3万个，比2013年减少3.57万个，减幅17%。全国共投入146.6亿元，建设教学点校园校舍756万平方米，购置了价值25.5亿元的设施设备，教学点办学条件得到进一步改善。

2011年开始实施农村义务教育阶段学生营养改善计划。国家按照每生每天3元（2014年11月提高到4元）标准为片区农村义务教育阶段学生提供营养膳食补助。截至2015年6月，中央和地方已累计安排资金1 443亿元，全国超过1/3的县实施了营养改善计划，惠及3 210万农村学生。监测表明，贫困地区6～15岁男、女生各年龄段平均身高、体重、平均成绩都有不同程度提高。

2014年12月25日，国务院办公厅以国办发〔2014〕67号文件印发由9个部门共同编制《国家贫困地区儿童发展规划（2014—2020年）》。《规划》将680个连片特困县从出生开始到义务教育阶段结束的农村儿童作为实施范围，重点围绕健康、教育两个核心领域，加快实现从家庭到学校、从政府到社会对儿童关爱的全覆盖，确保贫困地区的孩子生得好、长得好、学得好，编就一张保障贫困地区儿童成长的安全网。

2016年，全国普通小学（含教学点）设施设备配备达标的学校比例情况分别为：体育运动场（馆）面积达标学校比例75.00%，体育器械配备达标学校比例80.18%，音乐器材配备达标学校比例79.50%，美术器材配备达标学校比例79.47%，数学自然实验仪器达标学校比例79.84%。

2016年，全国初中设施设备配备达标的学校比例情况分别为：体育运动场（馆）面积达标学校比例85.36%，体育器械配备达标学校比例89.60%，音乐器材配备达标学校比例88.88%，美术器材配备达标学校比例88.58%，理科实验仪器达标学校比例90.62%。

教育信息化是促进教育公平、提高教育质量的重要手段。加强基础设施建设，城市学校互联网覆盖率达95.7%、农村学校达79%。数字教育设备和资源覆盖全国全部6.4万个教学点，偏远农村地区的400多万孩子由此享受到了优质教育资源。

6.结论

西部地区因自然环境、交通条件等方面的限制，教育资源尤其是优质教育资源极度缺乏，西部地区中小学校各项办学条件指标普遍低于全国平均水平，生均图书册数、生均计算机数、生均教学仪器设备资产值、教师周转宿舍面积整体保持增长趋势，但与全国平均水平相比差距较大，省际投入不平衡。这说明西部地区办学条件不足，与全国相比差距较大，这些都是制约其基础教育发展的重要因素。

第一，优质教育资源配置不合理。西部地区很多学校存在的服务意识较差、管理观念落后等问题，在一定程度上影响了教育资源的使用效率。一方面由于学校缺乏相应的教育资金，在学校占地面积、普通教室、实验室、图书馆、微机室等方面的总量不足。另一方面，部分学校却将配置来的教学设备锁入库房，导致教育资源不能得到有效使用。政府功利行为也导致重点学校与非重点学校的差异，名校效应必然带来“择校热”。名校的升学率比普通学校高出很多，这吸引了众多学生和家长，名校入学难的现象愈演愈烈。

第二，国家二元教育政策的影响。我国长期实行以“农业支援城市”的发展战略，缺乏有效的回馈与“反哺”制度来支援农村、农业的发展建设。这种“城市中心”的价值取向，使国家在相关政策的制定中具有明显的城乡之别，促使社会资源集中流向城市与经济发达地区，教育资源的流向亦是如此。教育政策的城市取向，同样会导致城乡、地区教育差距不断被拉大。西部地区大多是农村人口，经济发展极为落后，这些反映到教育上也必然会衍生出二元型的教育。

五、政策建议

2010年发布的《国家中长期教育改革和发展规划纲要（2010—2020年）》提出了我国教育发展的战略目标：通过实现更高水平的普及教育，形成惠及全民的公平教育，提供更加丰富的优质教育，构建体系完备的终身教育，健全充满活力的教育体制，到2020年，基本实现教育现代化，基本形成学习型社会，进入人力资源强国行列。

西部义务教育是我国义务教育重要而特殊的组成部分，经济、历史、地理环境、教育基础等原因，导致西部义务教育发展相对落后于中东部地区。在我国为实现更高水平的普及教育，形成惠及全民的公平教育，并最终实现教育现代化的新的历史时期，大力扶持和发展西部教育，促进西部义务教育均衡化发展是教育发展的重要而紧迫的任务。为此，中央和地方要共同努力，采取积极而有效的措施，促进西部义务教育又快又好地发展。

2015年3月8日中国政府正式发布《推动共建丝绸之路经济带和21世纪海上丝绸之路的愿景与行动》，教育部在2016年7月13日颁布《推进共建“一带一路”教育行动》，教育在“一带一路”战略中的地位及其作用，成为教育研究的一个热点问题。但相关讨论基本上都聚焦在高等教育和职业教育层面，很少涉及基础教育。西部地区如何抓住这一契机，促进基础教育的发展值得每个人深思。

（一）树立公平化教育理念，提高义务教育巩固水平

1.树立观念，营造氛围

教育公平不是教育的平均主义，它是指缩小学校之间、区域之间的发展差距。实现人的自由全面发展，离不开人本化的教育。“以人为本”是教育公平的基本原则，也是其终极目标。只有在“以人为本”宗旨下树立教育优先理念，才能为教育公平的真正实现打下坚实基础。

2.努力营造城乡教育公平发展的文化氛围

长期以来，人们对西部地区所处的教育弱势地位非常淡漠，对教育公平发展的民主诉求漠视，导致基础教育逐渐被边缘化。地方政府对农村教育的认识偏差与不够重视，严重影响着农村教育的发展及城乡教育公平的实现。因此，需要加强对城乡教育公平发展内涵的宣传，努力培育城乡教育公平发展的舆论环境，为基础教育的公平发展奠定良好的思想基础。

（二）加强教师队伍建设，提升学校整体水平

1.创新教师补充机制，优化师资队伍结构

及时补充薄弱学科和紧缺学科教师，优化教师队伍年龄结构和学科结构。西部地区要补充农村中小学急需的英语、计算机、音乐、美术、体育等学科教师。新补充教师要优先满足农村义务教育学校紧缺学科需要，新聘小学教师要优先安排到村小和教学点任教。落实高校毕业生到农村从教上岗退费政策，引导、鼓励高校毕业生到农村、山区任教。

2.促进城乡师资均衡配置，建立健全教师轮岗交流机制

为了提高西部地区基础教育阶段学校管理、教学质量、教师水平，应该建立省市、县域内基础教育学校教师和校长轮岗交流机制。为了鼓励和推动教师和校长向农村或薄弱学校流动，可以采取以下举措：一是学校管理去行政化，校长实行聘任制，实行城乡之间校长的定期轮岗交流制度；二是在县域以上范围内统一师资管理，按照区域、省、市、县统筹，政策引导，城乡互动的原则，建立区域

内教师定期轮岗机制；三是设立农村教师奖励基金，对长期在农村从教并表现优秀、贡献突出的教师予以奖励；四是积极组织农村教师参加各种教学研讨会、交流会、培训会、教学考察等，为农村教师提供吸收新知识、创新教学方法、提高自身教学水平的机会。

3.健全教师编制核定机制，足额配备各类师资

农村中小学和教学点要根据班级数量和班额核定教师编制数，不以简单的“生师比”核定编制。根据中小学布局调整等情况，适当增加农村边远地区教师编制，该调配教师的就应当调配，确保农村中小学和教学点都能开足开齐国家规定课程。

4.建立合理考核机制

公开、公平、公正、科学合理是考核评价所应遵循的原则，务必铲除考核上的平均主义、职称评定上的论资排辈和评优选先上的长官意志的束缚，将职称评定、评优选先与工作业绩、实际贡献直接挂钩，建立合理的评价机制，使做出贡献的教师能够名利双收，在适宜的范围内拉开差距，从而使他们扎根岗位，安心教学。

（三）保证义务教育投入，加强政策支持

1.加强和落实省级政府对区域内义务教育的统筹

健全中央和地方统筹有力、责权明确的教育管理体制。省级人民政府要切实负起加大教育统筹的职责，统筹落实推进基础教育均衡发展职责，统筹区域内城乡教育的统一发展，推动城乡教育一体化。

2.健全完善义务教育投入保障机制

目前，我国义务教育的投入以地方政府为主，地区发展的不平衡导致投入的不平衡，所以要强化地方以上政府的经济投入，以提高西部地区义务教育的经费投入的稳定性。为了促进西部地区义务教育均衡化的发展，需要建立中央和地方各级政府分工负责、责权明确、运行规范、稳定长效的经费保障机制。将供给责任上移，实行以省（自治区、直辖市）统筹为主、中央补贴为辅的义务教育投入机制，加强省级政府对义务教育教师的工资、福利等的统筹，由省级财政统发基础教育教师工资，并根据客观情况合理制定各类中小学的补助标准，确保农村义务教育经费足额及时到位，不仅能有效缩小城乡差距，而且有利于各省（自治

区、直辖市）政府统筹义务教育的发展。

3.建立规范的财政转移支付制度

各级政府和财政部门应充分认识到经费投入在实现教育公平中的重要作用，要建立起更为规范、积极的财政转移支付制度。要进一步规范中央对地方的教育转移支付，加大对转移支付结构的优化，强化一般性转移支付力度，确保所投入的教育经费能够切实有效地应用到各地区的各级教育事业当中。

4.加强对西部基础义务教育的政策支持

通过制定和执行有差别的方针性政策，对调节西部地区基础教育与其他区域之间存在的不均衡现象十分必要。省级教育行政部门应联合有关部门，对农村地区、贫困地区、少数民族地区的义务教育发展进行重点支持。这些政策是国家针对不同区域的不同对象制定的，政策支持的区域享受特殊待遇，提高基础教育发展的速度。

（四）改善办学条件，加强教育立法

1.设置有利于农村发展的课程体系

长期以来，教育课程设置对农村来说针对性不强，很难将自己所学直接运用于农村实践。同时，课程设置、教学内容和教师的授课方法都是围绕“跳出农门”这一目的展开的。所以，应该改革教学内容，开设与农村社会发展相联系的地方课程或校本课程。

2.加强信息技术建设

信息技术可以克服教育资源在空间分布上的不均衡，将丰富的教育资源输送到交通相对不便的西部民族地区，这对于实现教育资源的优化配置，提高基础教育的整体发展水平起着积极的作用。同时，在引进优质教育资源、实现信息共享的同时应立足于本地实际，进行本土性资源的开发利用。

3.促进图书馆建设

图书馆建设在学校发展中具有极为重要的作用。配备足够数量的、类型较多的图书及设施是西部地区图书馆建设的重中之重。此外，还应考虑本地区特殊的历史文化传统、经济发展情况、学校办学方向等特点，以形成具有自身特色的图书系统，使图书充分发挥效益，为学生服务。

4. 完善义务教育服务均衡化问责机制

为有效推进基础教育均衡化发展步伐，各级政府和教育行政部门要明确自身在推进基础教育服务均衡化中的责任，并建立教育决策审议制度和审议机构，完善管理制度、公示制度、举报制度和责任追究制度，提高决策的科学性、民主性和公开性。

参考文献

［1］杨晓琳，王文宝，燕学民，单志艳.各省份中小学教师发展水平比较研究［J］.北京：教育研究，2013.

［2］马丽君，周芳.西部民族地区基础教育均衡发展中的问题及对策研究［J］.陕西：陕西理工学院学报，2014.

［3］熊明朝，何英蓉.论西部农村基础教育的发展措施［J］.湖北：武汉职业技术学院学报，2015.

［4］胥启仁.农村小学生源减少的原因与应对策略［J］.甘肃：甘肃教育，2015.

［5］高书国.基础教育在“一带一路”建设中大有可为［J］.北京：人民教育，2017.

［6］王光秀，李亚惠.西部地区基础教育均衡化发展探析［J］.广西：桂林师范高等专科学校学报，2017.

［7］草珺.社会主义教育公平观及其实践对策研究［D］.甘肃：兰州大学，2017.

（执笔人：许文婕　张　燚　高巧苹　王宏勇　蒋佩均　王　飞）

第三章　西部普通高中教育发展研究
——基于与全国比较的视角

一、研究背景及意义

党的十九大对新时代教育事业的改革和发展做出了全面部署，一是加快教育现代化，建设教育强国，办好人民满意的教育，二是解决好教育面临的发展不平衡、不充分的各种问题，让每一个孩子都能享有公平而有质量的教育。这说明，政府层面已经非常清楚地认识到教育区域差距在教育不公平的各种表现中具有重要影响，大力促进教育公平已经成为党和政府的国家意志。

普通高中教育是在义务教育基础上进一步提高国民素质、面向大众的基础教育，在构建和谐社会、建设创新型国家中具有基础性、先导性和全局性的作用。普通高中教育是我国国民体系教育中人才培养和选拔的最重要阶段，是培养区域优秀人才至关重要的教育环节。近年来，随着素质教育的持续推进和课程改革的不断深化，我国西部普通高中教育事业有了长足的发展，教育经费投入加大，学校条件逐步改善，师资力量逐步加强，教育质量稳步提升，取得了一些成就；但与全国整体水平相比，西部普通高中教育水平明显滞后，一些贫困地区、民族地区、边远地区教育资源短缺；许多学校办学条件薄弱，难以满足基本教学需求；合理的经费投入机制尚不健全，普通高中债务问题尚未得到有效解决；教师总量明显不足，高质量教师明显低于全国水平。

这些问题直接影响国家高中阶段攻坚任务的实现，也直接影响到国家扶贫脱贫工作的进程，更与党的十九大报告“努力让每个孩子都能享有公平而有质量的教育”“必须把教育事业放在优先发展位置”“加快教育现代化，办好人民满意的教育”等论述相悖。大力加强西部经济欠发达地区普通高中教育的发展，逐步缩小东西部之间的差距，不仅是我国教育事业发展的全局性问题，而且是全面建设社会主义和谐社会的重要问题，具有特殊的现实意义和重大的战略意义。

二、研究目的

为全面了解西部普通高中教育的发展现状和存在问题，课题组对西部地区12省（自治区、直辖市）普通高中教育发展的相关数据进行梳理、统计、比较、分析，以期了解现状，发现问题，并探讨解决问题的对策，为国家加快发展西部高中教育提供依据。

在我国，教育资源的地区差异，是教育发展的一个突出矛盾，教育投入、教育环境、师资水平及教学质量的差异等，明显而且普遍地存在，直接影响着教育的整体平衡发展，使得区域间教育服务水平及公平问题逐渐成为社会个体乃至全社会关注的焦点，是制约国家教育战略实施的关键因素。

本文依据《中国教育统计年鉴》及《中国教育经费统计年鉴》相关统计数据，对西部12省（自治区、直辖市）普通高中教育在办学规模、师资队伍、经费投入、办学条件等方面所存在的现状进行分析，力求找出西部与全国高中教育发展差距，以期为西部普通高中教育持续、协调、健康发展提出相应的对策建议。

三、研究方法

1.文献研究

本研究通过查阅近年来国内外关于“西部普通高中教育”“西部普通高中教育发展现状”“西部普通高中教育资源”的相关文献、论著和教育统计年鉴，充分利用中国知网数据库、中国优秀硕士论文全文数据库等电子检索系统，对国内外有关西部普通高中教育发展研究的文献进行归纳分析整理，确定本研究的思路和方向。

2.比较研究

在文献研究的基础上，搜集有关衡量普通高中教育发展的核心指标，构建普通高中教育发展比较研究指标体系，将西部普通高中教育发展与全国普通高中教育发展情况进行比较并找到差距。

3.数据分析

课题组采用《中国教育统计年鉴》《中国教育经费统计年鉴》等权威数据，从办学规模、师资队伍、教育经费及办学条件等方面进行对比分析，力求客观、公正地反映西部高中教育发展现状，找准西部普通高中教育与全国普通高中教育的差距以及西部12省（自治区、直辖市）普通高中教育之间的差距。

四、研究内容

1.办学规模

对西部12省（自治区、直辖市）普通高中教育办学规模进行分析比较，主要从学校在校生人数、学校数量两个维度在2013—2016年的变化趋势，以及与全国同期发展进行比较。

表3-1　2013—2016年西部地区普通高中学校在校生人数统计表(单位:人)

地区	2013年	2014年	2015年	2016年
全国	24 358 817	24 004 723	23 743 992	23 666 465
内蒙古	494 243	484 042	463 037	448 994
广西	818 878	838 231	865 740	918 939
重庆	661 384	647 915	623 179	606 811
四川	1 516 027	1 489 794	1 470 578	1 447 174
贵州	857 077	942 656	978 870	993 695
云南	737 426	768 469	782 813	805 829
西藏	53 092	55 669	57 961	56 897
陕西	899 424	851 044	804 919	783 114
甘肃	666 556	654 430	629 365	603 490
青海	109 026	113 471	116 628	120 304
宁夏	165 240	163 513	159 663	151 995
新疆	447 540	462 963	497 935	537 749

由表3-1可以看出，2013—2016年，全国普通高中学校在校生人数减少了692 352人。西部12省（自治区、直辖市）中，内蒙古自治区、重庆市、四川省、陕西省、甘肃省、宁夏回族自治区的普通高中学校在校生人数逐年递减，4年共计减少256 616人，其中陕西省（116 310人）减少最多。广西壮族自治区、贵州省、云南省、西藏自治区、青海省、新疆维吾尔自治区的普通高中学校在校生人数逐年递增，4年共计增加410 374人，其中贵州省（136 618人）增加最多。从总体来看，西部地区普通高中学校在校生人数略有增加，4年共计增加了153 758人。

表3-2　2013—2016年西部地区普通高中学校数量统计表(单位:所)

地　区	2013年	2014年	2015年	2016年
全　国	13 352	13 253	13 240	13 383
内蒙古	277	278	284	289
广　西	453	445	445	450
重　庆	261	258	261	260
四　川	735	732	726	739
贵　州	448	438	430	437
云　南	440	446	465	480
西　藏	29	29	30	31
陕　西	511	506	488	485
甘　肃	428	402	386	379
青　海	105	102	101	106
宁　夏	62	61	62	62
新　疆	366	363	357	354

由表3-2可以看出，2013—2016年，全国普通高中学校数量增加了31所。西部地区中，内蒙古自治区、云南省、西藏自治区普通高中学校数量略有增加；其中云南省增加最多，2016年较2013年增加了40所。广西壮族自治区、贵州省、陕西省、甘肃省、新疆维吾尔自治区普通高中学校数量逐年递减；其中甘肃省减少最多，2016年较2013年减少了49所。其余4省变化不大。

2.师资队伍

教师是立教之本、兴教之源。地方政府能否在教育改革与发展的进程中，始终坚持把教师作为教育发展的第一资源，不断优化师资队伍建设，这是教育资源配置中最主要的方面，也是提升教育公平，办人民满意的教育的核心要素。

表3–3　2016年西部地区普通高中生师比情况统计表 （教师数=1）

地区	学生数(人)	专任教师数(人)	生师比
全　国	23 666 465	1 733 459	13.65
内蒙古	448 994	34 823	12.89
广　西	918 939	53 362	17.22
重　庆	606 811	39 887	15.21
四　川	1 447 174	96 213	15.04
贵　州	993 695	61 030	16.28
云　南	805 829	53 875	14.96
西　藏	56 897	4 985	11.41
陕　西	783 114	57 471	13.63
甘　肃	603 490	45 107	13.38
青　海	120 304	8 923	13.48
宁　夏	151 995	10 639	14.29
新　疆	537 749	41 051	13.10

从表3–3可以看出，西部地区专任教师配置数量存在一定差距。全国生师比为13.65，西藏自治区、内蒙古自治区、新疆维吾尔自治区、甘肃省、青海省、陕西省稍优于全国平均水平，广西壮族自治区、贵州省、重庆市、四川省、云南省、宁夏回族自治区均低于全国平均水平。其中广西壮族自治区（17.22）最低，与最优的西藏自治区（11.41）之间相差5.81，差距较大。特别要提到的是，西藏自治区、内蒙古自治区、甘肃省、青海省、新疆维吾尔自治区，经济均低于全国平均水平，但是生师比均略优于全国平均水平。

表3-4　2016年西部地区普通高中专任教师学历情况统计表（单位：%）

地区	研究生	本科	专科及以下
全　国	7.94	89.97	2.09
内蒙古	10.74	87.22	2.04
广　西	6.41	85.96	2.58
重　庆	6.21	91.76	2.03
四　川	4.77	92.75	2.48
贵　州	3.34	93.80	2.86
云　南	4.09	93.94	1.98
西　藏	4.97	93.08	1.95
陕　西	9.37	88.93	1.71
甘　肃	5.99	89.33	4.67
青　海	4.82	90.16	5.02
宁　夏	5.90	92.29	1.80
新　疆	3.18	93.49	3.33

从表3-4可以看出，西部地区整体高学历教师数量较少。就研究生学历教师占比而言，只有内蒙古自治区（10.74%）、陕西省（9.37%），超过了全国平均水平（7.94%）；其余10省、市区均低于全国平均水平，其中新疆维吾尔自治区最低，仅为3.18%。

就本科学历教师占比而言，差距相对较小。全国平均水平为89.97%，重庆市、四川省、贵州省、云南省、西藏自治区、青海省、宁夏回族自治区、新疆维吾尔自治区均略高于全国平均水平；内蒙古自治区、广西壮族自治区、甘肃省、陕西省在全国水平以下；最高为云南省，占比93.94%，最低为广西壮族自治区，占比85.96%，相差7.98个百分点。

专科及以下学历教师占比差距明显。全国平均水平2.09%，内蒙古自治区、重庆市、云南省、西藏自治区、陕西省、宁夏回族自治区均低于全国平均水平；广西壮族自治区、四川省、贵州省、甘肃省、青海省、新疆维吾尔自治区均高于全国平均水平。陕西省（1.71%）占比最小，青海省（5.02%）占比最高，相差3.31个百分点。

同时，研究生学历教师占比较高的省份，相应的专科及以下学历的教师占比明显较低，例如陕西省（1.71%）。可以看出，西部地区在教师学历方面的竞争正在向研究生学历方面发展，从教育现代化发展趋势而言，高学历的教师从教普通高中教育，是未来教育的一个方向。

表3–5　2016年西部地区普通高中专任教师职称情况统计表（单位:%）

地区	中学高级	中学一级	中学二级及以下
全　国	27.50	36.61	35.89
内蒙古	33.43	36.01	30.56
广　西	21.33	40.33	38.36
重　庆	23.38	35.90	40.72
四　川	29.25	37.36	33.40
贵　州	22.27	28.86	48.87
云　南	28.85	30.71	40.45
西　藏	13.34	34.78	51.88
陕　西	23.60	35.62	40.87
甘　肃	19.97	35.03	44.99
青　海	27.27	30.08	40.64
宁　夏	26.29	28.91	44.80
新　疆	23.67	26.02	50.31

从表3–5来看，西部地区专任教师职称结构存在明显差异，且大部分省份职称结构欠合理。中学一级教师占比，无论西部各省区之间，还是与全国平均水平比照，差距均较大；中学高级教师、二级教师及以下占比，差距更加显著。

就中学高级教师占比来看，仅有内蒙古自治区、四川省、云南省在全国平均水平以上；广西壮族自治区、贵州省、重庆市、西藏自治区、陕西省、甘肃省均低于全国平均水平3个百分点；内蒙古自治区（33.43%）与西藏自治区（13.34%）相差20.09个百分点。

就中学一级教师占比来看，全国占比36.61%，仅有广西壮族自治区、四川省高于全国平均水平，其余省、市、区均低于全国平均水平；广西壮族自治区（40.33%）与新疆维吾尔自治区（26.02%）相差14.31个百分点。

与此同时，除了内蒙古自治区、四川省之外，其余各省区中学二级及以下教师均高于全国水平。可以看出，西部地区在普通高中教师职称梯级培育上明显低于全国水平，职称结构亟待改善。

通过表3-3、表3-4、表3-5看出，无论是教师数量还是体现教师质量的各项指标，西部各省区间存在很大差距，与全国平均水平差距也较为显著。

3.经费投入

总体上来讲，在目前情况下，教育经费主要由政府承担。影响教育经费投入差异的主要因素有两个，一个是政策性因素，一个是地方经济发展水平因素。对比西部地区普通高中生均教育经费情况，应该看主要维度，即总量、国家财政性教育经费、公共财政教育经费，特别要以公共财政教育经费为主。

如图3-1所示，就教育经费收入总量而言，全国生均为16 620元，其中云南省、陕西省、四川省、贵州省、甘肃省、广西壮族自治区低于全国平均水平。最高西藏自治区（32 640元）和最低广西壮族自治区（11 810元）同为民族自治区，相差20 830元；同为非民族自治区的重庆市（18 420元）和甘肃省（13 030元）之间相差5 390元，差距较大。

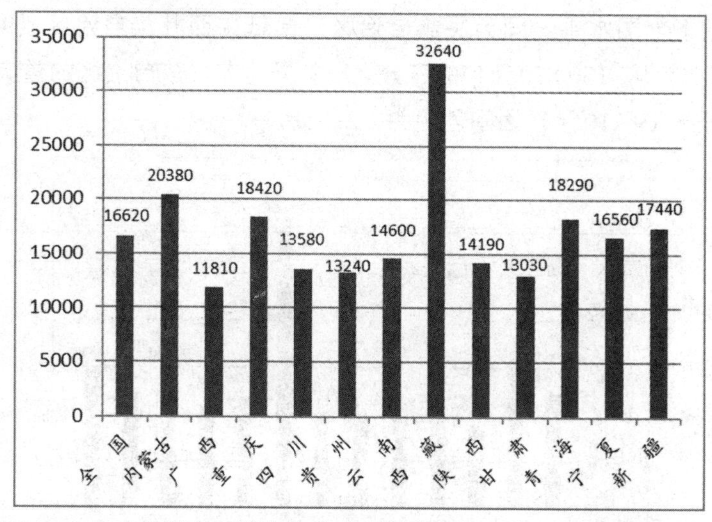

图3-1　2017年西部地区普通高中生均教育经费总收入对比图（单位:元）

如图3-2所示，就国家财政性教育经费收入而言，全国生均为13 560元，其中云南省、陕西省、甘肃省、四川省、贵州省、广西壮族自治区低于全国水平。同为民族自治区，最低广西壮族自治区（9 880元）不及最高西藏自治区（32 450元）的三分之一；同为非民族自治区的重庆市（14 780元）和贵州省（10 400元）之间的差距为4 380元。

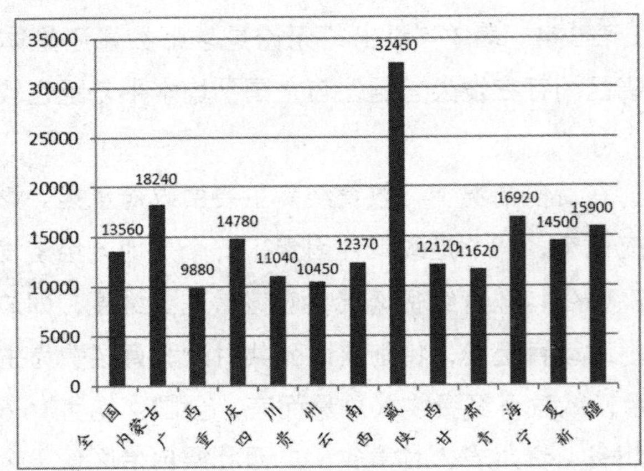

图3-2　2017年西部地区普通高中生均国家财政性教育经费收入对比图(单位:元)

如图3-3所示，就公共财政教育经费收入而言，全国平均水平12 320元，宁夏回族自治区、重庆市、陕西省、甘肃省、云南省、四川省、贵州省、广西壮族自治区均低于全国水平。同为民族自治区，最低广西壮族自治区（9 050元）不及最高西藏自治区（30 870元）的三分之一；同为非民族自治区的重庆市（11 920元）与贵州省（9 710元）之间差距为2 210元。

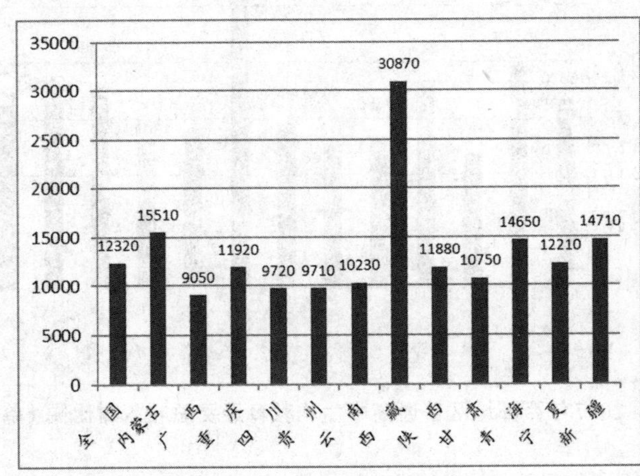

图3-3　2017年西部地区普通高中生均公共财政教育经费收入对比图(单位:元)

如图3-4所示，就教育事业费收入而言，全国平均水平11 230元，宁夏回族自治区、重庆市、陕西省、甘肃省、云南省、四川省、贵州省、广西壮族自治区低于全国水平。同为民族自治区，最低广西壮族自治区（8 230元）不及最高西藏自治区（27 790元）的三分之一；同为非民族自治区的重庆市（10 820元）与贵州省（8 930元）之间差距为1 890元。

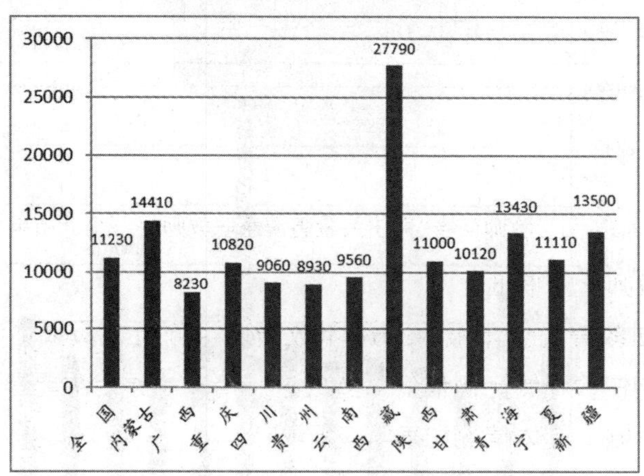

图3-4　2017年西部地区普通高中生均教育事业费收入对比图（单位:元）

通过图3-1、图3-2、图3-3、图3-4来看，西部地区教育经费收入明显低于全国平均水平。从以上4个维度对西部12省、市、区对比排序，排位大致相当。可以看出，国家政策性因素和地方经济水平直接决定了教育经费总投入。

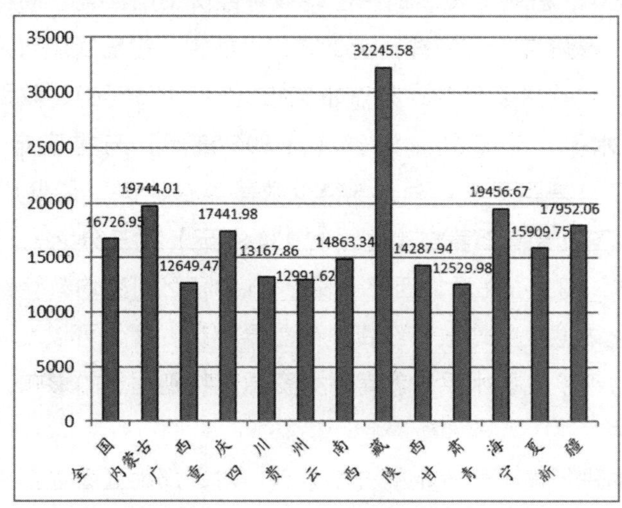

图3-5　2017年西部地区地方普通高中生均教育经费支出对比图（单位:元）

如图3–5所示，就地方普通高中生均教育经费支出而言，全国平均水平为16 726.95元，其中广西壮族自治区、四川省、贵州省、云南省、陕西省、甘肃省、宁夏回族自治区均低于全国水平。非少数民族自治区省份中，只有重庆市（17 441.98元）高于全国水平，最低的甘肃省（12 529.98元）与重庆市相差4 912.00元，差距显著。对比5个少数民族自治区，最低广西壮族自治区（12 649.47元）比最高西藏自治区（32 245.58元）的三分之一略多一点。

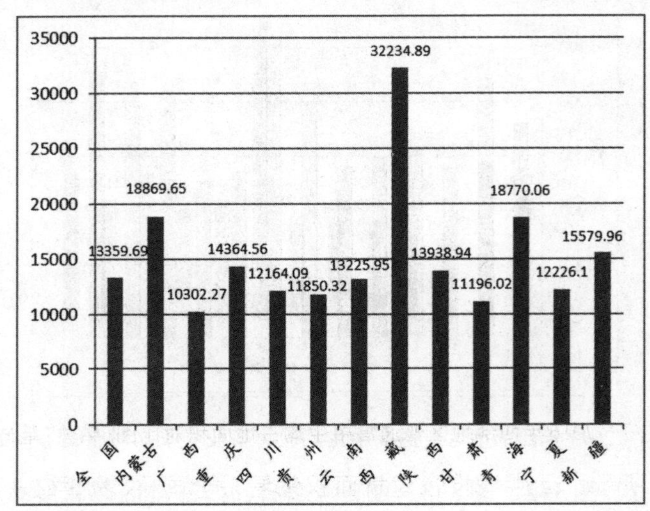

图3–6　2017年西部地区地方农村高中生均教育经费支出对比图(单位:元)

如图3–6所示，就地方农村高中生均教育经费支出而言，同样是广西壮族自治区、四川省、贵州省、云南省、陕西省、甘肃省、宁夏回族自治区低于全国水平。非少数民族自治区省份中，只有重庆市（14 364.56元）、陕西省（13 938.94元）高于全国水平，最低的甘肃省（11 196.02元）与重庆市（14364.56元）相差3 168.54元，差距显著。对比5个少数民族自治区，最低广西壮族自治区（10 302.27元）不及最高西藏自治区（32 234.89元）的三分之一。

通过图3–5、图3–6来看，西部12省、市、区之间生均教育经费支出差距显著，同一省份之内城乡生均教育经费支出差异存在。我们可以发现，国家民族政策性因素与省域经济发展水平对教育财力资源有特别明显的影响。

4.办学条件

教育活动的进行离不开一定的办学条件。对西部地区普通高中教育的办学条件进行比较，主要从生均拥有的占地面积、校舍建筑面积、图书、教学用计算机、教室（网络多媒体教室）以及教学仪器设备资产值6个维度进行。

如图3-7所示，就生均占地面积而言，全国平均水平为41.87平方米。西部地区中广西壮族自治区、重庆市、四川省、贵州省、陕西省、甘肃省低于全国平均水平。最高西藏自治区（57.58平方米）与最低甘肃省（30.85平方米）之间相差26.73平方米，差距较大。

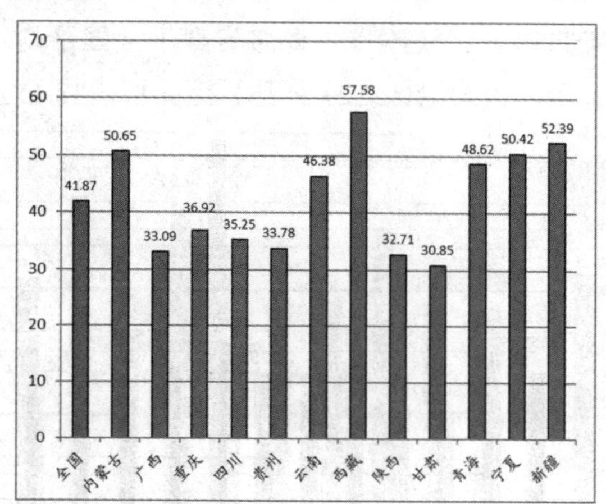

图3-7　2016年西部地区普通高中生均占地面积对比图(单位:平方米)

如图3-8所示，就生均校舍建筑面积来看，全国平均水平20.76平方米。西部地区中仅有内蒙古自治区、重庆市、西藏自治区略高于全国平均水平，其余9省均低于全国平均水平。最高西藏自治区（22.11平方米）与最低甘肃省（15.18平方米）之间相差6.93平方米，差距较大。

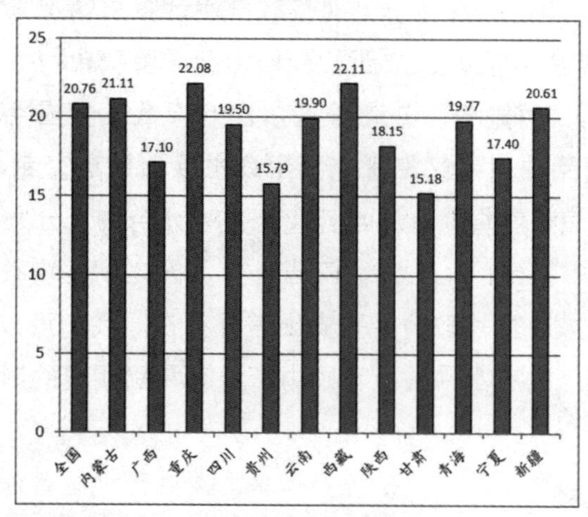

图3-8　2016年西部地区普通高中生均校舍建筑面积对比图(单位:平方米)

通过图3-7、图3-8来看，西部地区在生均占地面积与校舍建筑面积方面，整体处在全国较低水平。

如图3-9所示，就生均图书情况来看，全国平均水平为生均37.13册。其中内蒙古自治区、广西壮族自治区、重庆市、贵州省、云南省、西藏自治区、甘肃省、宁夏回族自治区、新疆维吾尔自治区低于全国平均水平，且有5省的生均图书低于30册，只有四川省、陕西省、青海省高于全国平均水平。最高青海省(45.70册)与最低广西壮族自治区（27.55册）之间相差18.15册，差距较大。

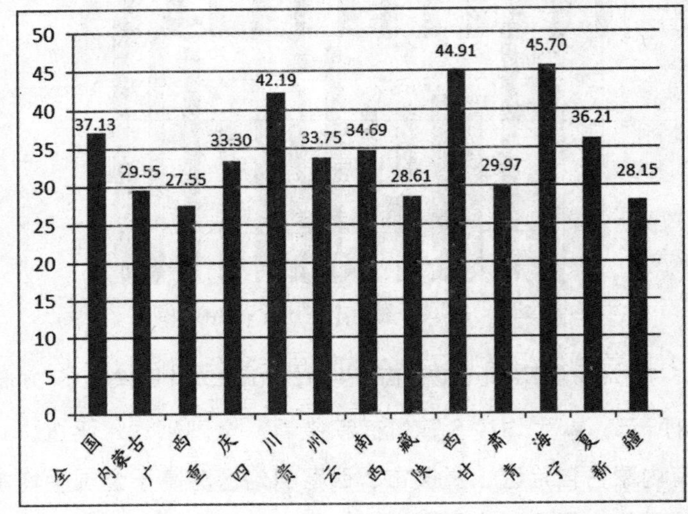

图3-9 2016年西部地区普通高中生均图书对比图（单位:册）

如图3-10所示，就每百名学生拥有教学用计算机情况来看，全国平均水平17.08台。其中内蒙古自治区、广西壮族自治区、重庆市、四川省、贵州省、云南省、西藏自治区、甘肃省、新疆维吾尔自治区低于全国平均水平，只有陕西省、青海省、宁夏回族自治区高于全国平均水平，最高青海省（20.37台）与最低广西壮族自治区（9.17台）之间每百生相差11.2台。

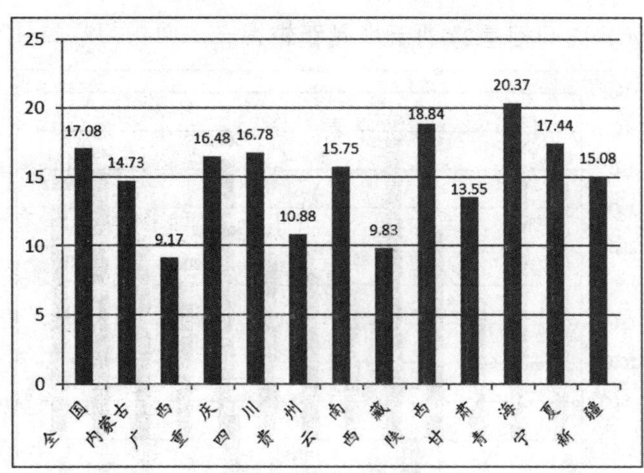

图3-10　2016年西部地区普通高中每百生教学用计算机对比图（单位：台）

如图3-11所示，就每百名学生拥有教室情况来看，全国平均水平3.28间。其中内蒙古自治区、广西壮族自治区、重庆市、贵州省、西藏自治区、甘肃省、宁夏回族自治区低于全国平均水平。最高四川省（3.62间）与最低广西壮族自治区（2.35间）之间每百生相差1.27间。就每百名学生拥有网络多媒体教室而言，全国平均水平2.40间，西部地区中有9省低于全国平均水平，最高重庆市（2.93间）与最低广西壮族自治区（1.61间）之间每百生相差1.32间。

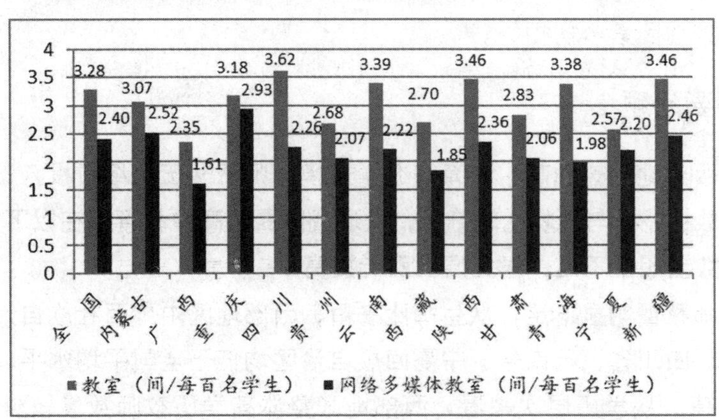

图3-11　2016年西部地区普通高中每百生教室（网络多媒体教室）对比图（单位：间）

如图3-12所示，就生均教学仪器设备资产值情况来看，全国平均水平3 325元。西部地区中四川省、陕西省、内蒙古自治区、宁夏回族自治区高于全国平均水平，其余8省均低于全国平均水平。最高四川省（3 912元）与最低广西壮族自治区（1 841元）之间相差2 071元，差距较大。

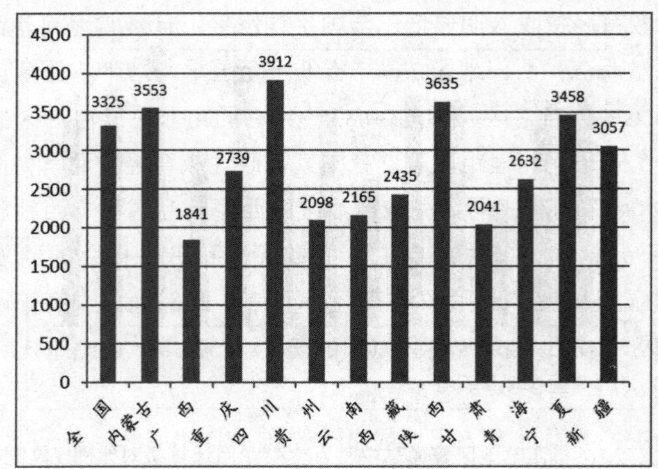

图3-12　2016年西部地区普通高中生均教学仪器设备资产值对比图（单位:元）

通过图3-9、图3-10、图3-11、图3-12来看，西部地区在生均物力资源投入上，整体处于全国较低水平，且12省、市、区之间差距较大。

从上述对比可以看出，西部地区在办学条件方面，整体处在全国较低水平。同时，从图书、教学用计算机、网络多媒体教室、教学仪器资产值这4项维度的省域排名来看，整体表现出与区域经济发展呈正相关关系，也与国家支持民族地区发展的政策性因素密切相关。

五、主要问题

通过对西部地区普通高中教育在办学规模、师资队伍、经费投入、办学条件四个方面的数据统计与现状比较分析，发现我国西部高中教育存在以下突出问题。

1.教师数量明显不足，学历层次亟待提高

专任教师数量明显不足。从生师比来看，西部地区中广西壮族自治区、贵州省、重庆市、四川省、云南省、宁夏回族自治区均低于全国平均水平。教师学历层次亟待提高。从学历层次来看，西部地区整体高学历教师数量较少。就研究生学历教师占比而言，只有内蒙古自治区（10.74%）、陕西省（9.37%），超过了全国平均水平（7.94%）；其余10省区均低于全国平均水平，其中新疆维吾尔自治区最低，仅为3.18%。就本科学历教师占比而言，内蒙古自治区、广西壮族自治区、甘肃省、陕西省在全国平均水平以下。

2. 教育经费投入不足，经费支出城乡差异存在

西部地区教育经费收入明显低于全国平均水平，且各省之间差距显著。就教育经费收入总量而言，西部地区中有7省低于全国平均水平。西藏自治区和广西壮族自治区同为民族自治区，相差20.83千元；同为非民族自治区的重庆市和甘肃省之间相差5.39千元，差距显著。就国家财政性教育经费而言，西部地区中有6省低于全国水平。同样，同为民族自治区的西藏自治区和广西壮族自治区之间差距为22.57千元；同为非民族自治区的重庆市和贵州省之间的差距为4.33千元，差距同样显著。就公共财政教育经费而言，西部地区中有6省低于全国水平。西藏自治区与广西壮族自治区之间的差距为21.82千元，重庆市与贵州省之间差距为2.21千元，差距依然显著。

西部地区生均教育经费支出明显低于全国平均水平，且各省之间差距显著。就地方普通高中生均教育经费支出而言，有7省低于全国水平。非少数民族自治区省份中，只有重庆市高于全国水平，最低的甘肃省与重庆市相差4 912.00元，差距显著。对比5个少数民族自治区，西藏自治区最高，广西壮族自治区最低。就地方农村高中生均教育经费支出而言，同样是内蒙古自治区、重庆市、西藏自治区、青海省、新疆维吾尔自治区高于全国水平，其余7省低于全国水平。

3. 办学条件处于全国较低水平，省域之间差距较大

西部地区在办学条件方面，整体处于全国较低水平，且各省之间差距较大。生均图书拥有量，有9省低于全国平均水平，其中5省的生均图书不足30册，最高青海省与最低广西壮族自治区之间相差18.15册，差距较大。生均教学用计算机，有9省均低于全国平均水平，最高青海省与最低广西壮族自治区之间每百生相差11.2台。生均教室，有7省低于全国平均水平；生均网络多媒体教室有9省低于全国平均水平。生均教学仪器设备资产值，有8省低于全国平均水平，最高四川省与最低广西壮族自治区之间相差2 071元，差距较大。

六、对策建议

基于以上分析，我们提出以下建议。

1. 创新培养机制，切实加强师资队伍建设

教育大计，教师为本，教师是教育发展的第一资源。党中央、国务院高度重视教师队伍建设。国家层面鼓励生育的信息以及多省市出现的人才争夺战，说明人力资源的至关重要，对教育而言，亦是如此。目前来看，省域间普通高中教师的竞争与提升趋向，集中在高质量的教师数量上，简而言之，就是扶优减劣。一是对准一个基本导向，对西部地区而言，由单纯的数量补充向整体提升师资队伍素质和促进专业发展转变，要持续提升高学历及高级职称教师的数量。二是建立教师流通机制，加强制度和机制建设，打通区域内外教师流通渠道，择优聘任、能进能出、能上能下的教师任用制度，整体优化教师队伍，吸引更多的优质人才流向普通高中教学岗位。三是完善提质培优机制，把好入口关，在学历上向师范类研究生倾斜，在职称评审上重业务素养与教育教学实绩，同时，搭建高质量继续教育培训、骨干教师队伍建设、定期轮岗支教平台，不断提高高中教师的整体素质。

2. 各方形成合力，拓宽教育财力资源筹措途径

近期，国务院办公厅印发《关于进一步调整优化结构提高教育经费使用效益的意见》提出，要着力补齐教育发展短板，积极支持扩大普惠性学前教育资源、普及高中阶段教育、发展现代职业教育，财政教育经费着力向深度贫困地区和建档立卡等家庭经济困难学生倾斜。一是要积极争取，从国家层面投入机制上有所改变，由地域经济水平差别带来的教育不公平，不应该由受教育者来承担，要缓解省域间教育不公平，促进省域间教育公平，需要对现有教育投入机制做出相应的调整，加大基础教育阶段中央统筹和转移支付的力度，从国家财政层面加大对经济薄弱省份的教育投入。二是要优化结构，从重视普通高中教育投入上予以重视，近年来，国家层面对全国性的义务教育、职业教育投入非常大，地方政府的压力相对较小，省级政府应对普通高中教育给予足够的重视与财力支持，政府应从有限的教育预算投入中支持普通高中教育。三是要提高效率，从盘活教育资源高效配置上做足文章，政府的责任主要是制定高中教育经费的筹措政策，加强对高中教育的管理、质量监控和资金使用效益的监管，欠发达地区普通高中教育要实现跨越式发展，还要盘活教育资源存量，高效配置，减少浪费，提高教育资源的使用效率。四是要转变观念，从吸收社会资源上有所作为，国务院《关于鼓励社会力量兴办教育促进民办教育健康发展的若干意见》提出鼓励社会力量兴办教育，促进民办教育健康发展，教育发达地区的成功实践经验告诉我们，引入市场机制，吸引更多社会资源流向教育领域，才能迅速扩大教育资源总量，大力扶持民间力量进入普通高中办学行列，这是对地方政府办学观念的考验。

3.结合地区实际，加大改善贫困地区办学条件力度

教育部《高中阶段教育普及攻坚计划（2017—2020年）》中提出，国家扩大实施教育基础薄弱县普通高中建设项目，支持改扩建一批普通高中教学和学生生活类校舍，扩大培养能力。这对于西部地区来说，是利好的消息。一是担当教育民生使命，各地政府部门应该结合本地区实际，在充分挖掘现有教育资源的基础上，有计划、分年度实施一些建设项目，新建、改扩建一批学校，为薄弱学校配齐必要的教育教学和生活设施设备，为现代化学校建设打牢基础，这是当地政府重视教育事业发展的责任，也是保障民生的使命。二是强化对标建设，按照国家标准，实施普通高中改造计划，西部省份贫困地区教学生活设施不能满足基本需求、尚未达到国家基本办学条件标准的普通高中学校，要在改扩建校舍、配置图书和教学仪器设备以及体育运动场等附属设施建设上下功夫。三是用好国家政策，国务院办公厅《关于进一步调整优化结构提高教育经费使用效益的意见》要求，着力补齐教育发展短板，建立健全普通高中生均财政拨款制度，加大对普通高中急需的教育教学条件的改善力度。各地要按照地方政府债务化解范围，对普通高中债务中属于存量地方政府债务的，可通过发行地方政府债券置换。

（执笔人：单亚玲　陈　勇　王辉斌　张尚雄　杨中枢）

第四章　西部中等职业教育发展研究
——基于与全国比较的视角

一、研究背景与意义

中等职业教育（包括普通中等专业学校、职业高中、技工学校和成人中等专业学校）是国民教育体系和人力资源开发的重要组成部分，在整个教育体系中处于十分重要的位置，发展中等职业教育对促进经济发展、解决“三农”问题、实现社会充分就业以及维护社会稳定有着举足轻重的作用。2014年6月，国务院印发《关于加快发展现代职业教育的决定》，提出“到2020年，形成适应发展需求、产教深度融合、中职高职衔接、职业教育与普通教育相互沟通，体现终身教育理念，具有中国特色、世界水平的现代职业教育体系”。党的十九大报告中明确提出“完善职业教育和培训体系，深化产教融合、校企合作”。因此，加快发展现代职业教育，是党中央、国务院做出的重大战略部署，对于深入实施创新驱动发展战略，创造更大人才红利，加快转方式、调结构、促升级具有十分重要的意义。

随着国家大力发展中等职业教育政策的实施，各级政府对中等职业教育的投入不断加大，中职学校的办学条件显著改善，为当地经济社会的发展做出了一定的贡献。但是由于西部地区经济发展水平较为落后，中等职业教育办学类型多，办学水平参差不齐，质量有待提高，社会吸引力与认可度并不高，中等职业教育还不能完全适应当地经济社会发展的需要，这与国家对中职教育的大力投入与中职教育的实际贡献度并不匹配。为更好地说明西部中等职业教育发展的情况，本项研究选取了西部12个省（自治区、直辖市），对中职教育发展现状与全国相应指标进行对比分析，深刻剖析问题根源，并提出解决思路，以期推动和促进西部中等职业教育健康、持续、快速发展，为西部社会经济发展输送合格人才。

二、研究目标

本项研究立足于“三农”问题亟待解决、工业化进入中期阶段、城镇化步伐加快、农村劳动力大转移的宏观背景下，选取西部12个省（自治区、直辖市）作为样本省份，基于西部地区中等职业教育发展现状，从办学规模、师资队伍建设、经费投入与支出、办学基础条件等方面进行对比分析，探寻发现制约西部地区中职教育发展的困难与问题，厘清问题成因，为进一步加快西部地区中职教育发展提出相关政策建议。

三、研究方法

（一）文献研究法

查阅各级政府、教育行政部门出台的发展中职教育方面的政策文件，研读学术界关于中职教育发展现状的研究成果。

（二）分析比较法

分析比较西部地区与全国中职教育发展现状与差距，并在此基础上寻找问题成因。

（三）问卷调查法

通过发放、回收、统计、分析教师问卷和学生问卷，了解西部地区中职教育的发展现状与存在问题。

四、研究内容

（一）办学规模

1. 中职学校数量整体减少

通过分析2013—2016年全国和西部地区中职学校数量变化情况，可以看出整体呈现出减少的趋势。4年内，全国中职学校数量减少了1 013所，减幅为

10.8%；西部地区中，陕西省的减幅最大，为16.1%；青海省和西藏自治区的中职学校数量略有增加，分别增加了1所和4所。具体情况如表4-1、图4-1所示。

表4-1　2013—2016年西部地区中职学校数量统计表(所)

地区	2013年	2014年	2015年	2016年
陕　西	316	307	288	265
甘　肃	260	244	228	220
宁　夏	35	33	32	29
青　海	38	38	39	39
新　疆	180	176	172	167
西　藏	6	9	9	10
四　川	503	483	467	445
重　庆	141	139	134	132
广　西	309	295	280	276
贵　州	218	209	206	195
云　南	390	385	379	374
内蒙古	264	258	250	247
全　国	9 380	9 060	8 657	8 367

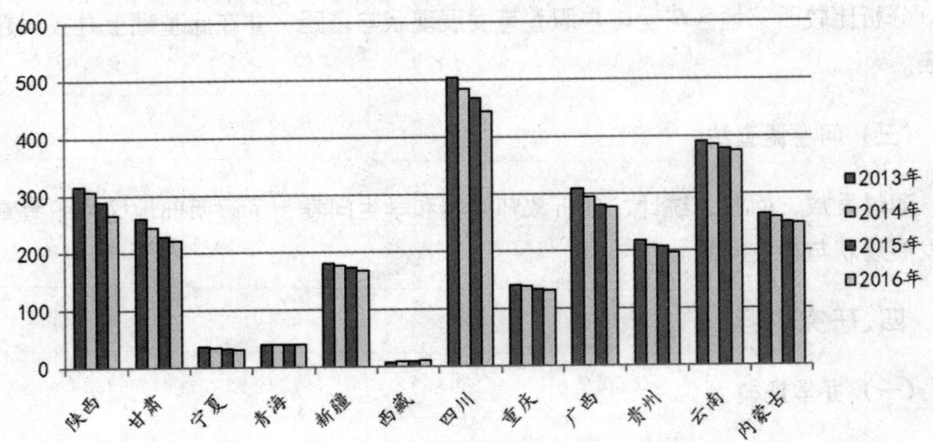

图4-1　2013—2016年西部地区中职学校数量对比图(所)

2.在校生人数逐年减少

通过分析2013—2016年全国和西部12省（自治区、直辖市）中职学校在校生人数变化情况，可以看出整体呈现出减少的趋势，与中职学校数量变化趋势基本一致。4年内，全国中职学校在校生人数减少了2 605 238人，减幅为17.0%，比中职学校数量减幅高出6.2个百分点；西部地区中陕西省的减幅最大，为38.9%，比全国高21.9个百分点；甘肃省的减幅为27.2%，比全国高10.2个百分点；青海省和西藏自治区的中职学校在校生人数略有增加。具体情况如表4-2与图4-2所示。

表4-2 2013—2016年西部地区中职学校在校生人数统计表(人)

地区	2013年	2014年	2015年	2016年
陕　西	454 858	377 135	322 341	277 832
甘　肃	289 531	262 602	229 348	210 710
宁　夏	93 950	81 966	82 117	78 743
青　海	77 784	77 163	76 364	74 057
新　疆	229 294	219 483	221 705	235 108
西　藏	17 491	16 990	15 796	18 157
四　川	1 195 085	1 079 228	987 491	914 426
重　庆	362 827	339 110	328 028	311 632
广　西	822 241	782 675	736 360	698 572
贵　州	475 512	544 462	602 491	550 922
云　南	494 103	490 558	484 189	486 248
内蒙古	245414	231 865	214 555	202 672
全　国	15 363 842	14 163 127	13 352 414	12 758 604

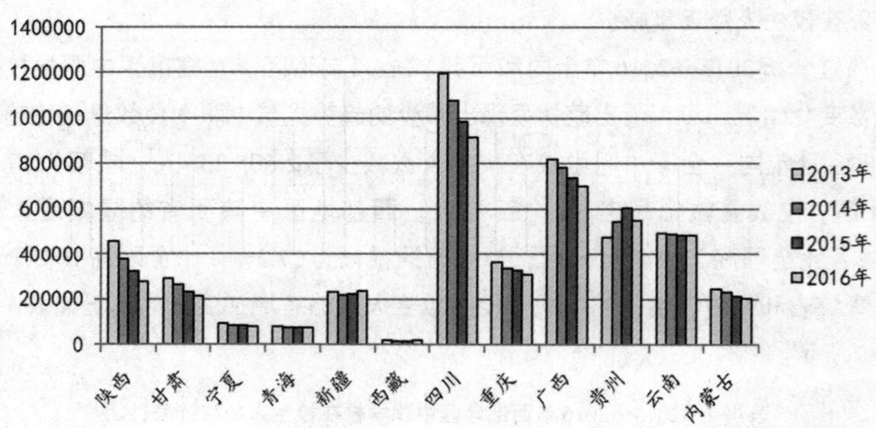

图4-2　2013—2016年西部地区中职学校在校生人数对比图(人)

(二)师资队伍现状

师资队伍的数量与质量是影响和制约中职教育发展的关键因素，西部地区中职教师队伍的素质已经不能满足学校发展的实际需求，这主要表现在教师队伍结构严重失衡，专业课教师、实习指导教师和“双师型”教师比例偏低。

1.生师比仍高于全国均值

根据2016年中国教育统计年报数据进行分析，尽管西部地区的生师比达到了国家规定的20∶1的标准，但仍高于全国均值，随着近年来中等职业学校的转型发展，专业设置和学科结构的调整，教师结构性矛盾日益突出。具体情况如图4-3、图4-4所示。

从图4-3可以看出，与全国相比较，西部地区的生师比偏高，高于全国均值和中东部8个省份平均值，其中宁夏回族自治区、青海省、贵州省、新疆维吾尔自治区、四川省、重庆市、贵州省、云南省的生师比较高，特别是贵州省中职教育生师比达到25.32∶1，高于全国平均水平9.79个点。西部各省之间也存在较大差异，如广西壮族自治区中职教育生师比仅为8.03∶1，而宁夏回族自治区、青海省、贵州省均超过22∶1，而中职教育发达的中东部8省区的平均值明显较低。

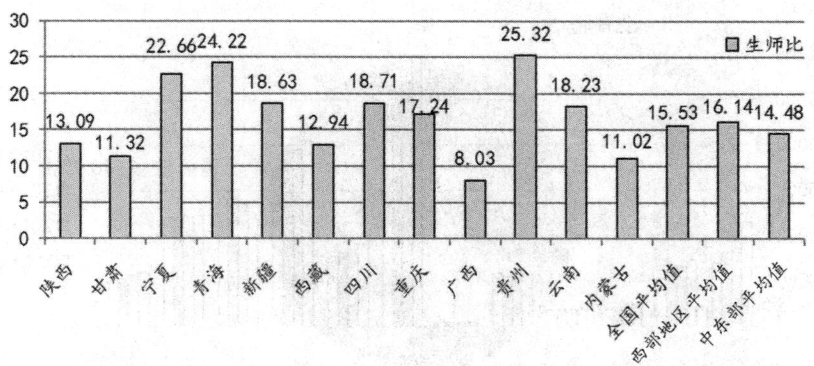

图4-3 2016年西部地区中职学校生师比与全国、中东部对比图

从图4-4可以看出西部地区生师比高于全国平均值0.61个点，高于中东部8省区平均值1.66个点，说明西部地区中职学校普遍存在师资短缺的问题。

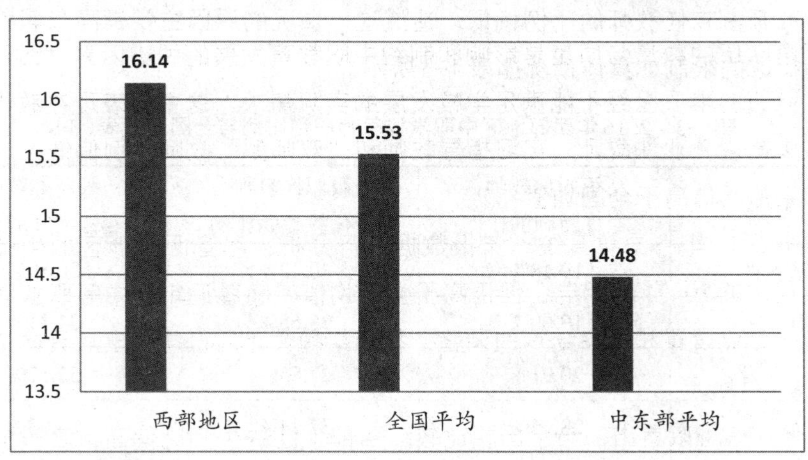

图4-4 2016年西部地区与全国及中东部生师比对比图

此外，西部中职学校教师的结构组成呈现复杂情况，教师结构不合理表现在以下几方面：一是专业课教师与文化基础课教师比例不合理，二是专业专任教师与兼职教师的比例不合理，三是专业课教师与实习实训教师的比例不合理，四是专业教师中双师型教师的占比较低，五是县属中等职业学校普遍存在文化课教师较多、专业课老师极少的问题。西部中职学校师资队伍结构不合理的现状，迫使学校不得不大量聘请兼职教师来保证日常教学的需要。教师问卷中在回答“贵校大量聘请兼职教师吗?”的统计结果如图4-5所示。

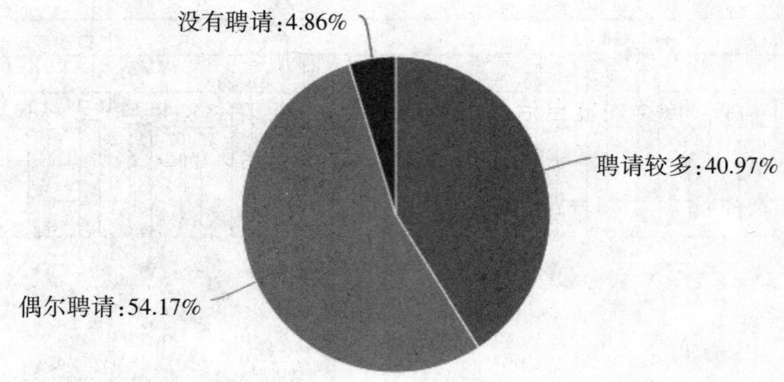

图4-5 教师问卷"贵校大量聘请兼职教师吗?"统计结果

2. 中高级教师比例偏低

根据《中国教育统计年报》2016年数据进行分析，西部地区中职学校中高级职称教师占专任教师的比例偏低，造成这一情况的原因主要是高级职称教师受核定指标数的限制，具体情况如表4-3所示。

表4-3 2016年西部地区中职学校教师职称比例与全国对比表(%)

地区	高级职称教师占专任教师的比例	中级职称教师占专任教师的比例	初级职称教师占专任教师的比例
陕 西	19.48%	40.42%	30.89%
甘 肃	19.60%	38.65%	34.31%
宁 夏	20.91%	27.85%	32.57%
青 海	28.45%	37.24%	25.93%
新 疆	21.41%	33.91%	31.70%
西 藏	8.57%	35.98%	27.64%
四 川	22.72%	34.91%	28.79%
重 庆	23.42%	34.95%	32.22%
广 西	17.49%	41.17%	27.72%
贵 州	16.70%	30.81%	34.27%
云 南	31.39%	34.95%	23.52%
内蒙古	30.31%	39.62%	20.80%

续表

地区	高级职称教师占专任教师的比例	中级职称教师占专任教师的比例	初级职称教师占专任教师的比例
西部地区平均值	21.70%	35.87%	29.20%
全国平均值	24.65%	39.87%	25.71%
中东部8省平均值	24.56%	41.58%	25.35%

从表4–3数据可以看出，西部地区中职学校的高级职称教师比例低于全国平均值2.95个百分点。陕西等9省均低于全国平均水平，西藏自治区中职学校高级教师占比为西部地区最低水平，仅为8.57%，低于全国平均水平16.08个百分点。西部各省之间也存在较大差异，云南省中职教育高级职称教师占比最高，为31.39%，高于西藏自治区22.82个百分点。

在中级职称教师占比方面，西部地区低于全国4个百分点，低于中东部5.71个百分点。甘肃等10省均低于全国平均水平，宁夏回族自治区中级教师占比仅为27.85%，低于全国平均水平12.02个百分点。西部各省之间也存在较大差异，广西壮族自治区中职教育中级职称教师占比41.17%，高于宁夏回族自治区13.32个百分点。

在初级职称教师占比方面，西部地区高于全国平均值，陕西等6省初级职称教师占比超过30%，甘肃省和贵州省初级职称教师比例超过34%。这种差异既说明西部地区中职学校新入职教师较多，同时也说明西部地区中职学校教师在职称晋升方面，存在累积性障碍，具体情况如图4–6所示。

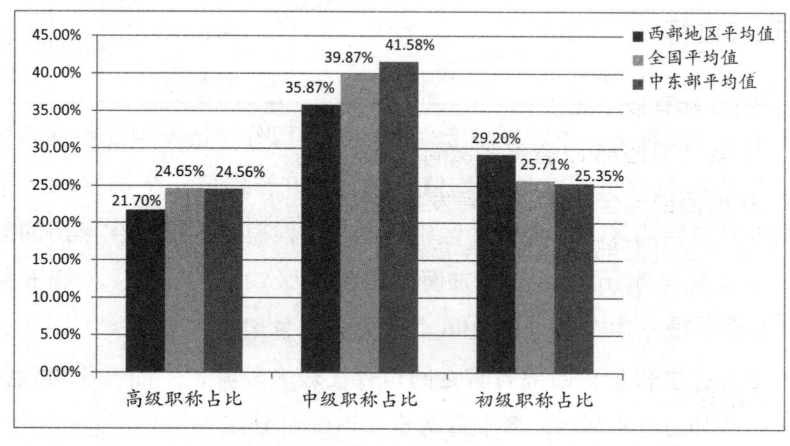

图4–6 2016年西部地区中职学校教师职称结构占比与全国、中东部对比图

3.专任教师学历层次较低

根据对《中国教育统计年报》2016年数据进行分析，西部中职学校专任教师的学历层次明显低于全国平均水平，与中东部地区差距较大，具体情况如表4-4所示。

表4-4　2016年西部地区中职学校专任教师学历层次与全国中东部对比表(%)

地区	博士研究生占比	硕士研究生占比	本科占比	专科占比
陕　西	0.06%	6.15%	80.69%	12.88%
甘　肃	0.05%	4.67%	85.02%	9.89%
宁　夏	0.04%	8.73%	84.11%	6.65%
青　海	0.00%	3.09%	76.68%	19.82%
新　疆	0.00%	4.97%	81.69%	12.67%
西　藏	0.00%	7.34%	86.25%	6.41%
四　川	0.17%	3.76%	81.26%	14.66%
重　庆	0.05%	8.19%	83.61%	7.97%
广　西	0.13%	9.55%	79.60%	10.20%
贵　州	0.02%	5.09%	81.01%	13.33%
云　南	0.01%	5.36%	83.63%	10.14%
内蒙古	0.17%	5.71%	82.57%	11.42%
西部地区平均值	0.06%	6.05%	82.18%	11.34%
全国平均值	0.09%	7.07%	83.67%	8.80%
中东部8省平均值	0.11%	10.01%	83.81%	5.77%

从表4-4可以看出，中职学校专任教师的学历分布情况中，西部地区具有博士研究生学历的教师低于全国平均值，陕西等9省均低于全国平均水平，青海省、新疆维吾尔自治区、西藏自治区中职学校中没有博士研究生学历的教师。

在硕士研究生学历教师占比方面，西部地区均值为6.05%，低于全国均值1.02个百分点，低于中东部地区3.96个百分点，甘肃省、青海省、四川省中职学校教师硕士研究生较少；西部各省之间也存在较大差异，广西壮族自治区中职学校硕士学历教师占比9.55%，高于青海省6.46个百分点。

在本科学历教师占比方面，西部地区整体略低于全国平均值，陕西等9省低于全国平均水平，青海省和广西壮族自治区不足80%。而西部地区中职学校专科学历的教师高于全国平均值2.54个百分点，更高于中东部地区5.57个百分点，以青海省、四川省、贵州省专科学历教师较多。具体情况如图4-7、图4-8所示。

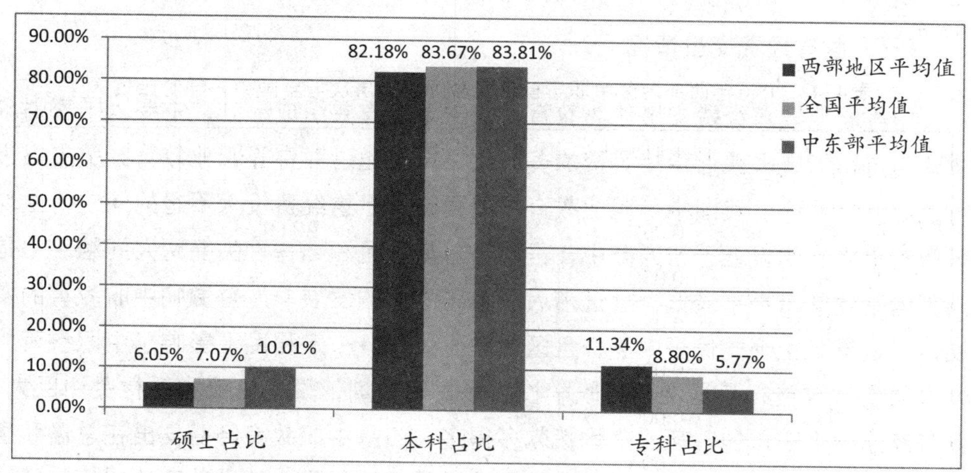

图4-7　2016年西部中职学校硕士、本科、专科学历教师占比与全国、中东部对比图

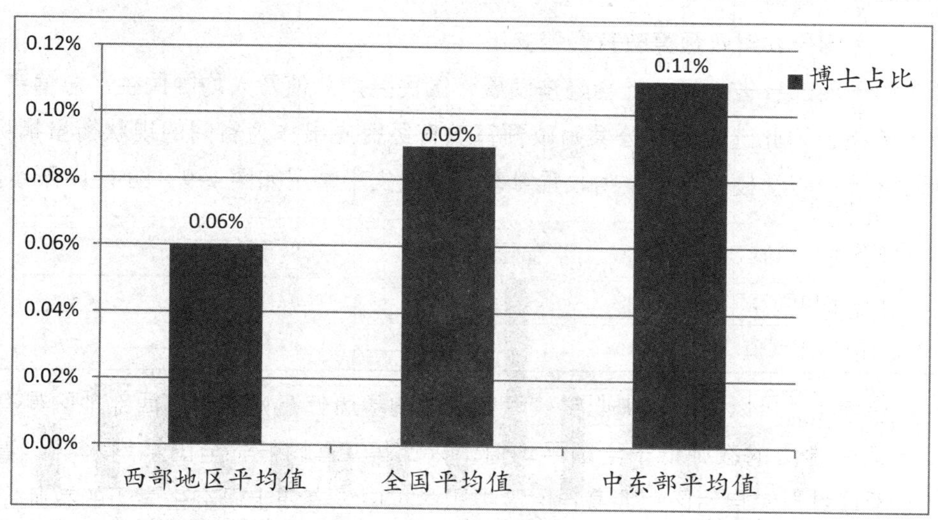

图4-8　2016年西部中职学校博士学历教师占比与全国、中东部对比图

从图4-7、图4-8可以明显看出，西部中职学校吸引高端人才的能力较弱，博士研究生学历教师在专任教师中占比较低。西部中职学校吸引高端人才能力较弱的原因主要在于：一是在中职学校中，教师学历提升后，由于待遇偏低，导致高学历专业教师流动性大，有辞职、调动等方式导致中职学校高学历教师流失；二是西部地区中职学校发展空间有限，待遇偏低，而且不能提供较好的研究工作平台，高校培养的博士研究生一般不会考虑进入中职学校就业。

（三）教育经费支出情况

中等职业教育经费支出作为教育财政支出的重要组成部分，主要以国家财政拨款为主，形成多渠道筹措经费的多元化格局。通过对中等职业教育经费支出进行统计分析发现，我国中等职业教育发展面临着严重经费投入不足的问题，生均经费支出水平明显低于普通高中，呈现出总量不足和结构性失衡两大问题。一是预算内基建支出水平较低，远远滞后于教育事业的发展，严重影响中职教育的发展；二是高职生师比优于中职，且区域差异较大，一定程度上影响了中职教育的办学质量与效益；三是现有中职学校注重实习实训，设备磨损和耗材费用巨大，有些专业学生三年的消耗比生均拨款多得多；四是中职教育经费支出在总量和生均水平上虽保持增长，但存在明显的区域差异；五是职业技术教育的规模与区域经济发展不协调。

1.生均公共财政预算教育经费支出

由于西部各省之间的社会经济发展、国民生产总值及人均国民生产总值存在较大差距，因此选取生均公共财政预算教育经费支出作为省间的现状衡量指标。西部地区中职学校生均公共财政预算教育经费支出情况如图4-9、图4-10所示。

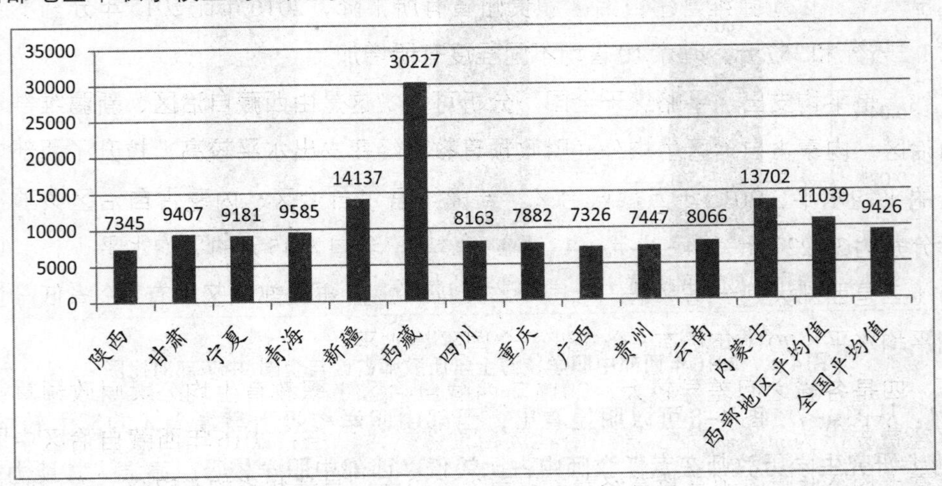

图4-9　2015年西部中职学校生均公共财政预算教育经费支出与全国对比图(元)

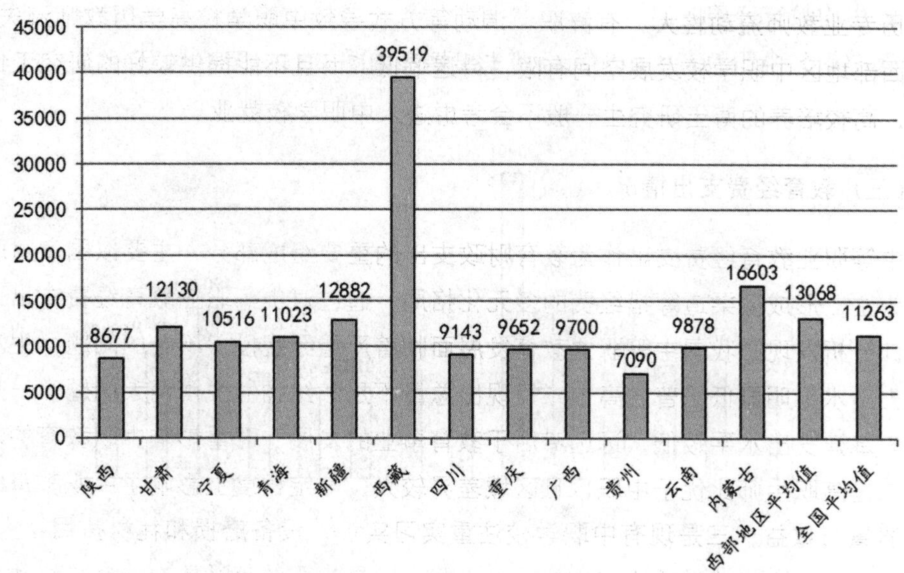

图4-10　2016年西部中职学校生均公共财政预算教育经费支出与全国对比图(元)

从图4-9、图4-10可知，2015—2016年西部地区中职教育生均公共财政预算教育经费支出情况具有四个特点：

一是整体呈现增加趋势。西部地区中西藏自治区的增量最大，2016年比2015年增加了9 292元，其增量甚至超过了陕西省、四川省、贵州省的实际生均支出水平；仅新疆维吾尔自治区和贵州省有所下降，2016年比2015年分别下降了1 255元和357元，其余10省均不同程度有所增加。

二是平均支出水平略优于全国。分析可知，这是由西藏自治区、新疆维吾尔自治区、内蒙古自治区生均公共财政预算教育经费支出水平较高，拉升了西部地区的平均水平，2015年西藏自治区、新疆维吾尔自治区、内蒙古自治区该项指标分别为30 227元、14 137元、13 702元，高于全国7345元的平均水平。

三是西部大部分省区低于全国平均水平，2015年西部地区中有8个省低于全国平均水平，2016年仍有8个省低于全国平均水平。

四是各省之间差异较大，2015年西藏自治区中职教育生均公共财政预算教育经费支出为30 227元，是广西壮族自治区的4.13倍；2016年西藏自治区中职教育生均公共财政预算教育经费支出为39 519元，是贵州省的5.57倍。在中职教育生均公共财政预算教育经费支出方面，西部各省之间差异很大。

2. 生均教育经费支出

西部地区中职教育生均教育经费支出情况如图4-11、图4-12所示。

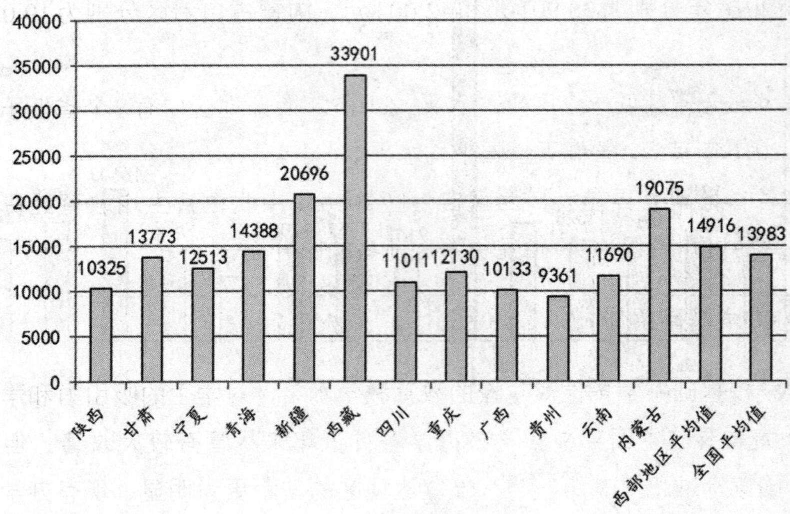

图4-11　2015年西部中职学校生均教育经费支出情况与全国对比图(元)

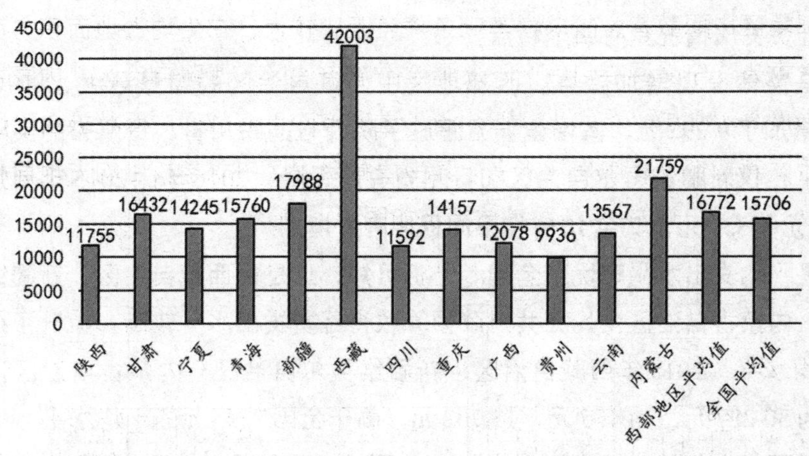

图4-12　2016年西部中职学校生均教育经费支出情况与全国对比图(元)

从图4-11、图4-12可知，2015—2016年西部地区中职教育生均教育经费支出情况具有四个特点：

一是生均教育经费支出逐年增加。西部地区中仅新疆维吾尔自治区有所下降，2016年比2015年下降了2 708元，其余11省均不同程度有所增加。

二是生均教育经费支出平均水平略优于全国。分析可知这是由西藏自治区和内蒙古自治区生均教育经费支出较高，拉升了西部地区的平均水平，西藏自治区2015年和2016年分别为33 901元和42 003元，内蒙古自治区分别为19 075元和21 759元。

三是大部分省区低于全国平均水平，2015年西部地区中有8个省低于全国平均水平，2016年有7个省低于全国平均水平。

四是各省之间差异较大，西藏自治区2016年中职教育生均教育经费支出为42 003元，而贵州省仅为9 936元，不足前者的四分之一。

（四）办学基础条件

中职学校基础办学条件对学校的教育教学水平、对学生的吸引力和学校的发展能力至关重要。中西部中职学校办学条件近年来尽管有较大改善，但限于财力，距离国家标准仍有差距，与东部发达地区的差距更为明显，现有办学条件难以满足教学需要，特别是实训基地等实践环节的设施设备配置不足。

1.生均占地面积

西部地区中职教育学校办学基础条件差距比较大，在生均占地面积方面，陕西省、甘肃省、宁夏回族自治区、新疆维吾尔自治区、西藏自治区、内蒙古自治区不同程度高于全国平均水平，四川省、重庆市、青海省、广西壮族自治区、贵州省、云南省均低于全国平均水平。其中西藏自治区中职学校生均占地面积为全国2.21倍，是四川省的3.4倍。具体情况如图4-13所示。

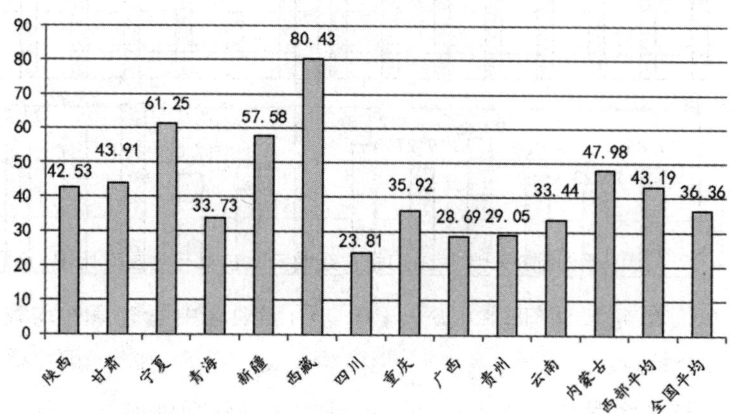

图4-13　2016年西部中职学校生均占地面积情况对比图(平方米)

2.教学仪器设备、图书生均水平

根据对2016年《中国教育统计年报》数据进行分析，西部地区中职学校在一些关键基础办学条件上与全国均值尚有差距，与北京市、天津市、上海市、江苏省、浙江省、山东省、河南省和广东省等中东部8省市的差距较大，具体情况如图4-14、图4-15所示。

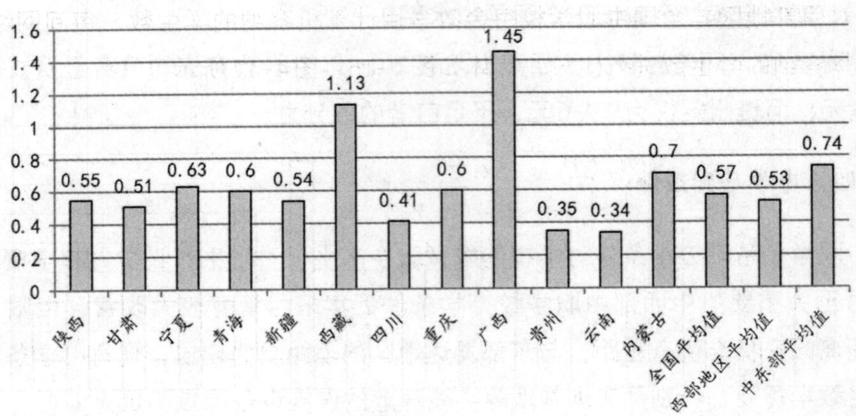

图4-14　2016年西部中职学校生均教学、实习仪器设备资产值与全国、中东部对比图(万元)

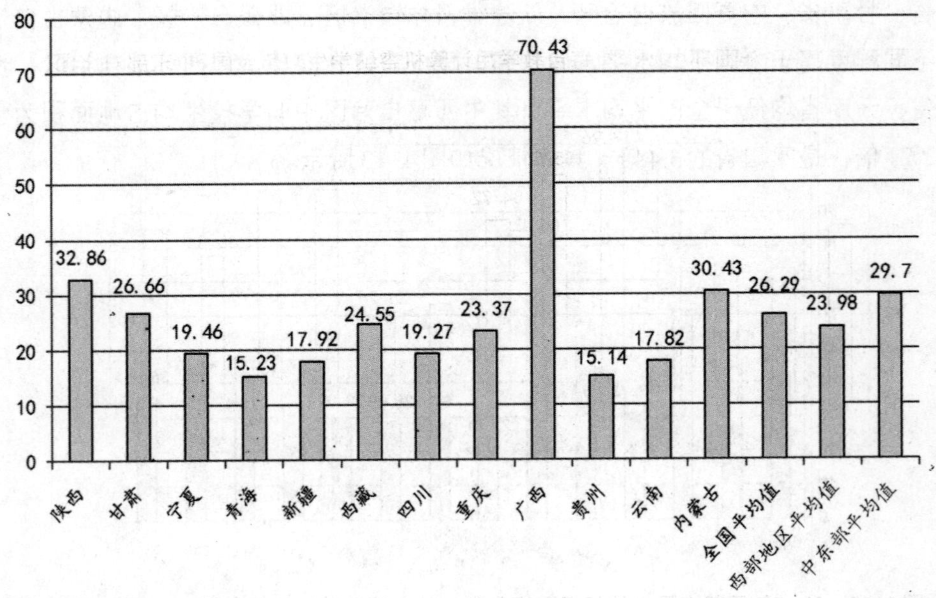

图4-15　2016年西部中职学校生均图书与全国、中东部对比图(册)

从图4-14、图4-15可以看出，西部地区生均教学、实习仪器设备资产值低于全国平均值400元，低于中东部8省市2 100元。在生均图书册数方面，西部地区整体水平低于全国平均值和中东部地区，其中，宁夏回族自治区、青海省、新疆维吾尔自治区、四川省、贵州省、云南省生均图书量较少，均未超过20册。

3.信息化建设水平

对西部地区与全国中职学校每台教学用计算机容纳的学生数、每间网络多媒体教室容纳的学生数进行比较，具体如图4-16、图4-17所示。

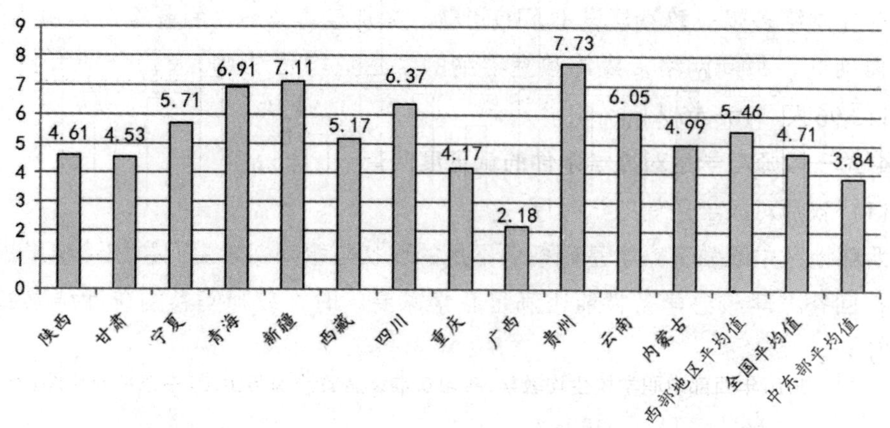

图4-16　2016年西部中职学校每台教学用计算机容纳学生数与全国、中东部对比图(人)

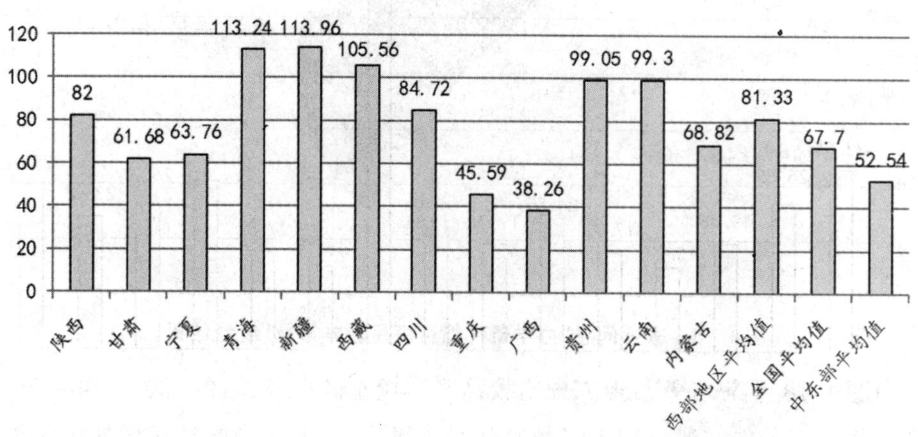

图4-17　2016年西部中职学校每间网络多媒体教室容纳学生数与全国、中东部对比图(人)

从图4-16可以看出，在每台教学用计算机容纳的学生数量这一指标方面，西部地区高于全国平均值，也高于中东部地区，说明西部地区中职学校普遍存在教学用计算机数量不足的问题。而且西部地区之间差异较大，贵州省中职学校每台计算机容纳的学生数为7.73人，广西壮族自治区这一指标为2.18人，两者之间存在3.5倍以上的差距。

在每间网络多媒体教室容纳学生数方面，西部地区明显高于全国平均值，差距为13.63人，和中东部地区差距明显，差距为28.79人，说明西部地区中职学校普遍存在网络多媒体教室建设不足的问题。特别是青海省、新疆维吾尔自治区、西藏自治区，每间网络多媒体教室容纳的学生数均超过100人，分别为113.24人、113.96人、105.56人。

4.关于教师与学生对办学条件的认可度调查

（1）教师对教学条件的认可度

西部地区中职教育办学基础条件不足的现状与教师、学生问卷统计结果相吻合。在回答“学校办学条件能否满足教学需要”时，教师问卷的统计结果如图4-18所示。

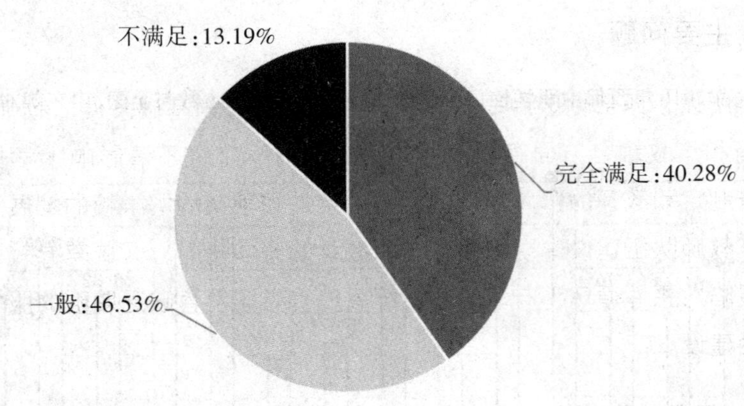

图4-18　教师问卷“办学条件能否满足教学需要”统计结果

由图4-18可见，高达59.72%的教师对学校基础办学条件不认可（46.53%的教师认为现有条件一般，13.19%教师认为不满足），西部中职学校增加投入改善办学条件还有很大的提升空间。建议国家应对中职教育出台类似义务教育均衡发展、改薄项目等一系列专项支持计划，弥补西部中职教育发展的短板和不足。

(2)学生对办学条件的认可度

学生问卷对“学校硬件设施能否满足教学需要”的统计结果如图4-19所示。

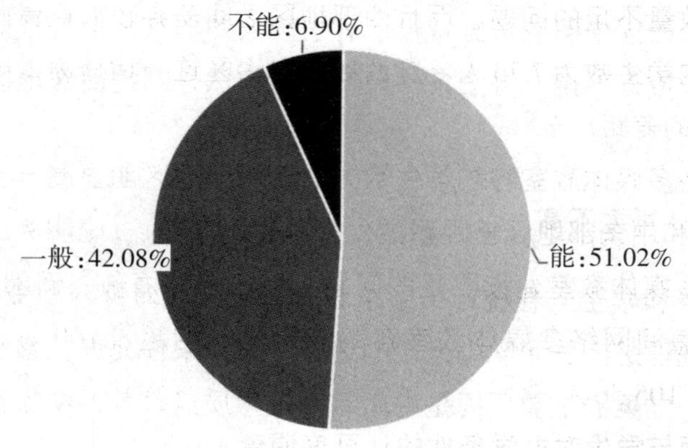

图4-19 学生问卷“学校硬件设施能否满足教学需要”统计结果

可以看出,学生回答“一般”和“不能”的比例合计高达48.98%,即接近一半的学生不认可学校的办学硬件设施,比例虽略低于教师问卷结果,但一定程度上反映了中职学生对学校硬件条件现状的不满意。

五、主要问题

综上所述,西部地区中职教育在办学定位、办学基础条件、教师队伍建设、区域均衡和产教融合方面存在着共性问题。办学定位不清影响了学校的发展方向、愿景制定和教师的归属感;办学基础条件较差制约了学校的发展和对生源的吸引力;教师队伍建设薄弱削弱了中职教育的整体能力;区域差异较大使部分学校的发展陷入恶性循环;产教融合度不高使得中职教育缺乏明确的服务方向,虚化了内涵建设。

(一)师资力量不强

一是学历结构不合理,西部地区与其他省份相比,教师的学历结构较低,如甘肃省的中职教师主体仍然是大学本科学历,研究生以上学历占比较低。二是“双师型”教师占比较低,多数教师缺少企业经历,动手能力不足。三是教师的职称结构不合理,中高级职称占比较低,初级职称占比较大。

(二) 经费投入不足

虽然近几年西部中职教育经费投入有了较大的增长，但是按照国家相关政策要求，教育经费投入不足、办学条件亟待改善依然是制约西部地区中职教育发展的主要瓶颈。

(三) 社会认可度不高

从教师问卷和学生问卷统计结果来看，多数调查对象对职业教育并不认可。就读中职学校往往是家长和学生无奈的选择，如果条件允许，家长都愿意上普通高中。造成这一结果的主要原因是中职教育办学质量较差，学生在中职院校无法学到真正的技能，致使中职教育对学生越来越缺乏吸引力。

(四) 办学定位不准

从规划层面看，省级层面没有出台中职学校发展规划，没有建立适应区域发展的中职学校布局，没有建立中职学校发展激励机制和重点学校建设机制，没有重点专业发展机制。在中职学校层面分析，缺少突出学生的特长教育，多数学校仍坚持从学生的文化课入手，以期通过专升本、中高职一体化、高考等途径将中职生送入高一级学校深造。这反而导致学生产生厌学情绪，耽误了技能的培养，违背了国家发展职业教育的初衷。

六、政策建议

(一) 科学定位中职教育

中等职业教育是国民教育体系和人力资源开发的重要组成部分，必须立足于服务当地经济发展，为生产、建设、管理一线培养技术人才。一是中职教育与普通教育之间实行错位发展，中职教育需凸显“职业”的要义，建议重点扶持一批有特色的重点中职学校建设，办好区域、行业龙头学校，带动区域中职学校发展，为区域经济建设发挥作用，做出贡献。二是中职学校之间要实行错位竞争，避免各学校全部开设相同的专业，建议重点扶持一批重点中职专业建设，以好专业带动好学校发展，让好专业的毕业生为行业发展提供人才支撑。

（二）加强中职教育教师队伍建设

一是要进一步拓宽中职教师来源，吸引更多高学历、高素质人才进入中职学校就业。提高中职学校的教师待遇和社会地位，努力改善中职教师工作生活条件，尤其要对贫困地区的教师给予更多的政策倾斜。

二是要完善职业教育教师的培养培训机制。教育行政部门应扩大职业教育免费师范生范围，以增强职业技术师范教育的吸引力。教育行政部门应建立健全中职学校教师培训机制，加强在职教师的专业培训，进一步完善培训评价机制，创新培训方式，增强培训效果。

三是加快“双师”教师培训。加大校企合作力度，通过校企深度合作，让更多的一线工人走入课堂，同时加大教师到企业培训的力度。通过校企共同制定人才培养方案，共同参与教学，共同完成学生管理，切实提高办学质量。

四是完善中职教育教师资格制度。教育行政部门应制定职业教育教师专业标准，充分体现职业教育教师的特殊性，符合职业教育发展规律，体现职业教育的特色，使学校在评聘任教师中有章可循，有据可依。

（三）建立中职教育多元投入体制

一是各级政府应从教育财政制度、投资体制和投资方式上，有一个长期、全面的规划，对中等职业教育实施非均衡投资战略，并通过立法形式确定对中等职业教育的经常性投资比例，促进改善中等职业学校的办学条件。

二是中职学校应和企业建立紧密型的服务关系，通过产学研结合，争取社会和企业对中职教育的重视和资金投入，进一步改善办学条件。

三是积极鼓励企事业单位、社会团体与社会组织投资举办中职教育，广泛争取国内外职教项目资金，促进中外合作和交流，以建立适应时代发展的中职教育多元投入体制。

（四）切实做好布局调整工作

一是依据实际科学规划。不同区域要根据经济社会发展需要，适应区域产业特点，充分发挥职业教育已有的基础和优势，在学校特色、培养方向、专业面向等方面要错位发展，避免重复建设。

二是逐步加大资源整合力度。改变职业学校“遍地开花”的小而散的分布状况，立足做大做强，形成集聚效应、规模效应，保护和使用已有的资源，确保资源的有效利用。

三是中职学校内部应加强专业结构调整。分析社会需求、职业前景、自身条件，明确优势专业、特色主干专业、支撑专业的建设思路，避免冷热不均，切忌大起大落。

（五）进一步推进中高职一体化办学模式

采取多种形式进一步推进中高职一体化办学模式，鼓励高职院校与中职学校联合办学，探索实施“五年一贯制”的职业教育试点，试点专业要选择行业岗位技术含量较高、专业技能训练周期较长、社会需求量较大的专业，以拓宽中职毕业生的升学渠道，做好中职教育和高职教育的衔接。

（六）提高社会对中职教育认可度

各级政府应从人事制度改革、教育体制改革、企业用人机制转变等方面重点发力，并进一步加大对中职教育办学定位与价值的宣传力度，让广大学生家长认识到社会发展需要中职教育培养的专业人才，形成各级政府和社会各界都注重培养和合理使用技能型人才的良好氛围。

（执笔人：岳文果　邵建军　李小安　张士辉　周　方　黎兆岐
马金玲　李　劼　郭　洁　郭　晶　陈军武）

第五章　西部高等教育发展研究

一、研究背景和意义

从我国的发展实际来看，自改革开放以来，虽然我国经济保持了长期高速增长，但是东中西部地区之间不断扩大的发展差距已成为我国未来发展中亟待解决的问题之一。区域经济与社会发展不平衡，特别是经济发展的速度和质量的差异较大。经济发展水平是区域竞争力的关键，而高等教育对经济的发展有重要影响。世界银行研究表明，劳动力受教育平均年限每增长一年，国民生产总值就可增加9%。高等教育作为国家人力资源开发和科技发展的重要提升渠道，已经成为发达国家实现可持续发展和发展中国家实现跨越式发展的重要路径之一。

中国高等教育近年来取得了长足发展，2002年我国高等教育毛入学率达到15%，高等教育实现了从“精英阶段”到“大众化阶段”的历史性跨越，2003年已有普通高等院校1 552余所，在校大学生人数位居世界第一，成为世界高等教育大国。2005年高等教育在校总人数超过2 300万人，毛入学率达到21%以上，其中普通本专科在校学生接近1 500万，在校研究生超过90万。“十二五”期间，我国高等教育在已有成就的基础上持续发展，毛入学率达到86.5%左右。但是西部地区高等教育在硬件设施、教育经费、师资力量、教学质量和科学研究水平等方面，还是远远不及发达地区的水平，这些指标是衡量一个地区高等教育竞争力水平的重要指标。

西部地区优质高等教育资源配置与布局优化，直接影响我国高等教育的总体发展水平。本研究立足于西部地区高等教育发展现状，分析西部12省（自治区、直辖市）在高等教育发展中存在的问题，并在归纳分析的基础上，提出有针对性的政策建议。所以本研究具有以下两个方面的重要意义。

（一）理论意义

本研究通过梳理西部地区高等教育发展现状，从分析高等教育普及程度入手，通过查阅文献及统计数据，阐述西部地区高等教育发展的现状及其与全国高等教育发展的差距。嵌入教育公平理论，从公平的角度提出改善西部高等教育发展的政策建议，也为后续西部地区高等教育发展的研究提供相应的理论支持。

（二）实践意义

本研究对西部高等教育和全国高等教育发展进行比较，并对西部各省份的高等教育进行区域划分。陕西和四川省为竞争力优势区，重庆市处于教育竞争力的相对优势区，甘肃省、青海省、云南省、内蒙古自治区、西藏自治区、广西壮族自治区、宁夏回族自治区处于教育竞争力的相对劣势区，贵州省、新疆维吾尔自治区是教育竞争劣势区。对西部高等教育竞争力进行研究，有助于采取针对性措施，精准施策，缩小西部地区与东部高等教育之间发展差距，进一步增强西部高校服务经济社会发展的能力。

二、研究目标

本研究的目标有以下三点：

其一，了解目前西部12省高等教育发展现状。

其二，找出西部与全国高等教育发展差距。

其三，提出促进西部高等教育发展的政策建议。

三、研究方法

（一）文献研究

本研究通过查阅近年来国内外关于“西部高等教育”“西部高等教育发展现

状”“西部高等教育资源”的相关文献、论著和教育统计年鉴，充分利用中国知网数据库、中国优秀硕士论文全文数据库等电子检索系统，对国内外有关西部高等教育发展研究的文献进行归纳分析整理，确定本研究的思路和方向。

（二）比较研究

在文献研究的基础上，搜集有关衡量高等教育发展的核心指标，构建高等教育发展比较研究指标体系，将西部高等教育发展与全国、东部、中部的高等教育发展情况进行比较，找到差距，并分析产生的原因。

（三）数据分析

课题组采用《中国教育统计年鉴》《中国教育经费统计年鉴》等权威数据，从普及程度、发展规模、办学条件、教师队伍及教育经费等方面进行对比分析，力求客观、公正地反映西部高等教育发展现状，找准西部高等教育与全国高等教育的差距。

四、研究内容

（一）高等教育普及程度

高等教育普及程度反映了高等教育的大众化程度和普及程度，本研究通过普通高等教育毛入学率、在学研究生占在校普通本科生比例和每十万人口普通高校在校生数等三项指标，对西部及全国普通高等教育普及程度进行分析，以客观地反映2011—2016年西部高等教育的普及程度。

1.普通高等教育毛入学率

2011—2016年，西部地区普通高等教育毛入学率呈逐年增长趋势，2016年，宁夏回族自治区高等教育毛入学率最高（43.15%），超过全国平均数（42.70%），云南省毛入学率最低（30%），低于全国平均值（12.7%）；重庆市毛入学率2014年（37.40%）和2015年（40.50%）几乎持平于全国平均值（37.50%、40.00%）。

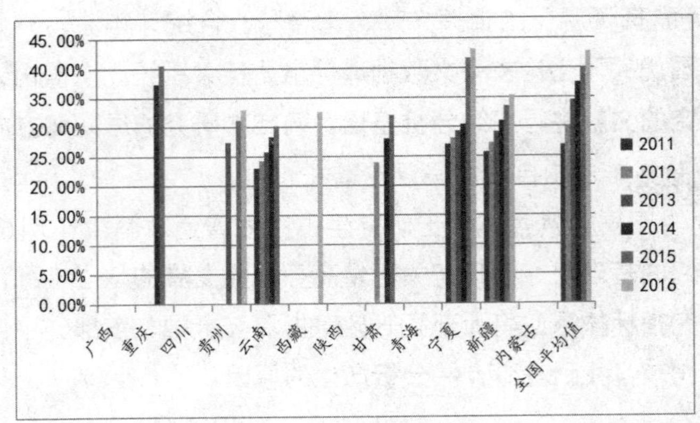

图5-1　2011—2016年全国与西部地区普通高等教育毛入学率对比图(%)

注：因为部分省市的毛入学率数据不详，因此广西、四川、西藏、陕西、青海和内蒙古无毛入学率相关数据；重庆无2011年、2012年、2013年和2016年的相关数据。

2.在学研究生与在校普通本科生之比

(1) 在学研究生占在校普通本科生的比例

2011—2016年，广西壮族自治区、四川省在学研究生占在校普通本科生比例呈逐年下降趋势，西藏自治区、青海省、新疆维吾尔自治区呈逐年增长趋势，其余各省均呈现出不同程度的曲线上升状态，各年比例均最高的为陕西省，持续超过全国平均水平。2016年，陕西省在学研究生占在校普通本科生比例达到了15.51%，高出全国平均水平3.51个百分点，比例最低的是贵州省，低于全国水平6.3个百分点。

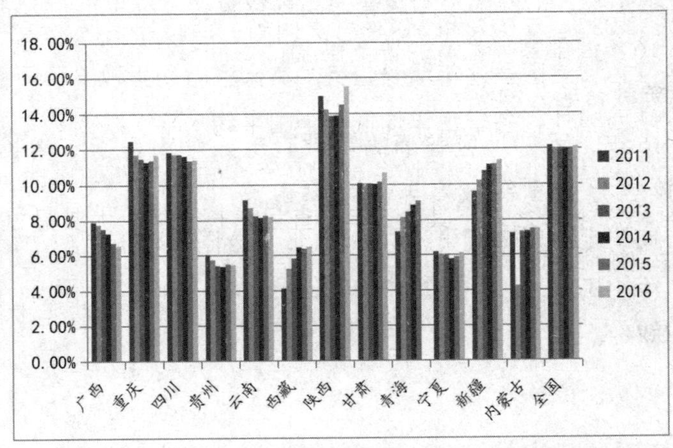

图5-2　2011—2016年全国与西部地区在学研究生占在校普通本科生比例对比图(%)

（2）在学硕士研究生占在校普通本科生比例

2011—2016年，全国在学硕士研究生占普通本科生比例除2014年为9.96%外，其余5年均不到11%。广西壮族自治区、四川省呈逐年下降趋势，西藏自治区、青海省、新疆维吾尔自治区呈逐年增长趋势，其余各省比例均在这6年中呈现出不同程度的反复。陕西省硕士研究生占在校普通本科生比例6年都居最高，且一直高于全国值，6年间广西壮族自治区比例在6%至8%间，甘肃省比例在8%～9%之间，贵州省在西部地区中比例最低，一直未超过6%。

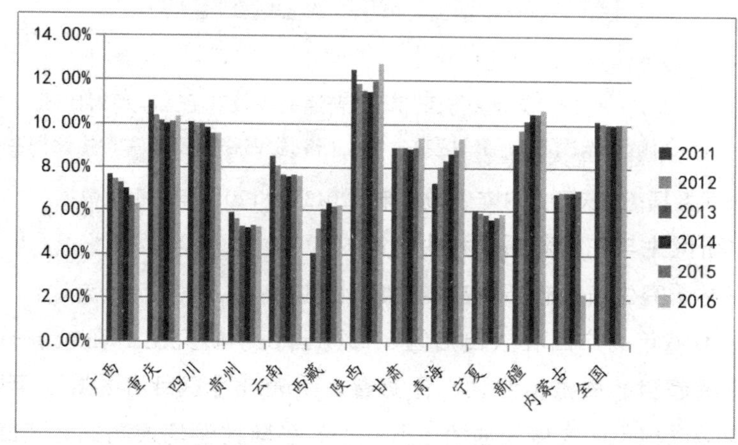

图5-3　2011—2016年全国与西部地区在学硕士研究生占在校普通本科生比例对比图(%)

（3）在学博士研究生占在校普通本科生比例

2011—2016年全国在学博士研究生占在校普通本科生比分别为2.01%、1.99%、1.2%、2.03%、2.07%和2.07%。贵州省、西藏自治区、青海省、宁夏回族自治区和内蒙古自治区呈逐年增长趋势，其余各省均呈现出不同程度的曲线上升状态，但除陕西省外，各省每年均低于全国平均水平。陕西省在西北地区中比值最高，且一直高于全国值，2016年高出0.65个百分点，新疆维吾尔自治区除2012年比值有稍许下降之外，其余5年一直呈增长趋势，尤其是2015（2%）年相比于2014年（0.61%）增幅较大，接近于全国平均水平，广西壮族自治区、贵州省、西藏自治区、宁夏回族自治区在学博士研究生占在校普通本科生比例6年间都普遍比较低，各年都在0.4%之下，不到全国水平的四分之一。

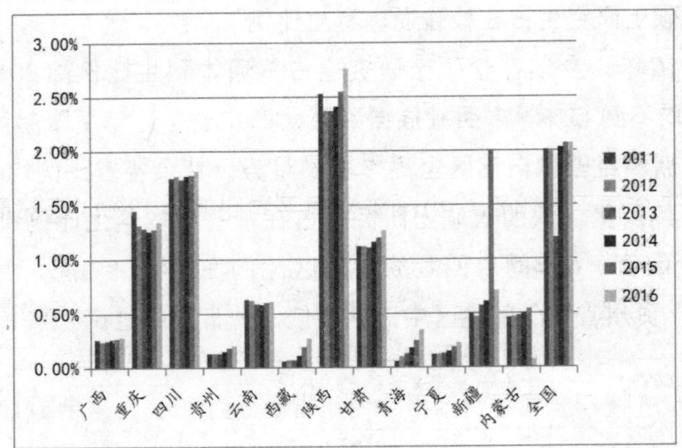

图5-4　2011—2016年全国与西部地区在学博士研究生占在校普通本科生比例对比图(%)

3. 每十万人口普通高校在校生数（%）

2011—2016年，全国每十万人口普通高校在校生数比分别为1.8313%、1.8900%、1.8138%、1.9959%、2.0470%、2.0911%。广西壮族自治区、云南省、甘肃省、青海省呈逐年平稳增长之势。陕西省2011—2016年比值一直高于全国，也是西部最高的省份，2015年达到最高，高出全国水平1.16个百分点。重庆市每十万人口普通高校在校生数比在西部地区中居第二，6年间比值在2.0998%～2.5736%间，每年也都高于全国平均水平。6年间增长最缓慢的是西藏自治区，一直低于全国水平，且比值一直在1.0956%～1.1053%之间，涨幅不超过0.01个百分点。

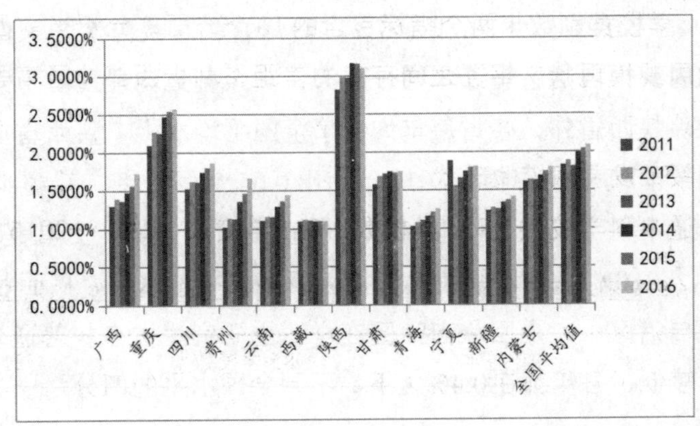

图5-5　2011—2016年全国与西部地区每十万人口普通高校在校生比例对比图(%)

4. 结论

在普通高等教育毛入学率方面，西部普通高等教育毛入学率低于全国平均值，说明西部普通高等教育普及程度低于全国水平。

在学硕士研究生占在校普通本科生比例方面，除陕西省超过了全国平均值，其余各省均低于全国平均水平。2016年全国平均比值为12%，西部最低的贵州省为5.7%，不足全国平均比值的一半。

在学博士研究生占在校普通本科生比列中，2016年全国平均比值为2.1%，除陕西省超过全国平均水平外，广西壮族自治区、贵州省、西藏自治区、青海省、宁夏回族自治区都远低于全国平均水平，贵州省最低为0.2%，差全国1.9个百分点。

2011—2016在每十万人口普通高校在校生数（人）占比方面，除陕西省、重庆市高于全国比外，广西壮族自治区、四川省、甘肃省、宁夏回族自治区、内蒙古自治区逐年接近全国平均比值，贵州省、云南省、西藏自治区、青海省差距显著，2016年西藏自治区每十万人口普通高校在校生数（人）占比不足全国平均比值的一半，说明在高等教育普及程度上，西部各省还需采取有力举措，提高普及水平。

（二）高等教育发展规模

高等教育的发展规模主要是从高等教育的数量方面来对高等教育的发展状况进行分析的，本研究主要通过2011—2016年的在校生数（本科生数、硕士研究生数、博士研究生数）以及普通本科学校数（普通本科学校数、985学校数、211学校数、学校类别数）两个指标包含的10个方面，分析当前西部及全国普通高等教育发展规模现状、相互之间存在的差距，剖析西部地区高等教育发展出现困境的原因。

1. 高等教育发展规模的现状

（1）普通本科学校数、985学校数、211学校数（2011—2016年）

表5-1　2016年全国与西部地区普通本科学校数、“985工程”学校数、“211工程”学校数（所）

省份	普通本科	985学校数	211学校数
广　西	24	0	1
重　庆	17	1	2

续表

省份	普通本科	985学校数	211学校数
四　川	35	2	5
贵　州	20	0	1
云　南	22	0	1
西　藏	3	0	1
陕　西	34	3	7
甘　肃	16	1	1
青　海	3	0	1
宁　夏	4	0	1
新　疆	13	0	2
内蒙古	15	0	1
全　国	806	39	112

截至2016年，从总体上看，西部高等学校数在全国高校数中占比较小，全国共有普通本科学校806所（二本及以上公办学校），西部地区共有208所，占全国高校总数的25.56%。从西部地区整体来看，高校主要集中于四川、陕西两省，教育资源分布极为不均衡，尤其是西藏自治区、青海省、宁夏回族自治区、新疆维吾尔自治区、内蒙古自治区、甘肃省的高校数量仅有十几所甚至几所，与全国平均值差距较大。

“211工程”“985工程”是我国高等教育发展史浓墨重彩的两笔，它高度集中了我国高等教育优质资源，集合了我国优质的师资团队、丰足的财力，在招生指标上，他们具有一定的优势，反观本研究的西部12省（自治区、直辖市），高等教育发展相对弱势，一直处在相对短板的地位。全国共有“985工程”学校39所，西部地区仅有7所985学校，且其中6所集中于四川、陕西两省，西部8个省区的985高校数量为“0”。全国共有“211工程”学校112所，西部地区仅有24所，占211学校总数的21%，而这24所211学校同样集中分布于四川省（5所）、陕西省（7所）、重庆市（2所）以及新疆维吾尔自治区（2所）外，其余各省区仅有1所211学校。

（2）学校类别数（综合类、理工类、农业类、林业类、医药类、师范类、语文类、财经类、政法类、体育类、艺术类、民族类）

表5-2 2016年全国与西部地区高等院校类别数(所)

省份 类别	综合	理工	农业	林业	医药	师范	语文	财经	政法	体育	艺术	民族
广 西	6	4	0	0	4	5	0	2	1	0	1	1
重 庆	4	4	0	0	1	3	1	1	2	0	1	0
四 川	8	9	1	0	4	7	0	1	1	0	1	2
贵 州	3	1	0	0	3	9	0	2	0	0	0	1
云 南	6	1	1	1	2	7	0	1	1	0	1	1
西 藏	1	0	0	0	1	0	0	0	0	0	0	1
陕 西	7	12	1	0	2	6	1	1	1	1	2	0
甘 肃	3	3	1	0	2	4	0	1	1	0	0	1
青 海	1	0	0	0	0	1	0	0	0	0	0	1
宁 夏	1	0	0	0	1	1	0	0	0	0	0	1
新 疆	3	1	2	0	1	3	0	1	1	0	1	0
内蒙古	8	1	1	0	1	2	0	1	0	0	1	0
合 计	51	36	7	1	22	48	2	11	8	1	8	9
全 国	300	361	41	6	107	156	31	126	36	16	43	14

根据学校类别的12大类对西部及全国高等学校类别进行统计分析，在西部204所高等学校中，包括综合类大学51所，占全国综合类院校的17%；理工类36所，占全国理工类院校的10%；农业类7所，占全国农业类学校的17%；林业类1所，占全国林业类学校的17%；医药类22所，占全国医药类院校的21%；师范类48所，占全国师范类院校的31%；语文类2所，占全国语文类院校的6.45%；财经类11所，占全国财经类院校的9%；政法类8所，占全国政法类学校的22.2%；体育类1所，占全国体育类院校的6.25%；艺术类8所，占全国艺术类院校的18.6%；民族类9所，占全国民族类院校的64%。由此可见，总体上各类院校在西部地区的分布都比较少。

就西部地区内部而言，各类院校分布也存在不均衡现象，各省区院校之间差别较大，类别不全。一是院校类别不全，例如西部地区仅有1所体育类院校，2所语言文字类院校；二是各类院校集中汇集在陕西省、四川省、重庆市等经济发展较好的地区，例如36所理工院校中有25所坐落在陕西省、四川省、重庆市三个省市。

(3) 在校生数(2011—2016)

表5-3 2011—2016全国各级在校生数(人)

	2011	2012	2013	2014	2015	2016
在校本科生数	13 496 577	14 270 888	14 944 353	15 410 653	15 766 848	16 129 535
在校硕士研究生数	1 340 435	1 409 806	1 467 905	1 516 988	1 566 471	1 620 595
在校博士研究生数	248 027	268 801	281 959	305 833	319 318	334 160

①在校本科生数

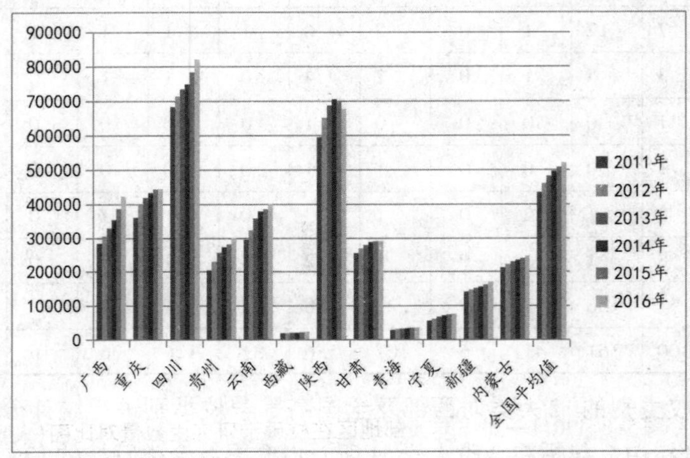

图5-6 2011—2016西部地区在校本科生数对比图(人)

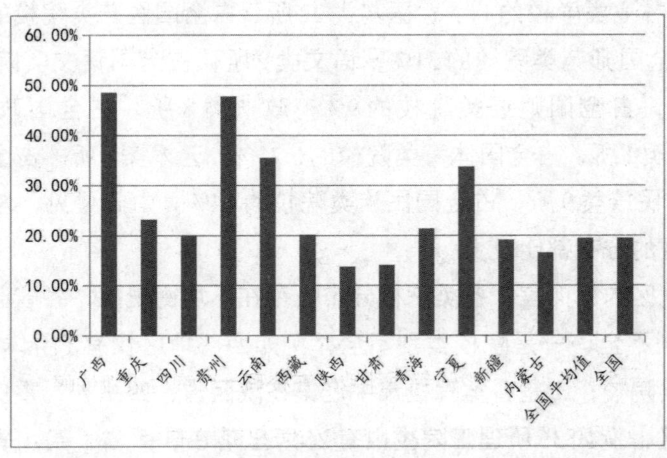

图5-7 2011—2016年西部地区在校本科生人数增幅(%)

从对西部地区2011—2016年在校本科生数的统计，可以得出：四川和陕西两省在校生数量分别位居西部第一位和第二位；就在校生数增长趋势而言，2011—2016年全国在校本科生人数增幅为19.5%，西部地区在校本科生数量均呈逐年上升趋势，低于全国增幅的省份有陕西省、甘肃省、新疆维吾尔自治区和内蒙古自治区。西部地区在校本科生数量受经济发展水平和地理环境等各方面因素的影响，也存在巨大的差异，增幅最高的广西壮族自治区和增幅最低的陕西省相差了34.78个百分点。

②在校硕士研究生数（2011—2016）

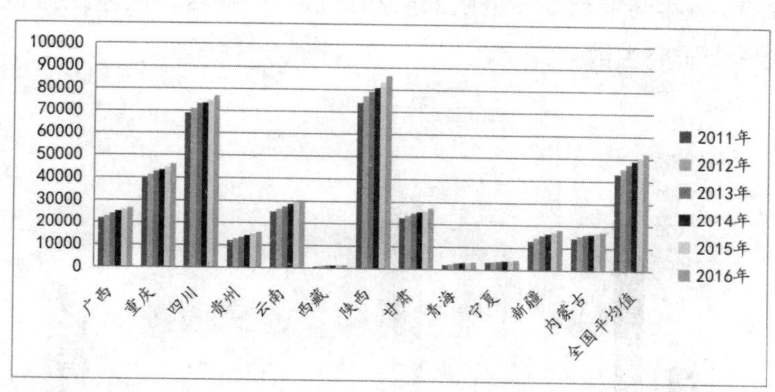

图5-8　2011—2016年西部地区在校硕士研究生数量对比图(人)

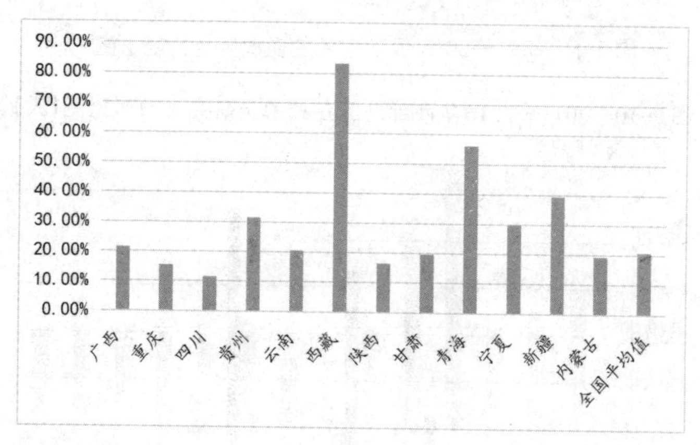

图5-9　2011—2016年西部地区在校硕士研究生人数增幅(%)

从对西部地区在校硕士研究生数量的统计可以看出，各省份之间差距较大。截至2016年，陕西省、四川省、重庆市分别位列研究生数量前三位；宁夏回族自治区、青海省和西藏自治区的研究生数量则位列后三位。各省在校硕士研究生数量呈缓慢增长趋势，2011—2016年期间，全国在校硕士研究生数增幅为20.9%，重庆市、四川省、陕西省均低于全国增幅，最大差距为8.46个百分点。西部各省与全国差距呈现出三个阶梯，增长值在6 000人以上的省份包括重庆、四川、陕西三省，分别为6 166人、7 962人、12 228人；增长值在3 000到6 000的省份包括广西壮族自治区（4 678人）、贵州省（3 790人）、云南省（5 176人）、甘肃省（4 478人）、新疆维吾尔自治区（5 100人）；而西藏（677人）、青海（1 217人）、宁夏（1 030人）、内蒙古（2 779）四省（自治区）增长值均在3000人以下，各省区之间增幅差距显著，6年间增长最多的陕西省和最低的西藏自治区差距为11 551人。

③在校博士研究生数

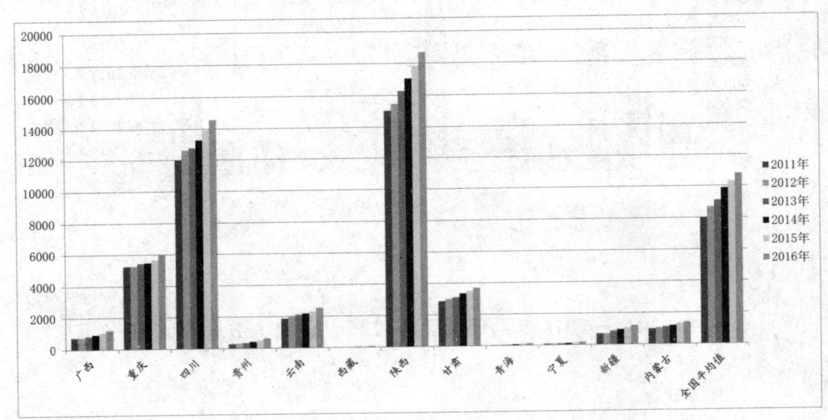

图5-10　2011—2016年西部地区在校博士研究生数对比图(人)

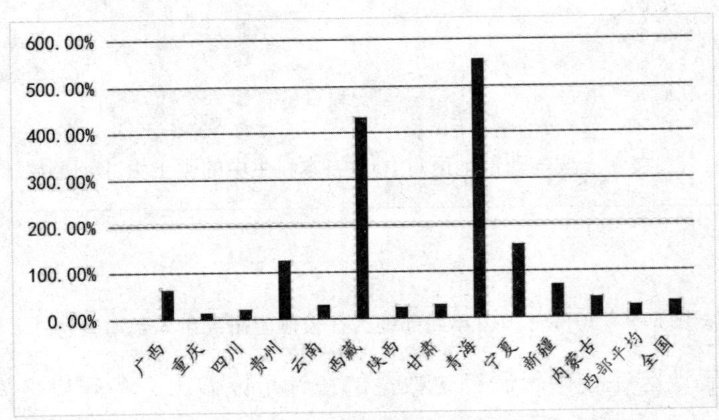

图5-11　2011—2016年西部地区在校博士研究生数增幅(%)

通过对西部地区在校博士研究生数量统计分析发现，西部各省在博士研究生数量方面存在巨大差距。截至2016年，西部各省博士研究生数量如下：广西壮族自治区1 198人、重庆市5 997人、四川省14 575人、贵州省611人、云南省2 541人、西藏自治区64人、陕西省18 701人、甘肃省3 697人、青海省125人、宁夏回族自治区175人、新疆维吾尔自治区1 193人、内蒙古自治区1 394人。由此可见，西部各省份在校博士研究生数量差距较大，主要集中在陕西和四川两省，西部地区超过60%的在校博士研究生就读于陕西、四川两省；而青海省、宁夏回族自治区、贵州省、西藏自治区在校博士研究生数量仅为数百人。除陕西、四川两省增长人数在2 000以上，其余10个省份增长人数都在千人以下，包括广西壮族自治区468人、重庆市752人、贵州省340人、云南省669人、甘肃省834人、青海省133人、宁夏回族自治区107人、新疆维吾尔自治区497人、内蒙古自治区427人，尤其是西藏自治区5年间增长人数仅为52人。

④学历结构

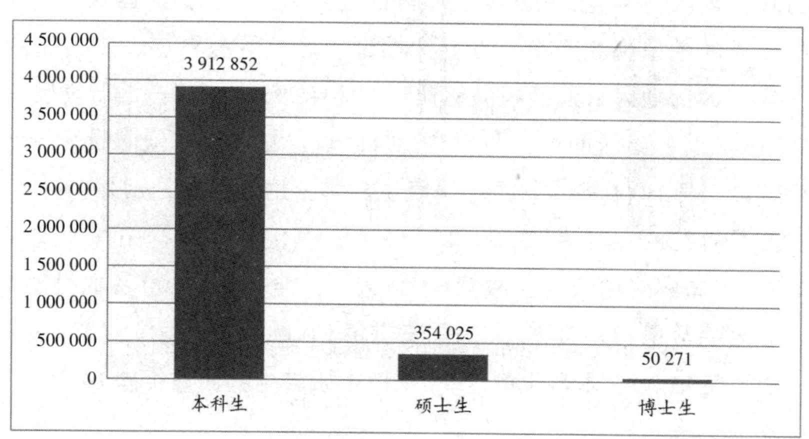

图5-12　2016年西部地区各层次教育的在校学生数结构图(人)

表5-4　2016年全国与西部地区每1000名本科生中的硕士生、博士生数(人)

省份	本科	硕士	博士
广　西	1 000	62.69	2.83
重　庆	1 000	103.4	1.3
四　川	1 000	93.7	17.75
贵　州	1 000	52.5	2.02

续表

省份	本科	硕士	博士
云　南	1 000	75.78	6.33
西　藏	1 000	62.26	2.67
陕　西	1 000	127.61	27.61
甘　肃	1 000	93.77	12.68
青　海	1 000	93.55	3.45
宁　夏	1 000	58.71	2.31
新　疆	1 000	106.64	7.06
内蒙古	1 000	69.44	5.65
全　国	1 000	100.47	20.71

数据显示西部地区各层次高等教育拥有的在校学生数的结构状况，可以看出硕士生和博士研究生的数量较本科生而言都显得较少。作为为国家培养具有较高学术水平的人才的研究生教育，在整个西部地区高等教育层次中占有的比重最低。2016年，西部地区普通高校共有研究生404 296人，仅占西部地区在校学生总数的9.36%。就各省区而言，四川省、陕西省、甘肃省本硕博研究生比例失衡程度相对较轻，每1 000名本科生中研究生、博士生的数量分别为93.7人和17.75人，127.61人和27.61人，93.77人和12.68人。其他省区结构失衡严重，西藏自治区每1 000名本科生中研究生数为62.26人，与全国每1 000名本科生中100.47个硕士研究生的数量相差38.21人，重庆市每1 000名本科生中仅有1.3个博士研究生，与全国每1 000名本科生中20.71个博士研究生的数量相差19.41人。

2. 结论

(1) 西部地区高等院校布局结构失衡。高等学校大都集中在陕西、四川两省，西部205所普通本科院校中有69所位于陕西省和四川省。由此可见，无论是西部地区各省之间还是各省内部高等教育的布局结构都十分的不合理。高等教育资源在西部经济发达地区和省会城市或者大中型城市的过密集中，导致了社群压力的产生和高等教育资源的过度分散和浪费。相对于这些地区而言，那些经济相对落后的地区拥有的高等教育资源十分稀缺，“点”和“面”之间也处于一种失衡的状态，很难满足当地经济发展的要求。

(2) 西部地区重点高校稀缺，优质教育资源匮乏。截至2016年，全国共有

“985工程”院校39所，西部地区仅有7所985学校，西部有8个省区985高校数量为“0”；全国共有“211工程”学校112所，西部地区仅有23所，占211学校总数的21%，而这23所211学校同样集中分布于四川省（5所）、陕西省（7所）和重庆市（2所），其余各省区仅有1所211学校。重点高校稀缺，优质资源匮乏是西部地区最大的弱势，是其不能与东部高等教育强省竞争的主要原因，重点高校存在不仅是物质资源丰足的保障，更是吸引人力资源最好的招牌。但西部地区地方高校除了“一省一校”的“211工程”高校以及集中分布在陕西省、四川省的几所985高校外，其他省份几乎没有完全由教育部直属的高校。例如北京市，名副其实的高等教育强区，固然是首都的所在地，这里名牌大学云集，教育部直属高校独占24所；上海市8所、湖北省与江苏省各占7所教育部直属高校，这4个省市是高等教育发展较好的地区。名牌大学的效应可见一斑，高校的底蕴以及政府的支撑让名牌大学的吸附能力变得不可相比，吸收大量的高质量生源，尤其是研究生招生质量较好。西部地区只有做强地方高等教育，依靠自身特色，争取相关部门的资源支持来破解自身发展受限的现实。

（3）学校类别少，各省区布局失衡。从大的科类结构来看，西部地区的高等教育整体上表现为学校类别之间的比例失衡，总体上而言，理工类、农业类、财经类、政法类等学校存在较大缺口。在广西壮族自治区、贵州省、云南省、甘肃省等省区，高等院校以师范类为主，部分综合类院校也是由原来的师范院校改组而成，专业设置以及学科优势还是以师范类为主。理工类学校集中在陕西省、四川省和重庆市，而这3个省市恰好也是经济较为发达的地区。其他省区由于工科较少，导致农业发展所需的技术人才十分缺乏，工业化也因此变得无从实现。在西北地区的宁夏回族自治区、青海省以及西南的西藏自治区，学校类别单一，主要由综合类、民族类和医药类大学构成，其本身的院校数量决定了其学校类别数。无论是从经济建设还是从社会发展的角度来看，对于拥有专业技术人才的需求变得越来越大。但是，目前我国西部地区高等教育的科类结构状况是很难适应经济发展的需求的。

（4）本、硕、博各层次教育拥有的学生数量比例较少。截至2016年，西部地区普通高校共有在校学生4 317 148人，其中在校本科生3 912 852人、在校硕士研究生354 025人、在校博士研究生50 271人（见图5-12），本科生占有过大的比重。究其原因主要为：1999年我国高等教育扩招以来，西部地区高等教育随着政策的号召，逐年扩大规模，在校生人数持续增加，但高校的办学承载能力并未得到质的飞跃。伴随着高等教育的迅猛发展，高校办学条件得以改善，但并未及时追赶上高等教育扩招的步伐。高等教育的发展过快，一定程度上不符合教育发展的规律，这导致高等学校承载力负荷过大。作为欠发达地区，西部地区的经济发展较其他中东部地区较为滞后，在一定程度上更是在超负荷运转。而更需要重视的是，硕士研究生和博士研究生的比重较小，尤其是博士研究生的教育规模微乎其微。研究生招生数量的多少与质量，尤其是博士招生是衡量一个国家或一个地区高等教育发展水平与科学文化程度以及发展潜力与前景的一个重要标志。目前这种高等教育的层次结构状况是不利于西部地区经济发展的，而且也不利于各区域经济的协调发展。

（三）普通高校教育经费比较

1.公共财政教育支出经费占公共财政支出比例

公共财政是国家集中一部分社会资源，用于为市场提供公共物品和服务，满足社会公共需要的分配活动或经济行为。公共财政是与市场经济体制相适应的一种财政管理体制，在国民经济中占有重要地位。如图5-13所示，从2011—2016年，西部地区高等教育公共财政教育支出经费占公共财政支出比例总体上都有所变化，就2011年的数据和2016年的数据而言，广西壮族自治区、重庆市、四川省、贵州省、云南省、西藏自治区、陕西省和甘肃省总体上呈上升趋势，青海省、宁夏回族自治区、新疆维吾尔自治区和内蒙古自治区呈下降趋势，其中贵州省和重庆市增长速度最快，分别增长3.46和2.22个百分点，平均每年增长0.7和0.4个百分点，青海省和宁夏回族自治区下降速度最快，分别下降2.36和1.86个百分点。2011—2016年甘肃省高等教育公共财政教育支出经费分别为272.62亿、362.18亿、376.17亿、401.1亿、499.85亿和548.78亿，呈现出每年递增的态势，这反映了国家或省级层面对甘肃省的高等教育越来越重视，但与广西壮族自治区、贵州省和陕西省相比，仍然存在一定的差距。

虽然西部地区高等教育公共财政教育支出经费每年都有所长，但由于公共财政收入的不稳定，导致公共财政教育支出经费在公共财政支出中所占的比例高低不定，很难保持长久的持续增长的态势。

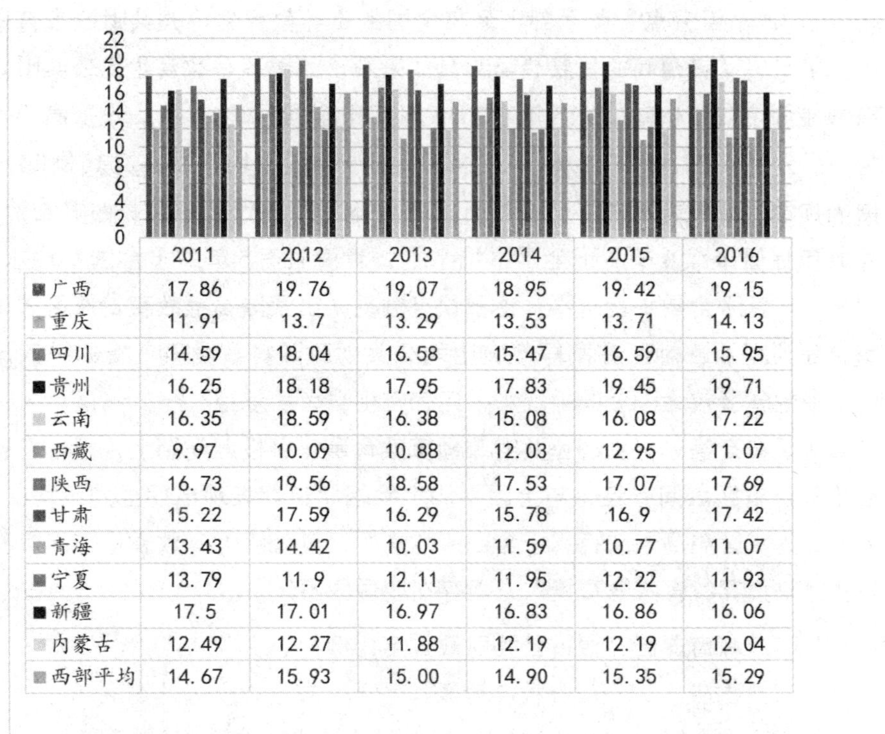

	2011	2012	2013	2014	2015	2016
广西	17.86	19.76	19.07	18.95	19.42	19.15
重庆	11.91	13.7	13.29	13.53	13.71	14.13
四川	14.59	18.04	16.58	15.47	16.59	15.95
贵州	16.25	18.18	17.95	17.83	19.45	19.71
云南	16.35	18.59	16.38	15.08	16.08	17.22
西藏	9.97	10.09	10.88	12.03	12.95	11.07
陕西	16.73	19.56	18.58	17.53	17.07	17.69
甘肃	15.22	17.59	16.29	15.78	16.9	17.42
青海	13.43	14.42	10.03	11.59	10.77	11.07
宁夏	13.79	11.9	12.11	11.95	12.22	11.93
新疆	17.5	17.01	16.97	16.83	16.86	16.06
内蒙古	12.49	12.27	11.88	12.19	12.19	12.04
西部平均	14.67	15.93	15.00	14.90	15.35	15.29

图5-13　2011—2016年西部地区高等教育公共财政教育支出经费占公共财政支出比例(%)

2.生均公共财政预算教育事业费

教育事业费是指中央、地方各级财政或上级主管部门在预算年度内安排，并划拨到学校或单位，属于“政府收支分类支出科目”的“教育支出科目”中的教育经费拨款，不含“教育附加及基金支出”。如图5-14所示，2011—2016年，西部地区高等教育生均公共财政预算教育事业费都有所变化，总体而言，除宁夏回族自治区外，其他省区均呈现出持续增长的势头。西藏自治区、宁夏回族自治区连续6年高于西部地区平均水平，青海省有5年高于西部平均水平。而重庆市、陕西省、广西壮族自治区、贵州省、甘肃省、四川省持续6年低于西部平均水平。其中西藏自治区、甘肃省、贵州省高等教育生均公共财政预算教育事业费变化幅度最大，分别从2011年的24 618.68元、9 347.65元、10 140.61元增加到2016年的33 384.17元、18 053.38元、15 586.11元，平均每年分别增长7.2、18.6和10.7个百分点；新疆维吾尔自治区、重庆市和陕西省增长速度相对较慢，宁夏回族自治区出现了负增长，由2011年的28 444.17元降低至2016年的27 272.72

元，减少了4.1个百分点。就西部地区与全国的高等教育生均公共财政教育事业费而言，呈现出交错相间的发展趋势，具体来看，西部高等教育生均公共财政预算教育事业费在2011年、2015年、2016年高于全国平均水平，分别高出6.1、2.0、7个百分点；在2012—2014年连续3年低于全国平均水平，尤其是2014年与全国平均水平相比，相差1 674.07元。就具体到每个省区来看，西藏自治区、宁夏回族自治区连续6年高于全国平均水平，青海省有5年高于全国平均水平，其他省区常年低于全国平均水平。这不仅充分反映出我国高等教育发展区域内的不均衡，还说明西部地区在高等教育生均公共财政预算教育事业费的投入问题上，绝大多数省区较之于全国平均水平还存在相当大的差距。

西部地区在高等教育生均公共财政预算教育事业费投入问题上，无论在整个西部地区各个省区之间，还是与全国平均水平相比，都表现出明显的不均衡性，只有极少数的省区略高于或持平于全国平均水平，其他绝大多数省份在高等教育生均公共财政预算教育事业费投入方面存在明显的不足。

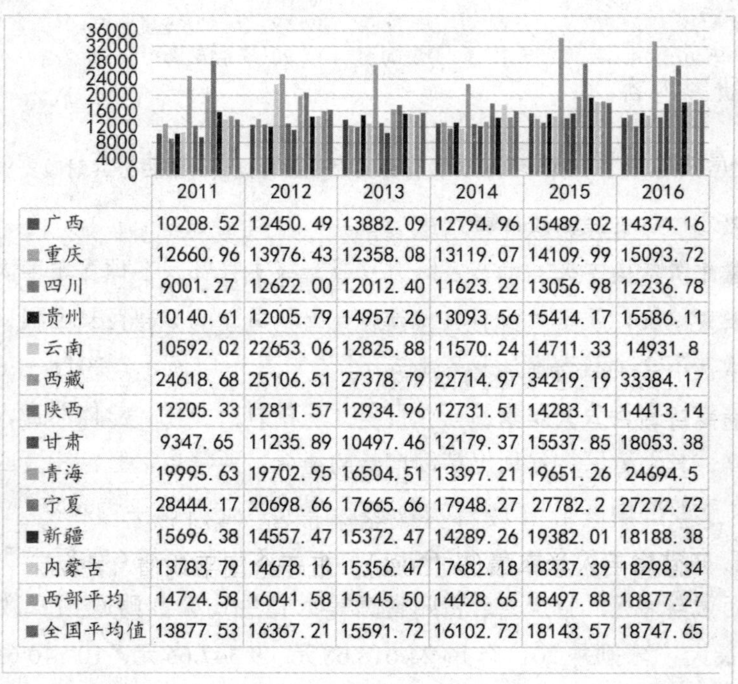

	2011	2012	2013	2014	2015	2016
广西	10208.52	12450.49	13882.09	12794.96	15489.02	14374.16
重庆	12660.96	13976.43	12358.08	13119.07	14109.99	15093.72
四川	9001.27	12622.00	12012.40	11623.22	13056.98	12236.78
贵州	10140.61	12005.79	14957.26	13093.56	15414.17	15586.11
云南	10592.02	22653.06	12825.88	11570.24	14711.33	14931.8
西藏	24618.68	25106.51	27378.79	22714.97	34219.19	33384.17
陕西	12205.33	12811.57	12934.96	12731.51	14283.11	14413.14
甘肃	9347.65	11235.89	10497.46	12179.37	15537.85	18053.38
青海	19995.63	19702.95	16504.51	13397.21	19651.26	24694.5
宁夏	28444.17	20698.66	17665.66	17948.27	27782.2	27272.72
新疆	15696.38	14557.47	15372.47	14289.26	19382.01	18188.38
内蒙古	13783.79	14678.16	15356.47	17682.18	18337.39	18298.34
西部平均	14724.58	16041.58	15145.50	14428.65	18497.88	18877.27
全国平均值	13877.53	16367.21	15591.72	16102.72	18143.57	18747.65

图5-14　2011—2016年全国与西部地区高等教育生均公共财政预算教育事业费(元)

3. 生均公共财政预算公用经费

如图5-15所示，2011—2016年，西部地区高等教育生均公共财政预算公用经费每年都呈现出或增或减的变化趋势，尤其宁夏回族自治区和云南省增减幅度最大，其中宁夏回族自治区从2011年至2014年呈现出明显的逐年递减态势，从最初的21 374.01元持续下降到2014年的8 313.68元，平均每年减少4 353.4元，截止2014年后又表现出“陡增”态势，2015年至2016年有所下降，逐步趋于缓和；云南省从2011年的5 877.00元增至2012年的17 410.44元，仅仅一年内增长速度接近3倍，然而2012年到2013年骤然下降至6 907.51元，从2011年至2013年的增减变化呈现“倒V字形”态势，自2013年后逐渐趋于缓和。甘肃省高等教育生均公共财政预算公用经费（2013年除外）在西部地区中是唯一一个逐年递增的省份，从2011年的5 125.06元增加至2016年的11 220.89元，增速超过2倍，平均每年增加1 219.17元。重庆市、陕西省、广西壮族自治区、四川省、内蒙古自治区等省份变化不大。与整个西部地区的平均水平相比，宁夏回族自治区和西藏自治区的增长速度较快，遥遥领先于西部地区的平均水平；甘肃省自2013年下半年起超过西部的平均水平，并表现出持续上升的良好势头；重庆市每年基本与西部平均水平持平，而陕西省、内蒙古自治区、广西壮族自治区、四川省、贵州省则长期低于全国的平均水平。就整个西部与全国水平相比较而言，西部地区在2011年、2012年、2015年、2016年这4年当中的高等教育生均公共财政预算公用经费高于全国平均水平，在2013年至2014年连续2年低于全国水平。具体来看，宁夏回族自治区、重庆市持续6年在生均公共财政预算公用经费的投入上高于全国的平均水平，西藏自治区（2014年除外）连续5年高于全国平均水平，青海省在2011年、2012年、2015年、2016年高于全国平均水平，甘肃省自2014年后高于全国平均水平，且呈现出逐年递增的发展态势，云南省2012年在高等教育生均公共财政预算公用经费上达到极致，超出全国平均水平92.5个百分点，之后增速迅速翻转，呈现出持续走低的态势，自2012下半年后连续4年低于全国的平均水平，而四川省、新疆维吾尔自治区、内蒙古自治区、广西壮族自治区、贵州省持续低于全国的平均水平，且表现出逐年下降的趋势。

西部地区在高等教育生均公共财政预算公用经费投入方面与全国平均水平相比，仍然存在较大的差距，除宁夏回族自治区、重庆市和西藏自治区等少数省区高于或略高于全国平均水平外，其他绝大多数省份不论在哪个阶段从未高于全国的平均水平。就西部地区本身而言，在高等教育的生均公共财政预算公用经费上也表现出较大的差异，除少数省份外，其他绝大多数省份常年低于西部平均水平。

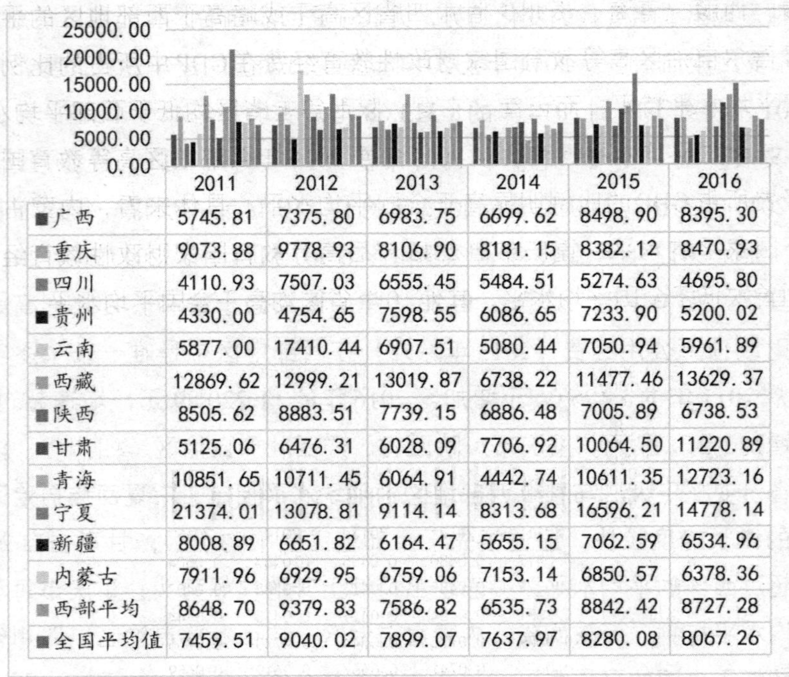

	2011	2012	2013	2014	2015	2016
■广西	5745.81	7375.80	6983.75	6699.62	8498.90	8395.30
■重庆	9073.88	9778.93	8106.90	8181.15	8382.12	8470.93
■四川	4110.93	7507.03	6555.45	5484.51	5274.63	4695.80
■贵州	4330.00	4754.65	7598.55	6086.65	7233.90	5200.02
■云南	5877.00	17410.44	6907.51	5080.44	7050.94	5961.89
■西藏	12869.62	12999.21	13019.87	6738.22	11477.46	13629.37
■陕西	8505.62	8883.51	7739.15	6886.48	7005.89	6738.53
■甘肃	5125.06	6476.31	6028.09	7706.92	10064.50	11220.89
■青海	10851.65	10711.45	6064.91	4442.74	10611.35	12723.16
■宁夏	21374.01	13078.81	9114.14	8313.68	16596.21	14778.14
■新疆	8008.89	6651.82	6164.47	5655.15	7062.59	6534.96
■内蒙古	7911.96	6929.95	6759.06	7153.14	6850.57	6378.36
■西部平均	8648.70	9379.83	7586.82	6535.73	8842.42	8727.28
■全国平均值	7459.51	9040.02	7899.07	7637.97	8280.08	8067.26

图5-15　2011—2016年全国与西部地区高等教育生均公共财政预算公用经费(元)

4.国家财政性教育经费占国内生产总值比例

《国家中长期教育改革和发展规划纲要（2010—2020年）》明确指出，提高国家财政性教育经费支出占国内生产总值比例，2012年达到4%。2017年国务院印发的《国家教育事业发展“十三五”规划》再次重申，“保证国家财政性教育经费支出占国内生产总值的比例一般不低于4%”，国家财政性教育经费在国内生产总值（GDP）中所占的比重，可以折射出国家对教育的重视程度。如图5-16所示，2011—2015年西部地区高等教育国家财政性教育经费占GDP比例每年都在不同程度的发生变化，除青海省和宁夏回族自治区减幅明显外，其他各省区都表现出不同程度的增长趋势，尤其是西藏自治区的增幅最为明显，从2011年的13.33%增加到2015年的18.44%，并且呈现出逐年递增的发展态势，平均每年增长1.3个百分点。青海省从2012年的9.85%下降到2013年的6.99%，降低了2.86个百分点，随后的几年逐渐恢复到8%的水平。其他省区增幅相对较小，宁夏回族自治区增幅最小，基本呈现出稳定的匀速状态，内蒙古自治区的高等教育国家财政性教育经费在GDP中所占的比例低于政策规定的国家标准（4%）。就整个西部地区来看，西藏、青海、贵州、甘肃四省区高于或略高于西部地区的平均水平，新疆维吾尔自治区高等教育国家财政性教育经费在GDP中所占的比例每年基本与西部平均水平持平，而云南、宁夏、陕西等七省区均低于西部平均水平。就西部地区与全国平均水平而言，从2011年至2015年西部地区高等教育国家财政性教育经费所占GDP的比例明显高于全国平均水平。具体来看，内蒙古自治区长期低于国家平均水平，重庆市自2013年后高等教育国家财政性教育经费所占GDP比例首次低于全国平均水平，其他10个省区均高于全国平均水平。

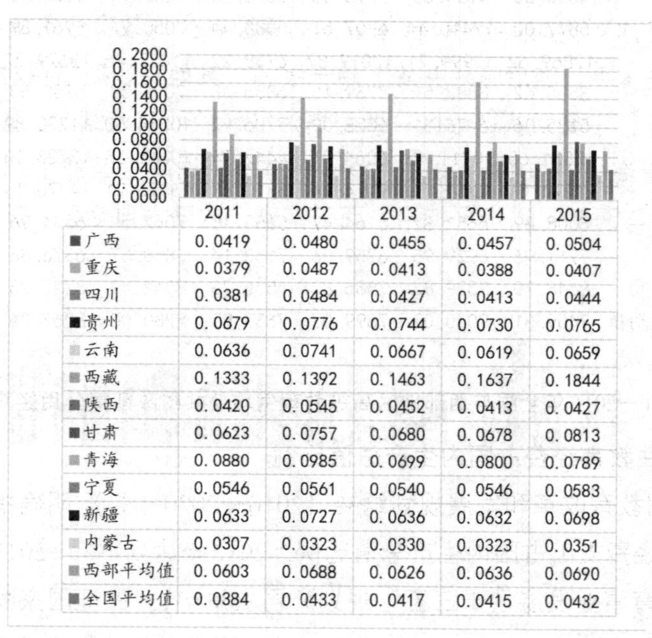

	2011	2012	2013	2014	2015
广西	0.0419	0.0480	0.0455	0.0457	0.0504
重庆	0.0379	0.0487	0.0413	0.0388	0.0407
四川	0.0381	0.0484	0.0427	0.0413	0.0444
贵州	0.0679	0.0776	0.0744	0.0730	0.0765
云南	0.0636	0.0741	0.0667	0.0619	0.0659
西藏	0.1333	0.1392	0.1463	0.1637	0.1844
陕西	0.0420	0.0545	0.0452	0.0413	0.0427
甘肃	0.0623	0.0757	0.0680	0.0678	0.0813
青海	0.0880	0.0985	0.0699	0.0800	0.0789
宁夏	0.0546	0.0561	0.0540	0.0546	0.0583
新疆	0.0633	0.0727	0.0636	0.0632	0.0698
内蒙古	0.0307	0.0323	0.0330	0.0323	0.0351
西部平均值	0.0603	0.0688	0.0626	0.0636	0.0690
全国平均值	0.0384	0.0433	0.0417	0.0415	0.0432

图5-16　2011—2015年全国与西部地区高等教育国家财政性教育经费占国内生产总值比例(%)

随着GDP的持续增长，国家对教育越来越重视，尤其是西部大开发战略实施以来，高等教育的发展更是进入到一个新阶段，除内蒙古自治区等少数省份以外，西部地区绝大多数省区已经远远超过国家的标准（4%），这也是“科教兴国，人才强国”战略在我国各项事业中教育先行的最好体现，同时也表明随着高等教育大众化阶段地到来，国家对高等教育的投入力度、对人才的需求程度比以往任何一个时期都更为强烈。

5. 生均教育经费指数

生均教育经费指数是生均教育经费与人均国民生产总值之比。生均教育经费表示每个学生平均拥有的教育经费，但由于不同国家和地区的经济状况、消费水平、物价指数的差异，相等的生均教育经费并不表示相同的教育条件，因此需将其换算成生均教育经费指数以具可比性。如图5-17所示，2011—2015年西部地区高等教育生均教育经费指数都有不同程度的增减，其中宁夏回族自治区、西藏自治区和云南省的增减幅度较为明显，宁夏回族自治区高等教育生均教育经费指数从2011年至2013年逐年递减，从2011年的1.02骤减至2013年的0.58，随后逐渐缓慢回升，西藏自治区高等教育生均教育经费指数变化总体呈现出“减—增—减—增”的“对称V”字形结构，云南省的高等教育生均教育经费指数在2012年达到历年的最高水平，随后骤降并逐渐趋于缓和，其他省区振幅相对较小。就西部地区内部而言，宁夏回族自治区、西藏自治区、陕西省连续5年高于西部地区的平均水平，青海省在2011、2012、2014、2015年均高于西部平均水平，四川省连续5年基本与西部平均水平持平，而云南省、内蒙古自治区、新疆维吾尔自

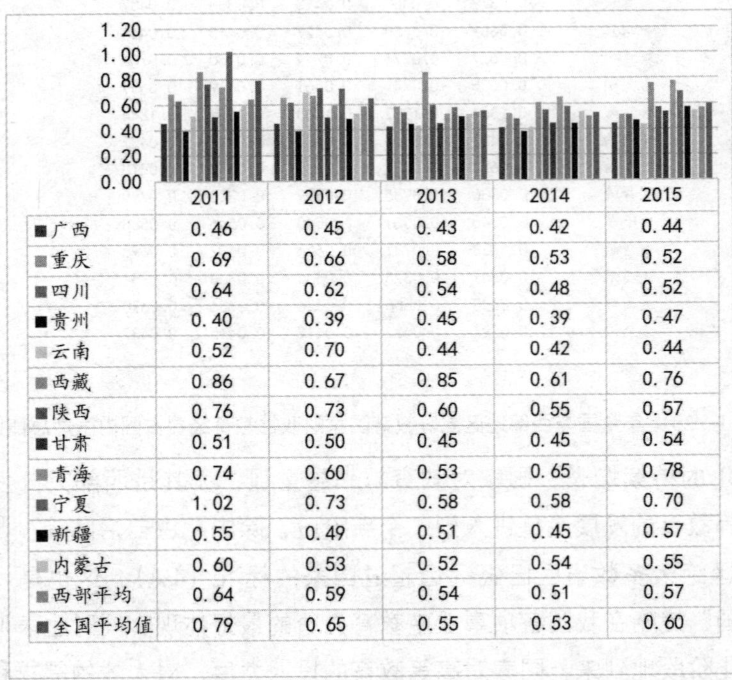

	2011	2012	2013	2014	2015
广西	0.46	0.45	0.43	0.42	0.44
重庆	0.69	0.66	0.58	0.53	0.52
四川	0.64	0.62	0.54	0.48	0.52
贵州	0.40	0.39	0.45	0.39	0.47
云南	0.52	0.70	0.44	0.42	0.44
西藏	0.86	0.67	0.85	0.61	0.76
陕西	0.76	0.73	0.60	0.55	0.57
甘肃	0.51	0.50	0.45	0.45	0.54
青海	0.74	0.60	0.53	0.65	0.78
宁夏	1.02	0.73	0.58	0.58	0.70
新疆	0.55	0.49	0.51	0.45	0.57
内蒙古	0.60	0.53	0.52	0.54	0.55
西部平均	0.64	0.59	0.54	0.51	0.57
全国平均值	0.79	0.65	0.55	0.53	0.60

图5-17　2011—2015年全国与西部地区高等教育生均教育经费指数对比图(百分点)

治区、甘肃省、广西壮族自治区、贵州省等省区则低于西部平均水平。就整个西部地区高等教育生均教育经费指数与全国平均相比较而言，2011—2015年西部地区整体平均水平均低于全国平均水平，尤其在2011年相差15个百分点，随后全国高等教育生均教育经费指数持续走低，而西部高等教育生均教育经费指数有所回升，差距逐渐缩小，截至2015年，西部地区高等教育生均教育经费指数与全国相差0.03个百分点。具体来看，除宁夏回族自治区、西藏自治区、陕西省、重庆市和青海省外，其他各省无论在哪个阶段均低于全国平均水平，尤其是贵州省和广西壮族自治区与全国平均水平相差甚远。

6.公共财政教育支出与财政经常性收入增长幅度比较情况

如图5-18所示，2011—2016年西部地区高等教育公共财政教育支出与财政经常性收入增长幅度变化都比较明显，尤其青海省与新疆维吾尔自治区两省振幅最为明显，青海省2011年、2012年、2014年公共财政教育支出大于财政经常性收入，新疆维吾尔自治区自始至终在高等教育领域的公共财政教育支出远远低于财政经常性收入，自2012年后高等教育公共财政教育支出与财政经常性收入差

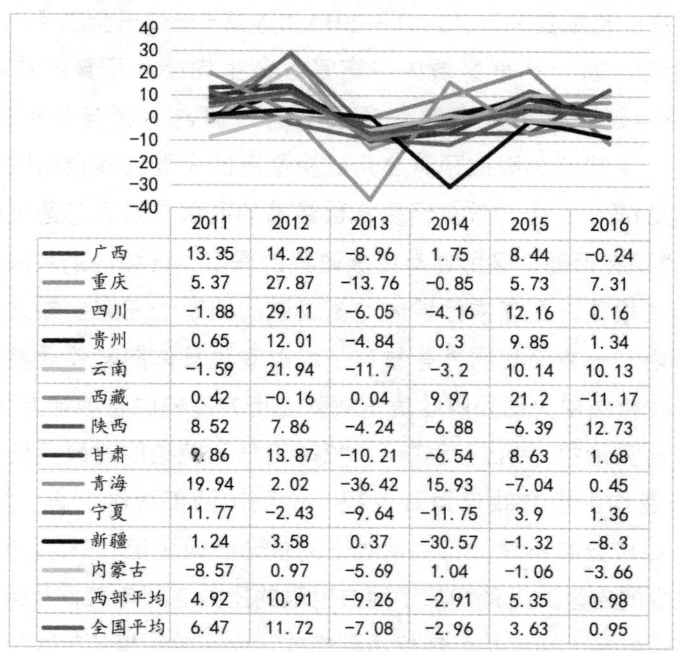

	2011	2012	2013	2014	2015	2016
广西	13.35	14.22	-8.96	1.75	8.44	-0.24
重庆	5.37	27.87	-13.76	-0.85	5.73	7.31
四川	-1.88	29.11	-6.05	-4.16	12.16	0.16
贵州	0.65	12.01	-4.84	0.3	9.85	1.34
云南	-1.59	21.94	-11.7	-3.2	10.14	10.13
西藏	0.42	-0.16	0.04	9.97	21.2	-11.17
陕西	8.52	7.86	-4.24	-6.88	-6.39	12.73
甘肃	9.86	13.87	-10.21	-6.54	8.63	1.68
青海	19.94	2.02	-36.42	15.93	-7.04	0.45
宁夏	11.77	-2.43	-9.64	-11.75	3.9	1.36
新疆	1.24	3.58	0.37	-30.57	-1.32	-8.3
内蒙古	-8.57	0.97	-5.69	1.04	-1.06	-3.66
西部平均	4.92	10.91	-9.26	-2.91	5.35	0.98
全国平均	6.47	11.72	-7.08	-2.96	3.63	0.95

图5-18　2011—2016年全国与西部地区高等教育公共财政教育支出与财政经常性收入增长幅度比较情况(百分点)

额有所减小，但公共财政教育支出仍然小于财政经常性收入。在2013年以前，西部地区绝大多数省份高等教育公共财政教育支出大于财政经常性收入，自2013年以后发生了逆转，到2014年迎来了高等教育公共财政教育支出的“第二春”。就西部地区高等教育公共财政教育支出与财政经常性收入情况而言，2011年、2012年、2015年、2016年公共财政教育支出大于财政经常性收入。就西部地区高等教育的公共财政教育支出与财政经常性收入增长幅度与全国平均水平而言，除2014年和2016年公共财政教育支出与财政经常性收入差额略高于全国平均水平外，其他年份均低于全国平均水平。

7.结论

(1) 生均公共预算经费总体偏低，区域内经费投入极不均衡。

西部高等教育生均公共财政预算教育事业费在2012—2014年连续3年低于全国平均水平，特别是2014年与全国平均水平相比，相差1 674.07元。生均公共财政预算公用经费在2013—2014年连续2年低于全国平均水平，除极个别省份高于或略高于全国平均水平外，其他省份均低于全国平均水平。就整个西部地区高等教育生均教育经费指数来看，2011—2015年连续5年低于全国平均水平，特别是在2011年相差15%。西部区域内在高等教育生均公共预算经费投入上极不均衡，生均公共财政预算教育事业费最高的西藏自治区与最低的四川省相差96 869.66元，生均公共财政预算公用经费最高的宁夏回族自治区与最低的四川省相差49 626.64元，生均教育经费指数最高的西藏自治区与最低的贵州省相差1.67%。这说明在西部地区即便有民族政策的保障，区域内的发展不均衡的状况依然没有彻底根除，在谋求区域内均衡发展的问题上还需要国家政策的宏观统筹。究其原因，一方面我国高等教育生均财政预算体制与普通高校的性质相对应，即部属院校由中央部委财政负责拨款，地方高校由各地地方政府财政拨款。我国中央政府只承担“985工程”和“211工程”院校的财政责任，其他高校的生均教育经费均由地方政府财政负担。就我国西部地区而言，“985工程”和“211工程”高校分布不均，特别是对于高校分布较多但“985工程”或“211工程”院校较少的省区，无疑增加了地方财政的压力。近年来，我国高等教育的发展采取建设高水平大学和扩大规模两种模式，而高校规模的扩大主要由地方高校来完成，地方高校在校生数量远远超出了其经济能力支撑范围，导致生均教育经费常年低于全国平均水平。另一方面，区域经济发展的差异直接影响各地区高等教育生均经费投入的不平衡。就整个西部地区而言，与中东部相比，大部分省份属于经济欠发达地区，经济发展滞后，加之政策落实不到位，在很大程度上直接导致地方高校生均教育经费严重缩水。

（2）公共财政收入不稳定，公共教育财政支出难以常态增长。

不可否认，西部各高校无一例外公共财政教育支出呈现出逐年递增的良好发展态势，即便是对于公共财政教育支出最少的宁夏回族自治区也从2011年的97.38亿元增长到2016年的149.71亿元，但由于公正财政收入的不稳定性，使得公共财政教育支出经费占公共财政支出比例没有与公共财政教育支出保持常态的正相关。究其原因，一方面缺乏激励性的税式支出手段。尽管西部各高校公共财政教育支出逐年增长，但增长幅度总体不大，缺乏其他公共财政教育支出的融资渠道，与西方国家相比，我国西部高校自身筹资能力较差，社会捐赠所占高校经费的比例甚小。其原因既有传统文化的影响，如中国富人担心捐赠露富而招来人们的嫉妒，不敢大量捐赠。有学者研究了欧美高等教育的公共财政教育支出的来源情况，认为社会捐赠的多少与各国的经济发展水平有关，如果经济没有达到一定水平，这些国家也不会产生这么多的捐赠收入。而在我国西部，由于经济的发展水平还不够，国内的企业家还处在资本积累阶段，难以产生大量的公益性捐赠；也有高校自身缺乏对社会捐赠的规范管理体制和机构的因素。从政府管理角度看，还缺乏对社会捐赠的激励性税收政策和法律规范，影响了纳税人向高等教育捐赠的积极性和主动性。另一方面缺乏专款专用性质的专门税种。税收最主要的职能就是筹集财政资金，政府主要依靠税收取得财政收入。在各国的税收制度中，不乏一些税种，具有专款专用性质，专门为了筹集某方面的经费而设，高等教育具有巨大的社会效益，但其运行却缺乏常态的专项税种做保障。加之公共财政支出使用效率低下，执行预算不严格，长官意志强，随机性大，没有严格执行国家的法律法规。

（3）公共财政教育支出缺乏系统保障

西部地区高等教育公共财政教育支出常年或高于或低于财政经常性收入，没有保持稳定增长的态势，充分投射出公共财政教育支出缺乏系统的制度保障。究其原因，一方面缺乏与高校扩招相匹配的财力保障。近年来，随着西部高校在校生数量的迅速增长，教学楼、图书馆、运动场馆、学生宿舍、学生食堂、实验室大批建设都需要大量的资金。但政府未予匹配相关政策，仍按原模式对高校拨款，而没有增加扩建费等其他费用。另一方面，高等教育财政投入法制保障不足。主要表现为：第一，教育财政投入立法滞后。《教育财政投入法》尚处于未开发地带，且配套滞后，操作性差。第二，教育财政投入不严。《教育法》中明确规定："政府教育财政拨款的增长应高于财政经常性收入的增长，并按在校学生人数平均的教育费用逐年增长，保证教师工资和学生人均公用经费逐年增长。"党中央、国务院为实施"科教兴国"战略提出了"七个百分点"政策，但都未得到执行，财政政策与"科教兴国"战略和高等学校的可持续发展极不协调。再者，公共财政教育支出项目的数量不断增多。如出勤补贴、职工的住房补贴、住房公积金、医疗保险、劳动保险等，相关政策出台的滞后性，使得公共财政教育支出碎片化、条块化。

（四）普通高等学校办学条件

普通高等学校办学条件是衡量普通高等学校基本办学条件和核定年度招生规模的重要依据。由于教学及辅助用房面积、行政办公用房面积和生活用房面积在《中国教育统计年鉴》中未找到各省数据，因此该部分只统计了全国数据来进行分析比较。

1.普通高校校舍占地

校舍和占地情况是反映高校办学硬件好坏的重要指标，反映学校校舍占地的常用指标包括生均校舍建筑面积、实验室图书馆建筑达标率、生均学校占地面积、住校生生均宿舍面积、体育场面积达标率等。本研究选择：生均教学及辅助用房面积、生均行政办公用房面积、生均生活用房面积、生均学校占地面积、生均运动场地面积、学校绿化用地面积所占比例6个较有代表性的二级指标反映普通高校的校舍占地情况。

(1) 生均教学及辅助用房面积

生均教学与辅助用房面积包含了教室、实验室、图书室、微机室、语音室、体育馆6种建筑面积，是学校标准化建设的基础工作之一。从图5-19中可以看出，2011—2016年全国生均教学及辅助用房面积整体变化情况趋于稳定。最大值为20.66平方米，最小值为20.00平方米，平均值23.34平方米，说明全国生均教学及辅助用房面积整体较为稳定，数据变化不大，差距甚微。

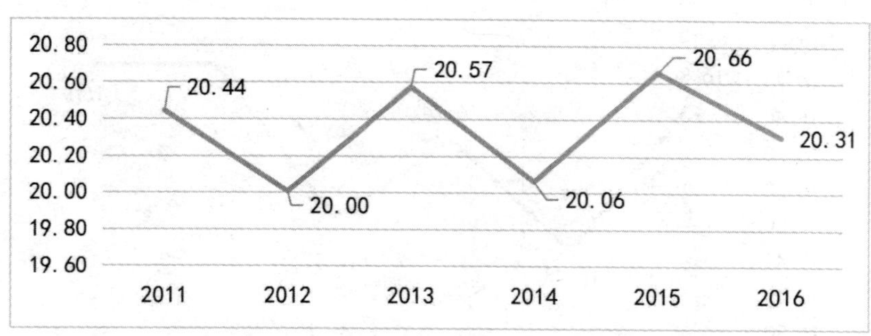

图5-19　2011—2016年全国生均教学及辅助用房面积(平方米)

(2) 生均行政办公用房面积

从图5-20中可以看出，2011—2016年全国生均行政办公用房面积整体变化情况呈现波浪形下降趋势。最大值为2.77平方米，最小值为2.56平方米，平均值2.67平方米。

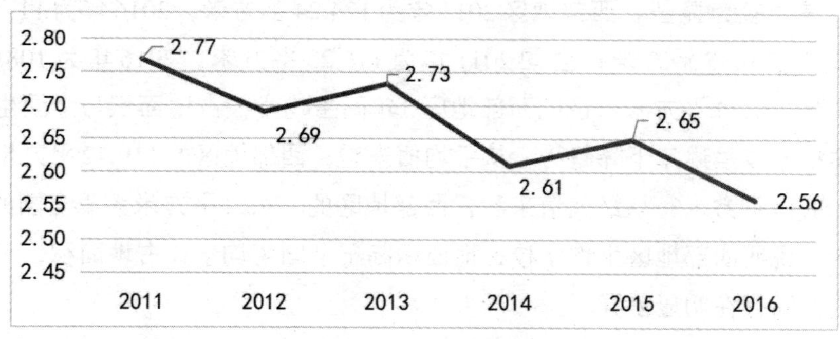

图5-20　2011—2016年全国生均行政办公用房面积(平方米)

(3) 生均生活用房面积

生均生活用房面积包含了教工宿舍、学生宿舍、食堂、厕所等建筑面积，也是学校教学活动的重要保障支撑。从图5-21中可以看出，2011—2016年全国生均生活用房面积呈波浪形上升趋势。最大值为16.95平方米，最小值为16.43平方米，平均值16.74平方米。

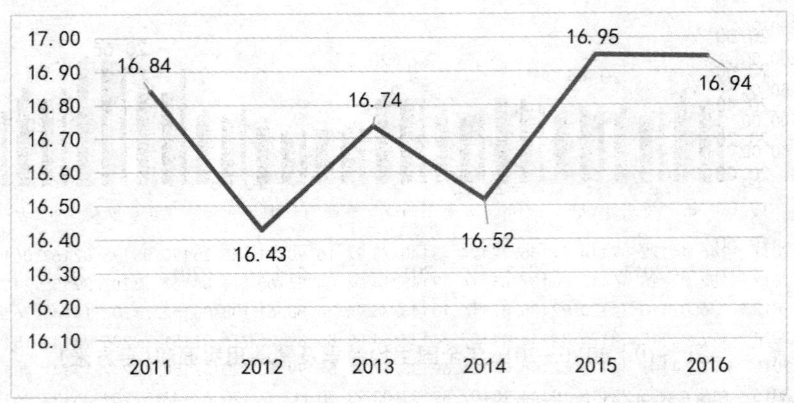

图5-21　2011—2016年全国生均生活用房面积(平方米)

(4) 生均学校占地面积

由图5-22可知，西部普通高校学校生均学校占地面积，从西部地区与全国来看，差异较为显著。西部地区2011年为124.24平方米，2016年为117.89平方米，减少了6.35平方米；全国2011年为116.23平方米，2016年为108.99平方米，减少了7.24平方米。说明西部地区5年间生均学校占地面积与全国生均学校占地面积整体呈逐年下降趋势。从平均值来看，西部地区的119.42平方米大于全国的111.48平方米；从最大值来看，西部地区的124.24平方米大于全国的116.23平方米。说明西部地区生均学校占地面积高于全国生均学校占地面积，可见西部与全国之间存在明显差异。

从西部地区各省来看，省际差距较大。2011—2016年，贵州省、内蒙古自治区、宁夏回族自治区、广西壮族自治区、云南省、西藏自治区、陕西省、重庆市、青海省生均学校占地面积均呈下降趋势，其中宁夏回族自治区生均学校占地面积变化最大；四川省、甘肃省、新疆维吾尔自治区生均学校占地面积呈上升趋势，其中甘肃省生均学校占地面积上升最明显；从平均值来看，陕西省最低，为92.95平方米，新疆维吾尔自治区最高，为205.13平方米，两者相差112.18平方米。说明西部地区各省区生均学校占地面积差距较大，各省区之间发展不均衡现象突出。

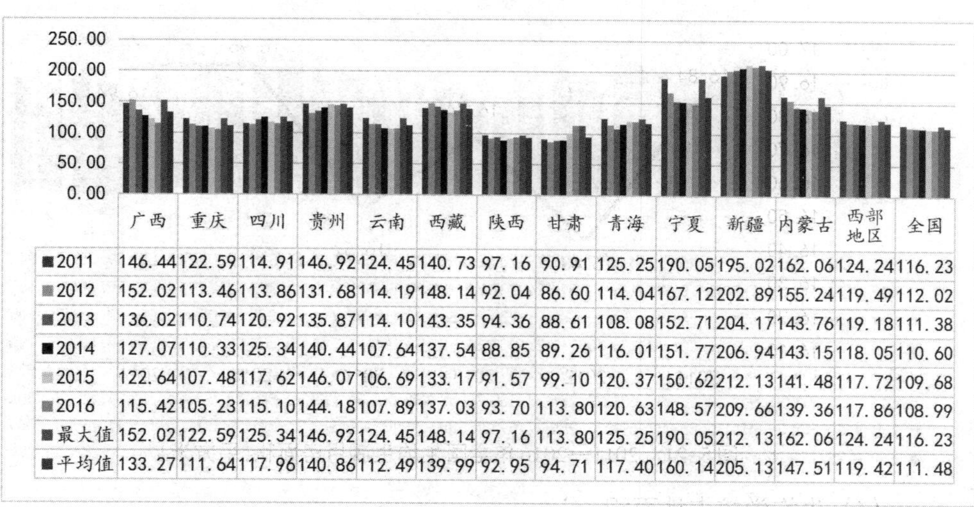

	广西	重庆	四川	贵州	云南	西藏	陕西	甘肃	青海	宁夏	新疆	内蒙古	西部地区	全国
2011	146.44	122.59	114.91	146.92	124.45	140.73	97.16	90.91	125.25	190.05	195.02	162.06	124.24	116.23
2012	152.02	113.46	113.86	131.68	114.19	148.14	92.04	86.60	114.04	167.12	202.89	155.24	119.49	112.02
2013	136.02	110.74	120.92	135.87	114.10	143.35	94.36	88.61	108.08	152.71	204.17	143.76	119.18	111.38
2014	127.07	110.33	125.34	140.44	107.64	137.54	88.85	89.26	116.01	151.77	206.94	143.15	118.05	110.60
2015	122.64	107.48	117.62	146.07	106.69	133.17	91.57	99.10	120.37	150.62	212.13	141.48	117.72	109.68
2016	115.42	105.23	115.10	144.18	107.89	137.03	93.70	113.80	120.63	148.57	209.66	139.36	117.86	108.99
最大值	152.02	122.59	125.34	146.92	124.45	148.14	97.16	113.80	125.25	190.05	212.13	162.06	124.24	116.23
平均值	133.27	111.64	117.96	140.86	112.49	139.99	92.95	94.71	117.40	160.14	205.13	147.51	119.42	111.48

图5-22　2011—2016年全国与西部地区生均学校占地面积（平方米）

（5）学校绿化用地面积所占比例

从图5-23可知西部普通高校学校绿化用地面积所占比例情况。从西部地区与全国来看，总体趋势良好，呈现稳定上升状态。西部地区2011年为29.05%，2016年为31.62%，增加了2.57%；全国2011年为30.04%，2016年为31.30%，增加了1.26%。可见西部地区增幅是全国的2倍。从平均值来看，西部地区的30.22%小于全国的30.37%；从最大值来看，西部地区的31.62%大于全国的31.30%。可见西部地区与全国的学校绿化用地面积所占比例差距微弱。

从西部地区各省来看，差距明显，发展不平衡问题突出。2011—2016年，除甘肃省、宁夏回族自治区、新疆维吾尔自治区以外，其他各省学校绿化用地面积所占比例均呈上升趋势。从平均值来看，重庆市最高，为35.68%，内蒙古自治区最低，为23.28%。从最大值来看，同样重庆市最高，为36.91%，内蒙古自治区最低，为25.66%，且西部各省高校绿化面积所占比例只有二分之一达到全国平均水平，仍然有近二分之一低于全国平均水平，说明西部地区普通高校绿化发展极不平衡，两极分化严重。西部地区普通高校应增加学校的绿化面积所占比例，给学生营造良好的学习生活环境。

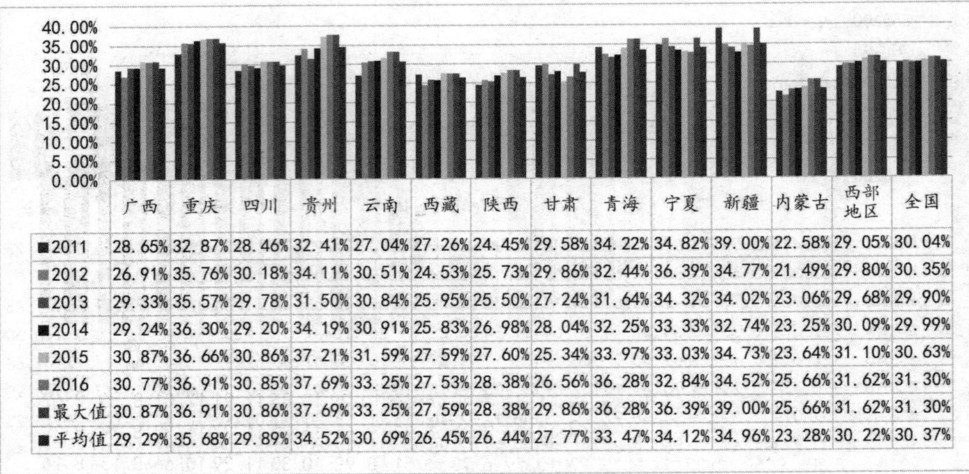

	广西	重庆	四川	贵州	云南	西藏	陕西	甘肃	青海	宁夏	新疆	内蒙古	西部地区	全国
■2011	28.65%	32.87%	28.46%	32.41%	27.04%	27.26%	24.45%	29.58%	34.22%	34.82%	39.00%	22.58%	29.05%	30.04%
■2012	26.91%	35.76%	30.18%	34.11%	30.51%	24.53%	25.73%	29.86%	32.44%	36.39%	34.77%	21.49%	29.80%	30.35%
■2013	29.33%	35.57%	29.78%	31.50%	30.84%	25.95%	25.50%	27.24%	31.64%	34.32%	34.02%	23.06%	29.68%	29.90%
■2014	29.24%	36.30%	29.20%	34.19%	30.91%	25.83%	26.98%	28.04%	32.25%	33.33%	32.74%	23.25%	30.09%	29.99%
■2015	30.87%	36.66%	30.86%	37.21%	31.59%	27.59%	27.60%	25.34%	33.97%	33.03%	34.73%	23.64%	31.10%	30.63%
■2016	30.77%	36.91%	30.85%	37.69%	33.25%	27.53%	28.38%	26.56%	36.28%	32.84%	34.52%	25.66%	31.62%	31.30%
■最大值	30.87%	36.91%	30.86%	37.69%	33.25%	27.59%	28.38%	29.86%	36.28%	36.39%	39.00%	25.66%	31.62%	31.30%
■平均值	29.29%	35.68%	29.89%	34.52%	30.69%	26.45%	26.44%	27.77%	33.47%	34.12%	34.96%	23.28%	30.22%	30.37%

图5-23　2011—2016年全国与西部地区学校绿化用地面积所占比例(%)

(6) 生均运动场地面积

由图5-24可知西部地区普通高校生均运动场地面积情况，从西部地区与全国来看，整体发展趋势良好。西部地区2011年为8.56平方米，2016年为8.16平方米，减少了0.4平方米；全国2011年为8.62平方米，2016年为7.88平方米，减少了0.74平方米。从平均值来看，西部地区为8.18平方米，全国为8.15平方米；从最大值来看，西部地区为8.56平方米，全国为8.62平方米。说明西部地区发展水平与全国发展水平差距微弱，西部地区5年间生均运动场地面积与全国生均运动场地面积整体呈逐年下降趋势。西部地区与全国相比来看，生均运动场地面积不存在明显差异，发展水平较为均衡。

从西部地区各省来看，省际差距明显。2011—2016年，广西壮族自治区、四川省、云南省、西藏自治区、陕西省、青海省、宁夏回族自治区、新疆维吾尔自治区、内蒙古自治区9个省区呈现下降趋势，重庆市、贵州省、甘肃省呈现波浪形上升状况，甘肃省和贵州省尤其是在2015—2016年上升明显。从平均值来看，甘肃省最低，为6.64平方米，新疆维吾尔自治区最高，为11.43平方米，两者相差4.79平方米。从最大值来看，宁夏回族自治区最高，为13.85平方米，甘肃省最低，为7.39平方米。可见，西部各省之间生均运动场地面积差距较大，其中甘肃省生均运动场地面积发展水平明显偏低，亟待进一步提升。

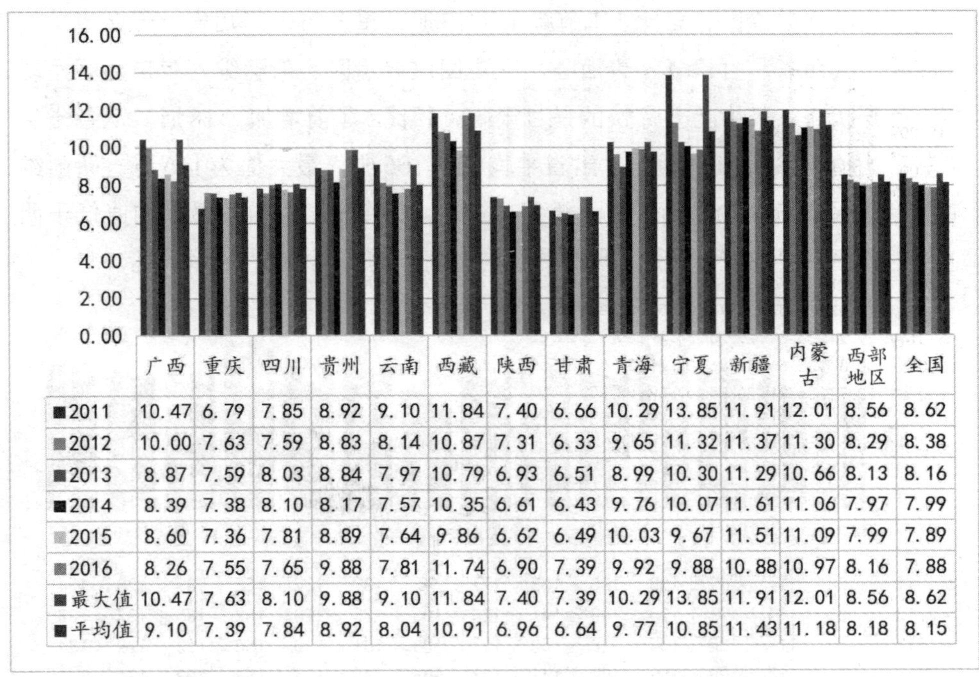

	广西	重庆	四川	贵州	云南	西藏	陕西	甘肃	青海	宁夏	新疆	内蒙古	西部地区	全国
2011	10.47	6.79	7.85	8.92	9.10	11.84	7.40	6.66	10.29	13.85	11.91	12.01	8.56	8.62
2012	10.00	7.63	7.59	8.83	8.14	10.87	7.31	6.33	9.65	11.32	11.37	11.30	8.29	8.38
2013	8.87	7.59	8.03	8.84	7.97	10.79	6.93	6.51	8.99	10.30	11.29	10.66	8.13	8.16
2014	8.39	7.38	8.10	8.17	7.57	10.35	6.61	6.43	9.76	10.07	11.61	11.06	7.97	7.99
2015	8.60	7.36	7.81	8.89	7.64	9.86	6.62	6.49	10.03	9.67	11.51	11.09	7.99	7.89
2016	8.26	7.55	7.65	9.88	7.81	11.74	6.90	7.39	9.92	9.88	10.88	10.97	8.16	7.88
最大值	10.47	7.63	8.10	9.88	9.10	11.84	7.40	7.39	10.29	13.85	11.91	12.01	8.56	8.62
平均值	9.10	7.39	7.84	8.92	8.04	10.91	6.96	6.64	9.77	10.85	11.43	11.18	8.18	8.15

图5-24　2011—2016年全国与西部地区生均运动场地面积（平方米）

2. 普通高校仪器设备

普通高校仪器设备是反映学校教学仪器配备情况的重要指标，反映学校教学仪器配备指标包括体育器材配备达标率、图书资料配备达标率、教学仪器配备达标率等。本研究选择生均图书册数、生均教学科研学仪器设备值2个较有代表性的二级指标，反映普通高校仪器设备状况。

（1）生均图书

从图5-25可知，西部地区与全国数据对比来看，生均图书册数总体呈现稳定上升趋势。西部地区2011年生均图书为128册，2016年为136册，增加8册，生均图书平均数为131册，最大值为136册；全国2011年为134册，2016年为140册，增加6册，生均图书平均数为135册，最大值为140册。可见，生均图书数据上，西部地区保持了与全国一致的增长趋势，但是西部地区仍然低于全国平均水平。

从西部各省来看，发展速度过快与不平衡发展问题显著。2011—2016年，广西壮族自治区、贵州省、青海省、内蒙古自治区均呈现下降趋势，其中下降最

快的是广西壮族自治区，相比5年前减少了17册；重庆市、四川省、云南省、西藏自治区、陕西省、甘肃省、青海省、宁夏回族自治区、新疆维吾尔自治区呈现螺旋式上升状态，其中上升最快的是甘肃省，相比5年前增加了18册。从各省生均图书平均值与最大值来看，甘肃省平均值为106册，最大值为116册，新疆维吾尔自治区平均值为158册，最大值为163册。其中4省生均图书平均值低于西部地区生均图书平均值，5省生均图书平均值高于全国生均图书平均值。

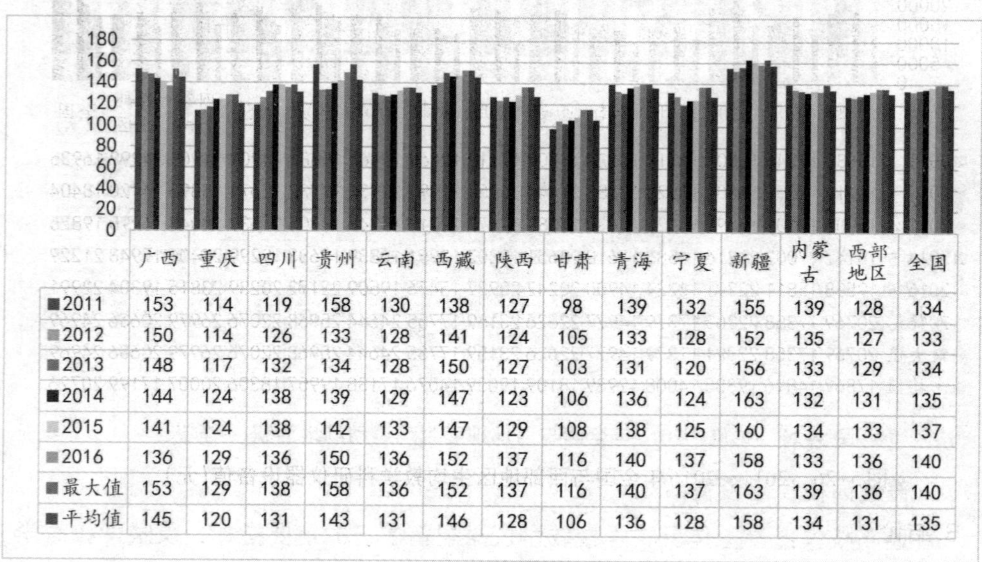

	广西	重庆	四川	贵州	云南	西藏	陕西	甘肃	青海	宁夏	新疆	内蒙古	西部地区	全国
2011	153	114	119	158	130	138	127	98	139	132	155	139	128	134
2012	150	114	126	133	128	141	124	105	133	128	152	135	127	133
2013	148	117	132	134	128	150	127	103	131	120	156	133	129	134
2014	144	124	138	139	129	147	123	106	136	124	163	132	131	135
2015	141	124	138	142	133	147	129	108	138	125	160	134	133	137
2016	136	129	136	150	136	152	137	116	140	137	158	133	136	140
最大值	153	129	138	158	136	152	137	116	140	137	163	139	136	140
平均值	145	120	131	143	131	146	128	106	136	128	158	134	131	135

图5-25　2011—2016年全国与西部地区生均图书册数(册)

（2）生均教学科研仪器设备值

从图5-26中可知，西部地区与全国生均科研仪器设备数据来看，西部地区虽教学设施设备逐渐完善，但与全国相比仍存在较大差距。西部地区2011年生均教学科研仪器设备值平均为14 298元，2016年为20 636元，与5年前相比增长了6 338元，西部地区生均教学科研仪器设备值最大值为20 636元，平均值为17 198元；全国生均教学科研仪器设备值2011年为16 935元，2016年为24 968元，与5年前相比增长了8 033元。

从西部各省来看，生均教学科研仪器设备值增长显著，但省际发展呈现非均衡状态。从生均教学科研仪器设备值平均教育看，贵州省最低，为140 008元，内蒙古自治区最高，为20 006元，两者相差近6 000元。其中6省生均教学科研设备值低于西部地区平均值，西部地区没有1个省达到全国平均值20 725元。由此得出，在生均科研设备上，西部各省之间发展不平衡，西部地区二分之一的省没有达到西部平均水平，西部地区生均教学科研仪器设备值整体低于全国平均水平。

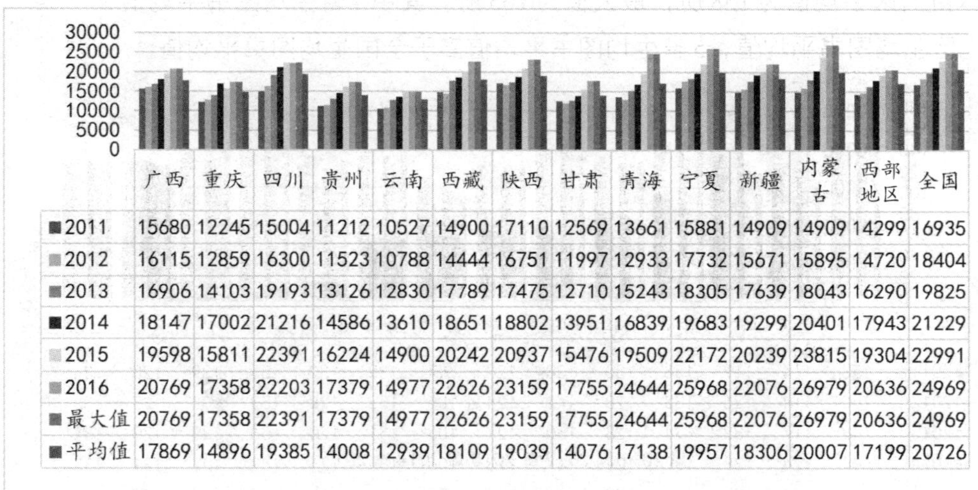

	广西	重庆	四川	贵州	云南	西藏	陕西	甘肃	青海	宁夏	新疆	内蒙古	西部地区	全国
2011	15680	12245	15004	11212	10527	14900	17110	12569	13661	15881	14909	14909	14299	16935
2012	16115	12859	16300	11523	10788	14444	16751	11997	12933	17732	15671	15895	14720	18404
2013	16906	14103	19193	13126	12830	17789	17475	12710	15243	18305	17639	18043	16290	19825
2014	18147	17002	21216	14586	13610	18651	18802	13951	16839	19683	19299	20401	17943	21229
2015	19598	15811	22391	16224	14900	20242	20937	15476	19509	22172	20239	23815	19304	22991
2016	20769	17358	22203	17379	14977	22626	23159	17755	24644	25968	22076	26979	20636	24969
最大值	20769	17358	22391	17379	14977	22626	23159	17755	24644	25968	22076	26979	20636	24969
平均值	17869	14896	19385	14008	12939	18109	19039	14076	17138	19957	18306	20007	17199	20726

图5-26　2011—2016年全国与西部地区生均教学科研仪器设备值(元)

3.结论

在普通高校校舍占地方面，全国生均教学及辅助用房面积、生均行政办公用房面积、生均生活用房面积整体较为稳定，数据变化不大。西部地区各省生均学校占地面积差距较大，各省际发展不均衡现象突出。2016年，新疆维吾尔自治区生均学校占地面积为209.6平方米，陕西省生均学校占地面积为93.70平方米，最大差距为112.44平方米。

在普通高校仪器设备方面，西部各省区生均图书册数差距较大，省际生均图书投入不平衡，尤其是甘肃省与新疆维吾尔自治区之间差距最大，最大值相差值为47册。

生均教学科研仪器设备值方面，西部地区整体保持增长的趋势，但是与全国差距较大，2016年，全国生均教学科研仪器设备值为24 968元，甘肃省生均教学科研仪器设备值在西部最低，为17 754元，与全国生均教学科研仪器设备值相差7 214元。

（五）普通高校教师队伍建设比较

1.教职工总数及分类统计

（1）教职工总数及增幅

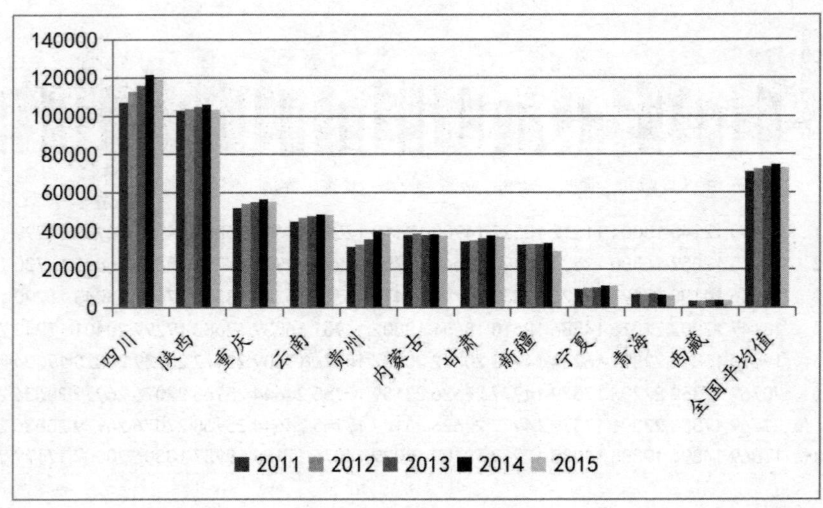

图5-27　2011—2015年全国与西部地区教职工总数对比图(人)

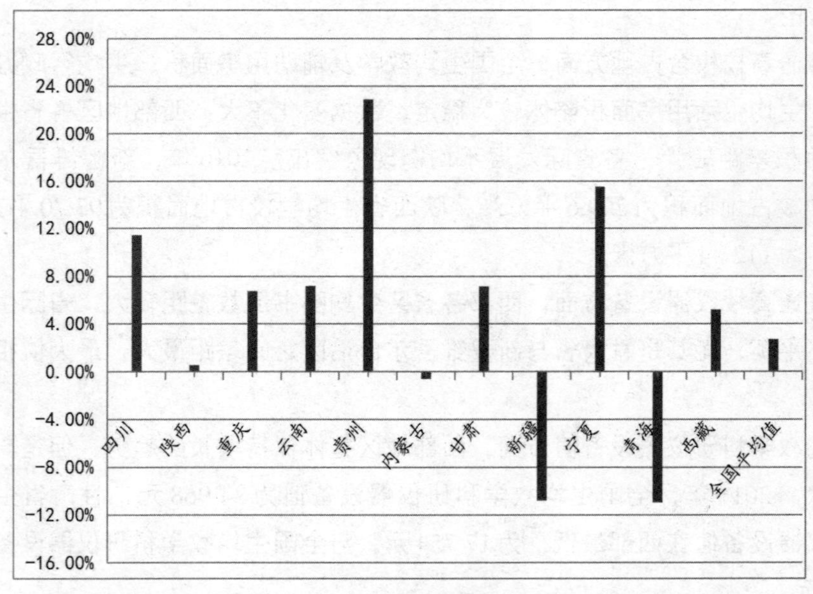

图5-28　2011-2015年全国与西部地区教职工总数增幅情况(%)

2011—2015年高校教职工总数增幅数据显示，5年间四川省增幅11.44%、重庆市增幅6.77%、云南省增幅7.21%、贵州省增幅22.88%、甘肃省增幅7.15%、宁夏回族自治区增幅15.53%、西藏自治区增幅5.20%，均高于全国2.72%的增幅，最高的贵州省高出全国20.16个百分点。但新疆维吾尔自治区、青海省、内蒙古自治区增幅为负，分别为-10.80%、-10.94%、-0.61%，远低于全国增幅，最大差距为13.66个百分点。

（2）专任教师数及增幅

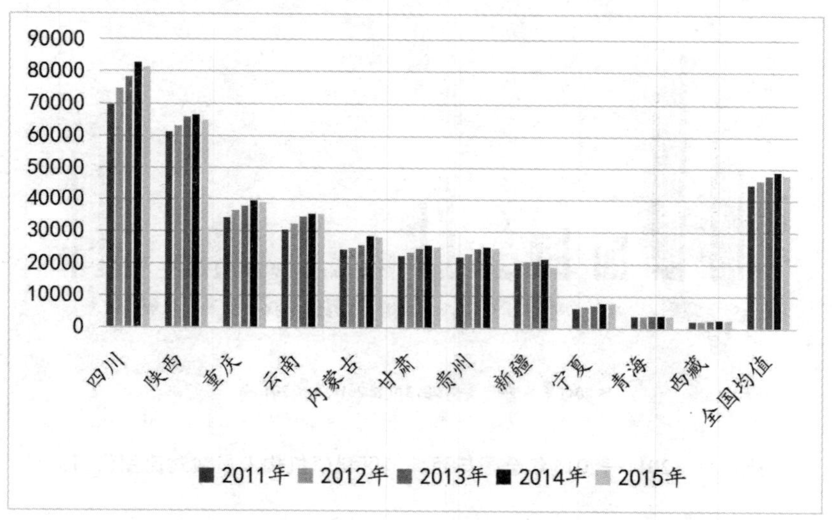

图5-29　2011—2015年全国与西部地区专任教师数对比图(人)

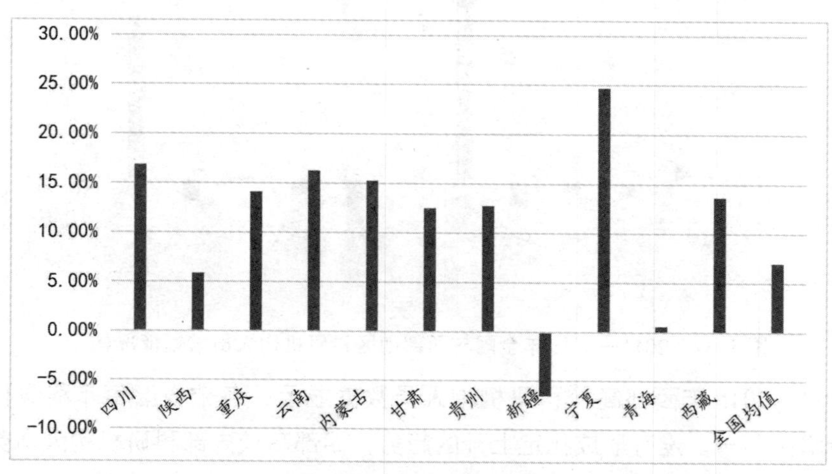

图5-30　2011-2015年全国与西部地区专任教师增幅情况(%)

2011—2015年高校专任教师数全国增幅为7.04%，四川省增幅为16.83%，重庆市增幅为14.11%，云南省增幅为16.25%，贵州省增幅为12.77%，甘肃省增幅为12.56%，内蒙古自治区增幅为15.27%，西藏自治区增幅为13.68%。宁夏回族自治区最高，增幅为24.70%，高于全国增幅17.66个百分点。新疆维吾尔自治区和青海省低于全国增幅，新疆维吾尔自治区为负增长，与全国增幅相差13.58个百分点。

（2）科研机构人员数及增幅

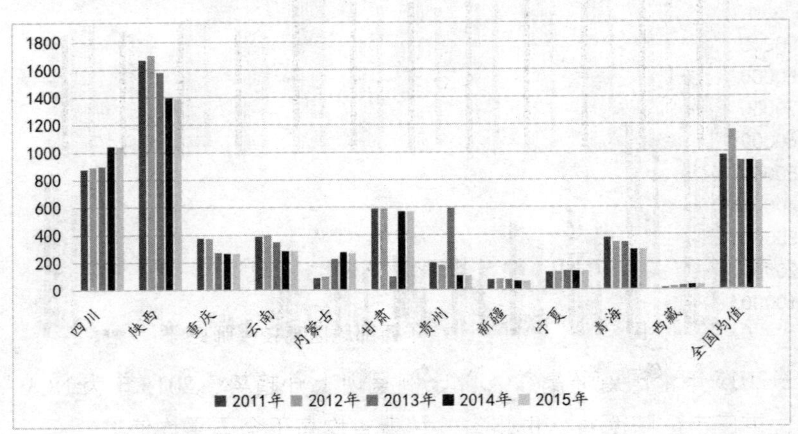

图5-31　2011—2015年全国与西部地区科研机构人员数对比图(人)

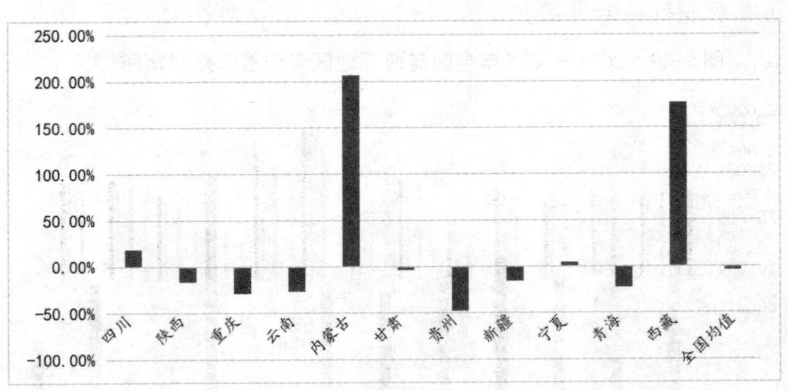

图5-32　2011—2015年全国与西部地区科研机构人员增幅情况(%)

2011—2015年西部高校科研机构人员数量显示，各个省区每年科研机构人员数量增减不一，没有形成稳定上升的趋势，西部高校内部科研机构人员数量差距较大，尤其以陕西省和西藏自治区最为突出。科研机构人员流失是西部各省区都面临的重大问题，就连处在竞争优势区的陕西省都呈现负增长现象，比全国增幅低了12.67个百分点。增幅最低的是内蒙古自治区，增幅为-47.72%，比全国增幅低了43.51个百分点。贵州省和西藏自治区由于国家政策的倾斜，呈现出大的增幅，内蒙古自治区高达206.82%。

2. 生师比

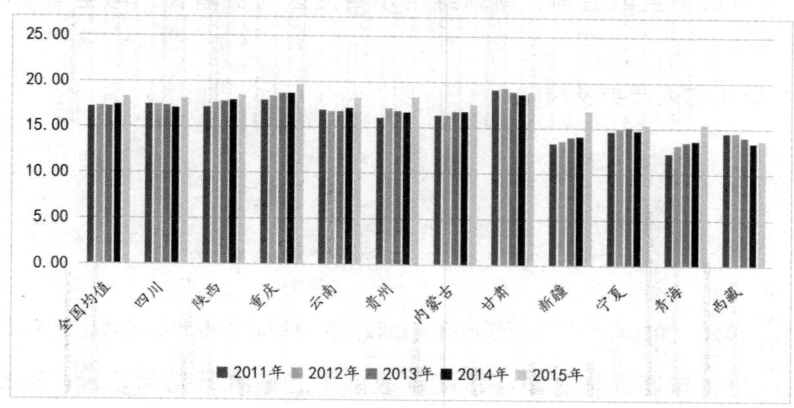

图5-33 2011—2015年西部地区高校生师比

2011—2015年全国普通高校生师比例呈现上升趋势，2015年为18.3∶1，西部地区中，重庆市、陕西省、贵州省、甘肃省均高于全国平均值。

3. 职称情况

（1）正高级职称占专任教师比例

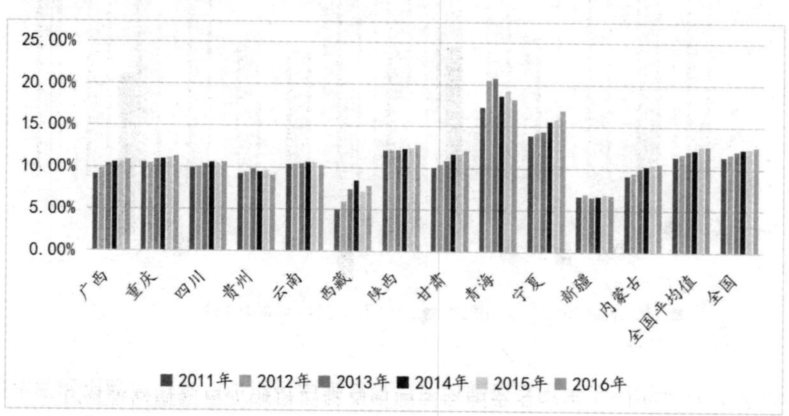

图5-34 2011—2016年全国与西部地区高校教师正高级职称占专任老师比例情况(%)

根据数据显示，2011—2016年西部高校正高级职称占专任教师比例呈现出缓慢增长的趋势（除个别省份外），与全国平均水平相比，西部高校正高级职称占专任教师比例除四川省、陕西省外，其他10省区远远低于全国平均水平。

（2）副高级职称占专任教师比例

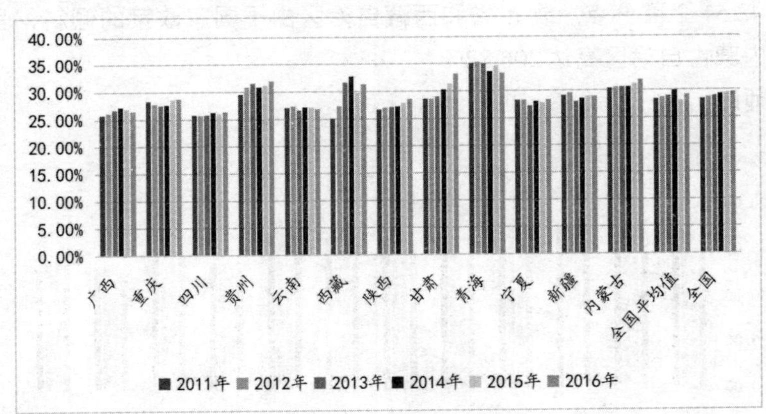

图5-35　2011—2016年全国与西部地区高校教师副高级职称占专任教师比例情况(%)

2011—2016年西部地区副高级职称教师占专任教师比例显示，除青海省、内蒙古自治区、贵州省高于全国平均水平外，其他省区均不同程度的低于全国平均水平。

（2）中级职称占专任教师比例

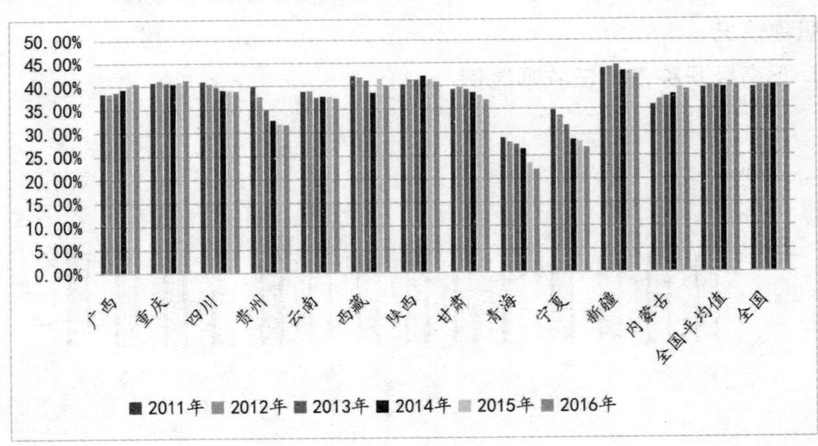

图5-36　2011—2016年全国与西部地区高校教师中级职称占专任教师比例情况(%)

2011—2016年西部地区中级职称占专任教师比例显示，贵州省、青海省、宁夏回族自治区、云南省5年来呈现下降趋势，并均低于全国水平，2015年青海省最低，低于全国17个百分点。新疆维吾尔自治区、西藏自治区、陕西省、重庆市

5年来持续高于全国水平，2016年新疆维吾尔自治区最高，超过全国2.5个百分点。

（3）初级职称占专任教师比例

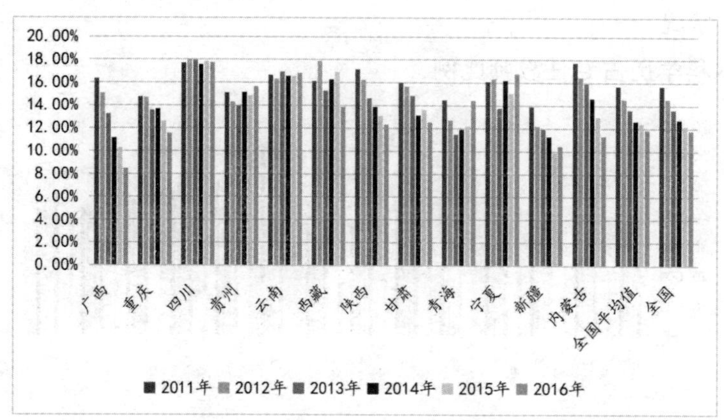

图5-37　2011—2016年全国与西部地区高校教师初级职称占专任教师比例情况(%)

2011—2016年西部地区初级职称占专任教师比例显示，广西壮族自治区、重庆市、陕西省、甘肃省、新疆维吾尔自治区、内蒙古自治区5年来呈现下降趋势。新疆维吾尔自治区、广西壮族自治区均低于全国占比，2015年广西壮族自治区最低，低于全国2个百分点。四川省、云南省、西藏自治区、陕西省、甘肃省、宁夏回族自治区、内蒙古自治区5年来持续高于全国占比，2016年四川省最高，超过全国6个百分点。

（4）未定职称占专任教师比例

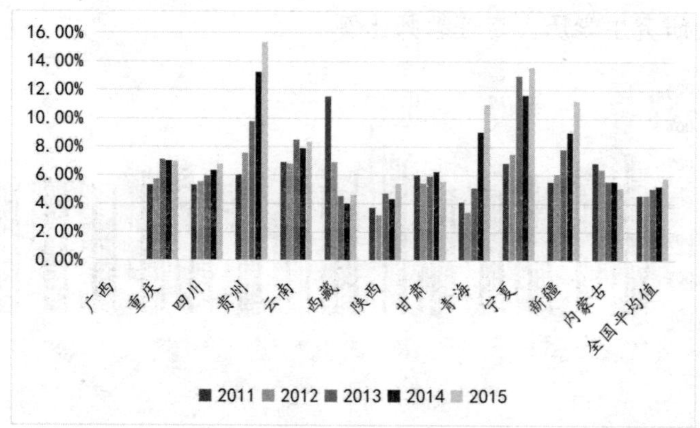

图5-38　2011—2015年全国与西部地区高校教师未定职称占专任教师比例情况(%)

2011—2015年西部地区未定职称占专任教师比例显示，四川省、重庆市、贵州省、云南省、甘肃省、宁夏回族自治区、新疆维吾尔自治区、内蒙古自治区5年来均高于全国占比，2015年青海省最高，超过全国近10个百分点。

4.学历情况

(1) 本科学历占专任教师比例

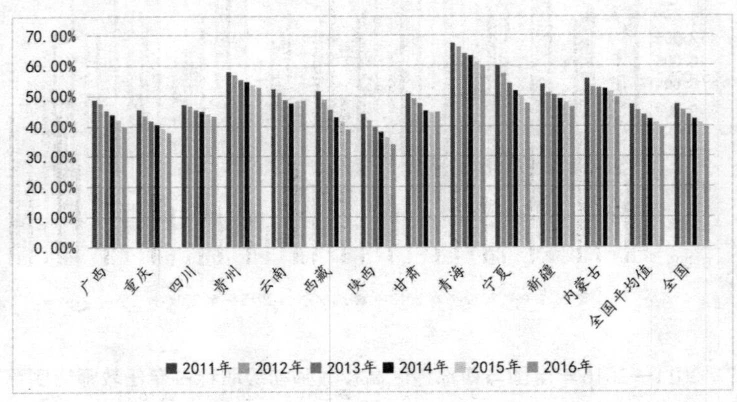

图5-39 2011—2016年全国与西部地区高校教师本科学历占专任教师比例情况(%)

西部地区本科学历占专任教师的比例都呈下降趋势，这与高校高层次人才招聘制度密切相关，数据显示，贵州省、云南省、甘肃省、青海省、宁夏回族自治区、新疆维吾尔自治区、内蒙古自治区5年持续高于全国占比。2016年高出全国占比的有广西壮族自治区、四川省、贵州省、云南省、西藏自治区、甘肃省、青海省、宁夏回族自治区、新疆维吾尔自治区和内蒙古自治区，最高的青海省高出全国20个百分点。

(2) 硕士研究生学历占专任教师比例

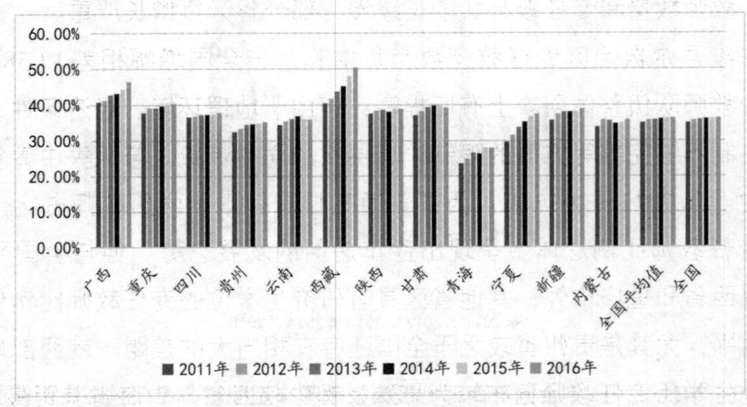

图5-40 2011—2016年全国与西部地区高校教师硕士研究生学历占专任教师比例情况(%)

2011—2016年西部地区教师硕士学历占专任教师比例数据显示，除内蒙古自治区外，其他各省区均呈现出缓慢递增的态势，除青海省5年持续低于全国平均水平外，其他省区均超过或者接近全国占比。

（3）博士研究生学历占专任教师比例

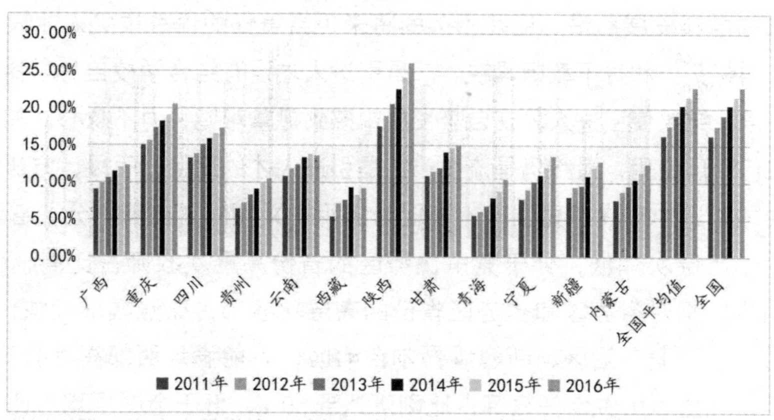

图5-41 2011—2016年全国与西部地区高校教师博士研究生学历占专任教师比例情况(%)

根据数据显示，2011—2016年西部高校教师博士学位（历）人数呈现出逐年递增趋势，但增长速度缓慢，与全国平均水平相比，除四川和陕西两省外，云南省、贵州省、广西壮族自治区等高校教师博士研究生学历均占比低于全国平均水平，尤其是西藏自治区、宁夏回族自治区的高校教师博士研究生学历与全国平均水平相差甚大。

5.结论

（1）教师数量和专任教师数增长缓慢，部分省区负增长严重。

新疆维吾尔自治区专任教师数为负增长，与全国增幅相差13.58个百分点。西部高校教师队伍整体层次上有所提高，但由于地理环境、经济条件、人才选拔与引进机制不够完善等方面的限制，高层次的学科带头人与优秀中青年骨干教师引进不力。从2011—2015年，西部普通高校具有本科学历教师占比大，研究生学历的专任教师比例总体上呈现出逐年递增的发展态势。但与全国平均水平相比，除陕西省和重庆市外，其他省区具有研究生学位的专任教师比例仍然低于全国平均水平，尤其是贵州省较之于全国还存在相当大的差距。就西部地区内部而言，研究生学历专任教师分布较为悬殊，其中陕西省与青海省差距最大，在5年中陕西省的高校教师研究生学历占专任教师比例高出青海省130.48个百分点。

究其原因主要为：一是高层次人才引进不力。由于西部高校重点学科建设和拔尖人才的培养培训机制还不够完善，各教学单位各自为政，不能很好地发挥现有的培养能力，也没有实现资源共享和合作，造成了西部高校学科带头人后备力量明显不足的现象，有的学科专业已经出现学术上的断层。中青年教师中能够密切追踪国内学科发展前沿、能在不久的将来担当重任的优秀拔尖人才缺乏，相对年轻的学科带头人和骨干教师紧缺。二是引进人才没有结合学校自身学科发展或专业建设要求，结果使引进人才在自身发展中感到孤掌难鸣，力不从心，加上引进后不懂得如何管理使用，最终仍是流失；三是引进人才的途径、手段、方法欠妥，一些高校人才引进中存在明显误区，表现为实用主义倾向，良莠不分，盲目推崇。

（2）学历层次偏低，处于竞争优势区的省份高层次教师占比高，例如陕西省、四川省；相对劣势区和劣势区省份的高层次教师占比涨幅增长快但基数小，例如青海省、西藏自治区、新疆维吾尔自治区，不能满足西部高等教育的需求，西部地区研究生学历占专任教师占比刚刚达到50%，低于全国平均占比，更低于北京市、天津市、上海市、江苏省等发达省市；博士研究生占专任教师比例还在10%上下浮动，不及全国平均值的一半。出现这种现象主要有以下几方面的原因：其一，近几年来，一些高校在布局结构的调整过程中，合并了一些专科、中专院校，这些学校教师的整体水平与本科院校原有的教师队伍水平存在一定差距，从而降低了学校教师队伍的整体水平。其二，因为专任教师数量不够，在职教师特别是有些院系的中青年教师，教学任务繁重，很少有时间和机会进行学历提升的继续教育。其三，新升格院校教师学历不达标，目前高校普遍的要求是博士毕业，中青年教师考博后，也面临着档案迁转的问题，而这些年龄段的教师大多已经结婚成家，家庭生活压力大，成了教师提高学历的两难选择。

（3）生师比偏高，师资结构不合理。西部地区中，重庆市、陕西省、贵州省、甘肃省生师比均高于全国生师比值。西部地区高校数量少，教育经费投入有限，客观上制约着西部地区高校高层次人才的数量和质量。十多年来的高校扩招推动了地区经济和社会的发展，也为高等教育大众化的实现奠定了基础，另一方面却导致了学生数量激增、教师数量和质量跟不上、高等院校生师比普遍偏高等问题的出现，长期以来存在着外聘研究生代课的现象，代课人员良莠不齐，严重影响了教学质量。西部地区近十年来生师比虽然提高了，但是与西部高校发展的速度并不协调。此外，大部分高校教师的补充来源比较单一，学缘结构不合理，近亲繁殖严重，导致学术思想僵化，科研能力得不到提高。高级职称教师流动性大，西部地区流失尤为严重，流失教师多为25～45岁之间的青年教师，一些冷门专业和热门专业的教师流失也特别多，这就导致部分年龄段的师资、部分专业的师资缺乏，甚至出现了断层。

五、政策建议

西部地区是我国社会经济发展水平最低的地区，也是我国教育发展最为落后的地区，其中高等教育的发展尤为落后，应得到高度重视和优先发展。国家要继续实施政策倾斜，公共教育资源继续向西部地区倾斜，加大支持力度，更加注重差别化支持措施，把中西部高等教育振兴计划、中西部高校基础能力建设工程、中西部高校综合实力提升工作、千名中西部大学校长海外研修计划等重大计划、项目对西部高校的支持落到实处，以更大的决心、更强的力度、更加有效的举措，推动西部高等教育内涵式发展，力争到2020年使西部高等教育总体水平接近全国平均水平，为西部大开发战略的实施做出新的更大贡献，为西部地区与全国同步进入小康社会奠定坚实基础。

（一）努力提高西部高等教育普及水平

国家继续实施中西部高等教育振兴计划、面向贫困地区定向招生专项计划和支援中西部地区招生协作计划，扩大西部学生公平接受优质高等教育的机会。

新增招生计划向西部高等教育资源短缺地区倾斜。继续实施“支援中西部地区招生协作计划”，将招生计划增量和对东部高校调整出的生源存量计划投向西部高等教育升学压力较大的地区。适度降低东部地区中央部门高校属地计划比例，继续将学校从属地调出计划及学校计划增量投向西部优质高等教育资源相对较少的地区，逐步缩小东中西部地区招生录取率的差距。对西部地区学科专业特色优势明显的地方高校，在研究生招生计划特别是博士生招生计划安排上予以倾斜支持。

继续实施专项招生计划，扩大西部地区适龄人口接受高等教育的比例。贫困地区主要集中在西部，继续实施面向贫困地区定向招生专项计划，“十三五”期间，每年在全国招生计划中专门安排1.5万名左右以本科一批招生为主的指标，面向集中连片特困地区参加全国统考的考生，实行定向招生。适度扩大少数民族高层次骨干人才计划，在研究生招生计划中单列。适度扩大少数民族预科班、民族班、高校招收内地西藏班、内地新疆高中班毕业生以及“非西藏生源定向西藏就业”等专项招生计划，加快培养少数民族地区急需人才。

加大西部地方高校家庭经济困难学生资助力度，解决后顾之忧。国家奖助学金名额和资金向西部地方高校倾斜。生源地信用助学贷款风险补偿金和国家助学贷款奖补资金向西部地区倾斜。继续实施学费补偿和国家助学贷款代偿办法，引导和鼓励高校毕业生到西部地区和艰苦边远地区基层单位就业。

（二）适度扩大西部高等教育发展规模

教育部在高等学校设置工作中，对西部地区实行单列审批。

深入推进省部共建西部地方高校。扩大省部共建范围，鼓励有关部门，行业与地方共建行业划转院校。统筹政策、资金等多方资源，推动共建高校深化体制机制改革，提升办学水平，增强为西部地区和行业产业发展服务的能力。

加强西部博士、硕士学位授予单位建设。扩大西部高校硕士、博士研究生招生规模，加强对中西部高校“服务国家特殊需求博士人才培养项目”和“服务国家特殊需求硕士人才培养项目”试点工作的指导。支持西部高校积极发展专业学位研究生教育。

大力推进西部高校与科研机构、其他高等学校联合培养研究生工作，着重提高学术学位研究生综合素质和创新能力。支持西部高校开展专业学位研究生教育综合改革试点工作，强化专业学位研究生培养与行业、企业的结合。

对西部高等院校布局结构进行调整，使其满足西部地区经济社会发展对于人才的需求。国家应增加西部地区“双一流”高校和学科的数量，并给予重点建设。

（三）加大对西部高校教育经费的投入

西部地区高等教育发展的主要困难是经费短缺，因此加大对西部地区高等教育经费的投入是加快西部地区高等教育发展的关键。

加大对西部高等教育经费的投入，确保高校基本的办学条件达标。虽然西部各省区均为经济欠发达地区，政府财政收入有限，但应进一步优化财政支持的比例，树立科学发展观，将教育的投入作为开发人力资源、确保可持续发展的主要因素予以保证。由于西部地区人民群众的收入普遍较低，因此当前靠提高学费标准、以收费为主解决高校经费不足的做法不宜采用。中央政府和西部地区地方政府应设立专项经费，予以保障。国家可考虑在西部地区再选择若干条件较好的高等学校，增加经费投入，重点扶持，使这些高校发挥辐射和带动作用，同时提高这些高校为地方社会经济发展服务的能力。

确保西部高校生均拨款最低标准。国家应根据高等教育的培养成本，制定具有指导性的高等学校生均拨款最低标准，确保西部各省区的拨款达到最低标准，从而缩小西部各省区与全国在拨款方面的差距。

（四）努力改善西部高等学校办学条件

继续实施西部高校基础能力建设工程。重点支持学科专业与区域发展需求、地方产业结构高度契合，对地方经济社会发展具有重要支撑作用的西部综合性大学，以及学科优势特色突出，在专业领域具有较大影响的其他类型本科高校。以“填平补齐”为原则，加强基础教学实验室、专业教学实验室、综合实验训练中心、图书馆等基础办学设施和信息化建设，建设教学实验用房和配置必要设备，提高学校本科教学的实验基础能力。

加大对西部高校自然科学、哲学社会科学研究项目支持力度，重点支持西部高校服务区域发展的基础研究和特色研究项目，继续实施西部和边疆地区项目以及新疆、西藏项目，逐步扩大中西部高校受益范围。

（五）大力加强西部高校教师队伍建设

根据西部经济建设对人才的特殊需求，应进一步提高西部高校教师的工资待遇，缩小西部和中东部地区的工资差距，充分体现待遇留人，保证西部人才的稳定。针对西部高校所在地区软硬环境差，地区经济薄弱，无力出台强有力的政策的现状，以及西部许多大学享受不到地方出台的优惠待遇等特殊情况，国家应通过财政补贴、转移支付、减免个人所得税等方式，保证西部地区高等学校教师的工资待遇要明显高于东部地区，特别是对学术带头人、有突出成绩的学科带头人，其工资待遇应远远高于东部地区，从而留住这些学科带头人，吸引高水平人才在西部地区建功立业。

全面提高高等学校教师质量，建设一支高素质创新型的教师队伍。推动高校普遍建立教师教学发展中心，重点支持建设一批国家级教师教学发展示范中心，有计划地开展教师培训、教学咨询等，着力提高教师专业能力。加强院系教研室、高校与企事业单位等学习共同体建设，共同开展教学研讨活动。健全老中青教师传帮带机制，实行新开课、开新课等试讲制度，完善助教、助研、助管等助教制度，提升中青年教师专业水平和教学能力。完善教师分类管理和分类评价办法，明确不同类型教师的岗位职责和任职条件，制定聘用、考核、晋升、奖惩办法。改革薪酬分配办法，探索建立以教学工作量和教学效果为导向，倾斜教学一线教师的分配政策与办法，鼓励高校聘用具有实践经验的专业技术人员担任专兼职教师，支持教师获得校外工作或研究经历。全面开展高等学校教师教学能力提升培训，重点面向新入职教师和青年教师，为高等学校培养人才、培育生力军。重视各级各类学校辅导员专业发展。依托"一带一路"高校战略联盟平台和人文交流机制，推进高校与"一带一路"沿线国家的科技教育合作交流，支持孔子学院教师、援外教师成长发展，推进国内外教师双向交流。

服务创新型国家和人才强国建设、世界一流大学和一流学科建设，加大"飞天学者和创新团队计划""中青年骨干教师扶持计划""教学名师培育计划"等省级人才项目实施力度，实施好千人计划、万人计划、长江学者奖励计划等重大人才项目，着力打造创新团队，培养引进一批具有国际影响力的学科领军人才和青年学术英才。依托人文社会科学重点研究基地等，实施高校新型智库建设计划，重点建设高水平智库，汇聚培养一大批哲学社会科学名家名师，提高高校科学研究能力和决策服务水平。高等学校高层次人才遴选和培育中要突出教书育人，让科学家同时成为教育家。

深化高等学校教师人事制度改革。西部各省教育厅会同省编办、财政厅等相关部门制定高校人员总量核定指导标准，实行高等学校人员总量管理。高校自主设置内设机构，管理人员实行职员制。严把高等学校教师选聘入口关，实行思想政治素质和业务能力双重考察。高校自主制定招聘条件和标准，自主公开招聘人才。严格教师职业准入，将新入职教师岗前培训和教育实习作为认定教育教学能力、取得高等学校教师资格的必备条件。适应人才培养结构调整需要，优化高等学校教师结构，鼓励高等学校加大聘用具有其他学校学习工作和行业企业工作经历教师的力度。政府财政支持高等学校青年教师解决住房等困难。

推动西部高等学校教师职称制度改革。西部各省制定高等学校教师职务聘任实施细则和实施办法，推行高等学校教师职务聘任制改革，建立不能胜任岗位要求教师的退出机制。教育、人力资源社会保障等部门要加强职称评聘事中事后监管。深入推进高等学校教师考核评价制度改革，突出教育教学业绩和师德考核，将教授为本科生上课作为基本制度。规范高层次人才合理有序流动，采取超常措施吸引优秀人才从教，稳定人才队伍，减少人才流失。

推进高等学校教师薪酬制度改革。建立体现以增加知识价值为导向的收入分配机制，扩大高等学校收入分配自主权，高等学校在核定的绩效工资总量内可采取年薪制、协议工资、项目工资等灵活多样的分配形式和分配办法。允许高校教师从事多点教学获得合法收入。高等学校教师依法取得的科技成果转化奖励收入，不纳入本单位工资总额基数。完善适应高等学校教学岗位特点的内部激励机制，把教学业绩和成果作为教师职称晋升、收入分配的重要依据，适当提高专职从事教学人员的基础性绩效工资在绩效工资中的比重，对在教学理论研究、教学方法探索、优质教学资源开发、教学手段创新等方面做出贡献者，在绩效工资分配中给予倾斜，加大对教学型名师的岗位激励力度。

（六）多种形式开展高校对口支援

鼓励高水平大学尤其是东部高校扩大对西部高校的对口支援范围。深化团队式支援，鼓励多所高校联合支援一所或几所西部高校。支援高校要制订相应计划，通过多种方式帮助受援高校培养、培训在职教师，着力提升受援高校教师的教学科研水平。支援高校可向相关部门申请定向培养博士、硕士研究生单列招生指标，用于受援高校现有师资队伍的培养。国家公派出国留学继续采取倾斜政策，使西部高校教师有更多的出国进修学习培训机会。鼓励支援高校与受援高校有计划、有重点地开展联合培养研究生和本科生工作，建设相应学科专业学位点科研基地。支援高校积极参与受援高校的科研合作，努力提供人力、物力和技术支持，不断提升受援高校服务经济社会发展的能力和水平。积极鼓励支援高校与受援高校联合申报各层次科研项目，合作开展研究。

教育部组织开展高校对口支援的指导工作和效果的评估。

（执笔人：李丽娟　周　晔　张海燕　康廷虎　赵　宁
徐好好　武天宏　马　兰　张生花　陈　宏）

第六章　西部高校人才流失原因分析及对策建议

——以兰州大学为例

一、研究背景与意义

从全世界来看，哪个地方是经济发展中心，往往也是教育的中心、科技的中心，人才也会相应地汇聚。从市场配置资源的角度来讲，人往高处走，往更有利于实现自我价值的地方走，同时为社会创造更高的价值，是人力资源的合理配置。高校人才的合理流动，有利于盘活现有人才存量，带动思想、研究、资源和成果的交流，切断学术近亲繁殖的非正常发展路径。同时，相同领域的优秀人才汇聚在一个学科平台，能够形成强大的学术梯队，有利于增强学科的国际竞争力，促进学术创新和发展繁荣，从而促进世界一流大学和一流学科整体建设。

高等教育在国家或区域发展中具有不可替代的作用，高校是区域经济和社会发展的动力源，是多元文化交流的平台。因此，高校的发展不仅是教育问题，更是政治、经济和社会问题。高校人才流动要符合国家的发展战略，要有利于高等学校履行社会的公共职能、引领时代发展的责任担当。因此，从国家层面和高校长远发展来看，高校人才流动必须合理有序，形成政府、市场以及人才自身三个层面的有效联动机制，避免“挖墙脚式”“抽血式”的恶性竞争流动。高校之间挖来挖去的人才竞争方式只是存量的再分配，导致人才争夺双发产生了无效的“交易成本”，必然出现“负和博弈”。对于人才引进学校而言，过度重视引进人才，忽视对本校教师队伍的培养，会打击本校教师积极性，对学生和年轻学者产生恶劣影响，出现功利化、物质化、短期化的倾向，身份认同也会从“志愿军”

向“雇佣军”转变。这种急功近利的做法，会扰乱正常的高校环境，也会影响整个校园的学术氛围，科研人员浮躁了，学术氛围也会跟着浮躁。同时，人才到了另外一个单位，不一定有相应的学术环境和发展平台，更造成了科研经费和国家资源的严重浪费，不利于科研的长远发展。对于人才流失的高校而言，原本积淀深厚、梯队合理、特别鲜明的学科，因学科带头人或学术骨干被挖，学科发展势头严重受挫。如此，造成高校发展的“马太效应”，强的越强，弱的越弱。

从现实情况来看，西部与东部相比较，人才本身就非常匮乏。据统计，截至2016年2月，西部各省区拥有中国工程院院士共60人，仅占全国总数（507人）的11.8%，且“孔雀东南飞”现象日趋明显，教育资源的不均衡，将进一步扩大中西部地区之间的贫富差距，不利于地区间经济、文化的协调发展，不利于“一带一路”战略的实施。另外，在短期内无法缩小地区经济发展差异、无法迅速提升中西部高校人才吸引力的情况下，一些高校被挖得伤筋动骨，甚至出现学科人才断层的情况，一些科研经费和项目也因为科研带头人的离开而处于停滞状态。我国中西部地区高校同时面临着高端人才匮乏和流失的双重窘境，高等学校之间非但未能实现错位发展，反而形成了东部与西部、重点大学与非重点大学发展的两极分化，高等教育生态不断恶化。在实现全面小康、推进西部大开发和“一带一路”建设的今天和未来，高等教育的发展更具重要战略意义。然而，东部及经济发达城市频频在西部高校成功“挖人”，西部高校的高层次人才流失问题不容小觑。从甘肃省的情况来看，大量高层次人才外流，而能够引进的多是尚需孵化和培养的、职称较低的人才，具体见表6–1。

表6–1　2013—2017年甘肃省内高校人才引进、流失情况调研统计表

人才引进情况	年度	调动						公开招聘						合计
		职称结构			学历结构			职称结构			学历结构			
		正高	副高	中级及以下	博士	硕士	本科及以下	正高	副高	中级及以下	博士研究生	硕士研究生	大学本科	
	2013年	23	31	17	30	23	18	—	—	950	166	588	196	1021
	2014年	8	31	7	17	13	16	—	—	579	80	381	118	625

续表

	年度	调动						公开招聘						合计
		职称结构			学历结构			职称结构			学历结构			
		正高	副高	中级及以下	博士	硕士	本科及以下	正高	副高	中级及以下	博士研究生	硕士研究生	大学本科	
人才引进情况	2015年	7	36	17	20	19	21	—	—	569	96	359	114	629
	2016年	15	36	23	31	21	22	—	—	407	109	224	74	481
	2017年	18	15	6	18	13	8	—	—	170	13	119	38	209
	合计	71	149	70	116	89	85	—	—	2675	464	1671	540	2965
	年度	调动						公开招聘						合计
		职称结构			学历结构			职称结构			学历结构			
		正高	副高	中级及以下	博士	硕士	本科及以下	正高	副高	中级及以下	博士研究生	硕士研究生	大学本科	
人才流失情况	2013年	11	22	19	30	13	9	—	—	—	—	—	—	52
	2014年	7	23	18	24	13	11	—	—	—	—	—	—	48
	2015年	8	12	19	19	13	7	—	—	—	—	—	—	39
	2016年	12	17	15	28	11	5	—	—	—	—	—	—	44
	2017年	5	6	6	11	3	3	—	—	—	—	—	—	17
	合计	43	80	77	112	53	35	—	—	—	—	—	—	200

注：数据统计时间截至2017年6月30日，人才引进为省属各高校从系统外调入（含兰州大学、西北民族大学）和公开招聘人员，人才流失为各高校调出本系统人员。

地处西北的兰州大学，是中国西北近300万平方公里的土地上第一所面向全国的现代综合性大学。兰州大学科研工作者长期扎根西部、奉献西部，过去为国家区域发展和安定做出了独特贡献：

——兰州大学生命科学学院杜国祯教授长期致力于甘南草原植被恢复研究，上千万亩黑土滩、退化草地在他的技术指导下得以恢复，产草量成倍提高，被称为守护草原的“牧民教授”。

——从20世纪80年代开始，一代代兰大人成为敦煌文物保护的中流砥柱。来自环境、工程地质、化学等不同专业的兰大人组成文物保护队伍，在艰苦的环境下长期致力于保护上千年的珍贵壁画，功不可没。

——兰州大学是我国最早设立核专业的两个高校之一，为我国核事业的发展和“两弹一星”工程做出了特殊贡献，培养了大批优秀人才，目前许多涉核单位科研骨干都毕业于兰州大学。

——恢复高考40余年来，兰州大学本科教育培养出的院士的数量居全国高校第6位。1994—2017年国家“杰青”获得者本科毕业院校统计结果表明，兰州大学排名全国第8。

……

“在过去10年，兰州大学流失的高水平人才完全可以再办一所同样水平的大学!”甘肃人大代表王利民教授如是说。兰州大学的这一典型性特征，成为研究西部高校人才流失的极好样本。

二、研究目的及内容

本研究以兰州大学为例，通过文献资料分析、访谈等研究方法和范式，开展历史追溯式调查，研究了解西部地区高校人才流失的现状，深入了解流失的深层次原因，并提出相应的政策建议。具体研究问题如下：

其一，以兰州大学为例，调查研究西部地区高校人才流失的现状是什么?

其二，以兰州大学为例，深入了解人才流失原因是什么?东部高校“挖人”的主要做法是什么?

其三，通过案例分析，阻断西部高校人才流失的政策策略有哪些?

三、西部高校人才流失发展现状

新中国成立后不久，面对东西部地区不平衡的经济结构，国家主张加速发展西部等不发达地区，缩小地区差距。这一战略推动了经济建设从东部沿海向西部内陆的转移，在一定程度上提高了西部的经济实力，缩小了地区之间的经济差距。与这一战略相呼应的是人才流动。1953—1978年，国家有计划地组织了大量的专业人才和普通劳动力内迁，如“一五”期间发动沿海和内地数十万青年“支边”，20世纪60年代中期迁移数十万职工参加“三线”建设。这种“人才西进”政策为祖国西部提供了大批紧缺人才。以新疆维吾尔自治区为例，据统计，在1950—1980年的30年中，从全国进入新疆的各类人才达313.3万人，其中向新疆选派汉族干部19.88万人，技术人员12.07万人，大专毕业生2.42万人。与此同时，还有约25万中国人民解放军集体转业组建了生产建设兵团。西藏自治区、甘肃省、青海省等许多西部地区也均享受了不同程度的“人才支持”政策。没有这些数量可观、相对稳定、素质较高的大批人才在西部地区的奉献，西部经济建设也不可能有今天的成就。

改革开放以来，国家以“效率优先，兼顾公平”为指导原则，承认地区之间发展的不平衡性。东部地区固有的地理区位优势、历史的商业基础优势和改革开放政策倾斜，使东部和沿海地区的经济发展水平有了很大的提高，东部沿海地区经济崛起。经济发展产生虹吸效应，技术、人才等各种资源迅速从西部向东部地区聚集，导致东西部发展的失衡。

这一历史发展脉络在兰州大学的人才流动上表现得极为明显。兰州大学创建于1909年，始为“甘肃法政学堂”，开启了西北高等教育的先河；1928年扩建为“兰州中山大学”，1946年在原基础上成立“国立兰州大学”。民国时期的兰州大学，无论在规模还是名望上，都无法和中东部地区的大学比肩，人才匮乏。但是新中国成立前，兰州大学通过校领导地不懈努力积累了招揽人才的重要经验。

辛树帜作为国立兰州大学首任校长，他以“揽天下英才而用之”的博大胸怀，以高度的事业心和责任感开展人才队伍建设的做法，值得我们借鉴。为了给兰州大学聘请师资，辛树帜校长在就职之前，就先到京、沪、穗等地延揽人才。他还利用自身交友广、名望高等优势，尽最大努力聘请许多名教授到兰大任教。一批又一批专家教授及留学归国的年轻学者，也受他的人品、学品和才识所吸引，来校从教。从1947年7月到1949年下半年的3年时间，在兰州大学任教任职的著名教授、专家有董爽秋、程宇启、陈时伟、段子美、乔树民、盛彤笙、水天同、顾颉刚、沐元中、左宗杞、杨浪明、王德基、张德粹、张怀朴、闻人乾、张舜徽、史念海、杨英福、唐家琛、李德麟等。当时兰州大学流传着这样的歌谣：“辛校长办学有三宝，图书、仪器、顾颉老（指以顾颉刚为首的一批名教授）。”

案例：辛树帜请大师

辛树帜请大师的故事堪称中国教育史上的一段佳话。著名历史学家顾颉刚开始不愿来兰州大学教书，但他每个月都能收到辛树帜寄来的诚信和一级教授的薪资，辛树帜整整寄了两年，这种真诚与热情最终让他来到了兰大。顾颉刚先生写的《昆仑堂碑记》里总结到，正是这种不可为而为之的精神，成为兰州大学最宝贵的财富。兰大精神一代一代传下去，成就了兰大的力量。不能想象没有兰大的西北，更不能想象不在西北扎根的兰大。

然而，由于当时兰州尚未通火车，生活条件差，延揽人才难度大。很多学者考虑实际困难不愿前往，辛校长就采取聘请短期讲学、客座讲授等办法，先后请石声汉以及中央大学、上海第一医学院等院校的专家教授到兰州大学讲学。同时，利用夏季兰州不太炎热，是一个天然避暑胜地的有利条件，在暑假期间礼聘全国各地的名师到兰州大学集中讲学。

在1949年新中国成立以后，处于版图腹心的兰州成为重要的重工业基地，是国家重点建设的城市。在“一五”计划中，苏联援建的156个项目中，有7个在兰州。兰州大学也迎来了发展的机遇，兰州大学成为14所教育部直属综合性大学之一，并在1960年成为当时为数不多的“全国重点综合性大学”，在西北地区是唯一的一所。兰州石油化工厂、兰州炼油厂被称为“共和国石化长子”的大项目上马，急需石化领域的人才，兰大化学系因此得以成为国家重点建设的学科。为支援兰大建设，当时的高教部还把复旦大学有机化学专业并入了兰州大学，并且从东部地区的复旦、南大等高校调来一批教师和研究生，又从北大分配来一批研究生，使得兰大化学系的师资力量瞬间变强。中国自由基化学奠基人刘有成在1954年从美国芝加哥大学回到祖国后，也被动员到了兰州大学。当年，像刘有成这样学成回国的海归人才，被中央政府分配到兰州大学工作的还有很多。他们后来大多成为兰州大学各学科的顶梁柱与国内学界的大腕。

此时，大学经费主要是按教师人头划拨，高校之间并没有太大的贫富差距，唯一体现差别的就是教师工资，西部地区大学教师的工资大概比东部地区的高三分之一，多十几块钱。这在当时对于来兰州大学工作的人才能够留下来安心工作起了巨大作用。

但在20世纪80年代，这项工资差别政策取消，西部高校对人才的吸引力也消失殆尽，人才开始向沿海、东部高校及其他单位流动。1984—1985年间兰大老师减少了255人，教师数量跌入谷底。20世纪90年代初，学校很多教师再度成批流向东部地区，教师数量从1991年的1 321人降至1994年的1 102人。一些原本在国内有明显优势的学科，由于学术带头人流失，后继乏人，到了难以为继的地步。期间，最有影响的是在兰大工作了39年的刘有成院士的离开，他离开时还带走了一名老师与他的研究生，同时也带走了他的资源。与此同时，地方办大学兴起，一些经济发达地区的新兴高校挖走了兰大的很多老师。如1995年成立的青岛大学，其中文系几乎是完全依靠兰大的师资而建的。1999年“985工程”大学实施省部共建政策，东西部地区在经济上对大学支持力度的差距越来越大，兰大教师向沿海发达地区院校的流动也越加频密。

到了21世纪，由于兰大骨干教师已出走殆尽，人才流失由“塌方式”变成细水长流。从2000年到2004年，兰大共流失副高职称以上人员近40名，其中有相当一部分是学科带头人。随后，为缓解学校的人才流失，兰大校方在人才队伍建设上开始发力，兰大自2004年投入6 000万元启动“萃英人才建设计划”，每年至少投入两三千万元的资金用于人才引进和人才队伍建设，主要用作安家费和科研启动费。2011年后，该计划依托“千人计划”“青年千人计划”等国家重点人才工程，对引进的人才及青年教师在津贴、科研经费等方面给予资金鼓励和相应的待遇，先后引进了200多名人才，包括从国外回来的生命科学学院院长黎家、大气科学学院院长黄建平等多名学科领军人物。

近几年教育部推进建设“世界一流大学和一流学科”工作，全国高校都在加紧争创“双一流”。依托当地政府大力支持与区位优势，东部高校展开了对高层次人才的新一轮竞争，在这种形势下，兰大的压力再度增大。

四、西部高校人才流失存在的问题及原因

我国是世界上人口最多、劳动力资源最丰富的国家，但也是个“人才小国”，高层次人才不足，不能适应社会经济发展的需要。而且，由于区域经济发展极不平衡，有限的人才也从经济欠发达地区向东部沿海发达地区集中。因此，全国高校人才总量的不足也是西部高校人才流失的一个客观因素。今后较长一段时间内，西部高校仍会继续面临人才流失和短缺的困扰。

（一）投入不足是造成西部人才流失的主要原因

根据兰大人事处的招聘广告，“青年千人计划”入选者来兰大，将获得50万元一次性补助及不低于40万元的年薪；不小于130平方米的人才周转公寓，享受50万元住房补贴、安家费；在国家提供的科研启动经费基础上，还有200万～

300万元配套经费。“青年千人”计划的资助是按照国家标准定的，目前已经是学校能提供给青年教师的最好待遇。值得注意的是，对于那些拥有较好发展潜力但尚未评上“杰青”“长江”的骨干人才，学校目前缺少针对性的资助。而这部分人是学校发展的希望所在，也是最容易流失的。

40万年薪看起来不低，但与财大气粗的东部高校一比就相形见绌了。据媒体报道，佛山科技学院是一所广东省教育厅主管的二本院校，但它对“青千”的待遇之高令人吃惊：除了能享受中央财政资助个人补贴100万元、广东省资助科研补贴100万元和50万元个人补贴外，学校还将按照“人才特区”二级特聘教授的待遇，提供最高150万元年薪及20万元安家费，此外还有最高250万元的购房补贴和120平方米的周转房，5年合计超过1150万元薪金。(可按照国家标准?)

兰州大学在人才建设的投入不足受制于兰大经费总量的限制。近年来，兰大经费总量一直在20亿元左右，在全国所有“985工程”高校中排在末位。在2018年4月份75所教育部直属高校公布的2018年部门预算中，兰州大学又是39所985高校中排名靠后的。

兰州大学的收入来源主要有国家拨款、科研经费、学费、校友捐赠及产业收入。其中，国家拨款又分为基本经费与项目经费两大部分，前者按学生规模划拨，标准与其他985高校一样，但由于兰大招生规模较小，这一项的总额也不算多。另外，兰州大学收入主要依靠中央财政拨款，地方财政支持力度不大。中央财政拨款占总收入比例一直在60%以上，而教育部直属高校平均为48%。2001年，兰州大学成为国家“985工程”重点支持建设高水平大学的高校。根据省部共建的政策，教育部与地方通常按1∶1的比例划拨配套建设经费，但在甘肃省，这一比例被调整为1∶0.5，而且由于地方政府财政困难，实际上相当一部分配套资金一直没有落实。已出台的政策由于种种原因，也是不能落实到位。此外，如甘肃省委省政府“1+7”的人才引进政策，被称为“黄金30条”的《甘肃省支持科技创新若干政策措施》中有关人才的政策落实不够到位，大大制约了高校人才引进培养；如高校用人自主权落实不到位，加剧了引人难、留人难问题，严重制约了人才队伍的建设与培养。

就科研经费而言，2018年5月，据教育部科学技术司正式发布的《2017年高等学校科技统计资料汇编》显示，兰州大学是全国39所985高校中获取科技经费最少的大学，仅为3.79亿元，而第一名的清华大学的科技经费占到了51.68亿元，是兰州大学的13.6倍多。

真正拉大差距的是项目经费，这一部分算法复杂，要根据学校的科研成果、实验室面积和设备、去年获奖情况等来计算，而在这些指标上兰州大学都不占优势。同时，在科研经费中，除了国家直接下拨的经费之外，兰州大学在竞争性项目上的经费也少得可怜，更不用提从企业获得的研究经费。至于产业，兰州大学主要靠一些房租收入，与那些拥有众多知名校办企业的东部高校根本无法相提并论。

在校友捐款这一方面，兰州大学所获资助与其他985高校相比也是相形见绌。中国人民大学80周年校庆时，京东集团董事局主席兼首席执行官刘强东捐款3亿元，高瓴资本创始人兼首席执行官张磊捐款3亿元。北京大学120周年校庆时，百度创始人兼首席执行官李彦宏夫妇向母校捐款6.6亿元。这些都还是部分大额捐款，而兰州大学从2015年6月至今最高的一笔校友捐款是校友张劲松的1 000万元捐赠。

（二）优势学科、特色学科和国家重点支持的研究基地事业平台是吸引人才的关键

卓越的学术平台，包括良好的学术氛围、强大的学术团队、良好的人才梯队、高质量的学生、灵敏的学术信息、有影响力的学术成果是吸引人才的关键。兰州大学近年来以引进大师为主导，新引进的学术骨干以及目前校内最高层次的学科带头人和学术团队，大多集聚在学校的优势学科、特色学科和国家重点支持的研究基地上。潘建伟教授是来到兰大的“长江学者”之一。他带领自己的科研团队，全职来到兰州大学。潘建伟指出，兰大吸引他的是专业优势和学术氛围：“兰大在我读大学的时候（20世纪80年代末90年代初）是很有名的，尤其是植物细胞生物学，刚好是我现在做的方向。虽然后面有滑坡，但兰大老底子是很好的。”来到兰大，潘建伟做好了扎根西北的打算。在南方生活多年的他一时还不习惯西北的气候，“这里有点干了，我和我的学生嘴巴都裂开了，但对我们来讲，这些都能克服，我们整天做科研，也顾不上。”

2018年，“千人计划”特聘专家侯小琳教授与兰州大学签约，在兰州大学组织搭建核燃料循环与材料方向的特色研究平台，努力在核燃料以及乏燃料后处理方面能够做出更大的贡献。加强与国际知名大学和研究机构的合作，推动联合培养研究生等合作机制建立，进一步推动核燃料循环与材料学科发展，使其成为国

内一流、国际具有一定影响力的特色学科方向，助力兰州大学“双一流”建设。此外，兰州大学与中国科学院院士李灿签订“双聘院士”聘任协议，聘任中国科学院院士、中国科学院理论物理研究所张肇西研究员为兰州大学兼聘院士，聘任姚檀栋院士为兰州大学双聘院士，并担任泛第三极生态环境与气候变化前沿科学中心学术主任。这种“带头人+团队”的高层次队伍建设模式在兰大自然地理学科的发展上也得到了充分体现。在中国科学院院士李吉均的指导下，以陈发虎教授为学科带头人的自然地理学科先后有“千人计划”特聘教授贺缠生、张廷军加盟，引进的孙东怀、赵艳先后获得国家杰出青年基金，13位青年骨干入选教育部新世纪优秀人才支持计划。

显然，上述人才引进大多都是学校的优势学科和科研平台，是人才高地、平台高地、成果高地。这也愈来愈清晰地说明，在西部地区凝聚人才，一方面要靠待遇，但更重要的还是要靠事业和平台。“对于我们科研人员来说，哪里的研究平台好，就去哪里，其他是次要的。”寒旱所研究员杨保认为，“手里有优秀的研究项目，人家来挖也不会走；但若是研究项目平庸，就很难说了。”“如果没有重离子项目的吸引，肯定留不下现在这些人。”近物所所长肖国青说：“说的现实一点，事业和项目留人还是最有效的。”留德博士后杜广华是微束领域的紧缺人才，面对全国多家科研院所的邀请，他把近物所当作了第一选择，“提到中国的重离子核物理，国际上第一个想到的就是兰州。依托这里的科学装置，我可以充分发挥所学所长。我在科学研究上的所得是不能用钱来衡量的。”

同时，优势科研平台也成为培养人才的孵化器。兰州大学推出了“兰州大学中外联合培养师资博士生”项目，由学校出资，为青年教师提供在职提升学历机会，通过支持青年教师到国内外的知名高校攻读博士学位，提升师资队伍的水平。送青年教师去进修、读博士、做访问学者，多层次让青年教师成长。兰大还为师资博士后提供了有竞争力的薪资，鼓励博士毕业生留校，对于特别优秀的还可破例，直接提副教授。2008年以来，兰大共选派268名教师到国外留学、304名教师在职攻读博士学位、85名教师在职攻读硕士学位。此外，兰大还为230位获得博士学位的青年教师提供了科研启动费和配套费，并充分利用国家留学基金面上项目、西部项目、青年骨干教师出国研修项目、兰州大学中外联合培养师资博士生项目等各类公派出国留学项目和校际交流关系，选派一流的青年教师到一流的大学师从一流的导师，为五年、十年后的兰大储备一批高层次的学科带头人。

2018年第三批国家“万人计划”入选人员名单，兰州大学共有8名教师入选，其中，王为教授、张浩力教授、秦勇教授、邓建明教授、熊友才教授入选“万人计划”科技创新领军人才；王乃昂教授、吴王锁教授入选“万人计划”教学名师；邱强教授入选“万人计划”青年拔尖人才。其中，王为教授和张浩力教授就来自于兰州大学的优势学科化学专业；吴王锁教授长期从事放射化学、核技术应用研究；邓建明教授、侯岁稳、向云教授和邱强教授都来自生命科学院。目前，在兰大进入ESI全球前1%的12个学科中，生科院有2个。兰大生命科学学院院长黎家是引进的“千人计划”学者之一。黎家从美国俄克拉荷马大学归国任职的8年间，依托学校的人才引进政策，又为学院从国外引进了10多位学科领军人才及学术骨干。目前，兰州大学生命科学院就有王锐一名院士，黎家、Ruth Mace和James F. Reynolds三位千人计划专家；侯岁稳、黎家、潘建伟、向云、李凤民、王锐、刘建全七名长江学者；李凤民、王锐、安黎哲和刘建全四位国家杰出青年基金获得者；邱强、邓建明和熊友才三位国家高层次人才特殊支持计划专家，形成了一个人才高地。

然而，整体来看，兰州大学的国家科技部支持的“国家重点实验室”、自然科学基金委支持的“杰出青年”“重要项目”等指标都远远落后于全国的同类大学。不要说在“985”院校中远远落后，就是在“211”大学中也只能领先于不多的几所边陲地区的“211”大学（如新疆大学、西藏大学等）。以国家博士后科学基金面上资助项目为例，在2014、2015和2016三年间，兰州大学获得资助的一等项目分别为：0个、2个和0个。相比之下，同为“985”院校的吉林大学分别有11个、19个和9个，多于兰大；就连重庆的“211”高校西南大学在这一指标上的表现也优于兰大，分别是4个、10个、5个。

国家各级各类人才项目管理混乱、重复申报、分布不均衡是影响西部人才培养和流动的重要因素。目前，国家层面的人才计划近20个，如中组部牵头实施的“千人计划”有顶尖人才项目、创新长期项目、创新短期项目、青年项目、外专项目、创业项目、文化艺术人才项目、新疆西藏项目、金融人才项目等9类；“万人计划”分为杰出人才、科技创新领军人才、科技创业领军人才、哲学社会科学领军人才、教学名师、百千万工程领军人才、青年拔尖人才等3个层次7个类别；教育部牵头实施的“长江学者奖励计划”有特聘教授、讲座教授、青年学者三个层次；基金委牵头实施有“杰青”“优青”；还有科技部启动的人才计划；等等。

由于各类人才项目分属不同部门管理，对于同一层次分属不同部门管理的人才项目往往会出现重复申报的现象。一些人才为了获得不同部门的支持，花费了大量的时间和精力用于申报各类同层次人才计划，争取更多资源。据不完全统计，2007年至2017年的近十年杰出青年基金获得者约1 930人，其中530多人同时受聘为教育部长江学者特聘教授。教育部“长江学者”青年项目共实施2批443人，其中有247人同时入选了“优青”或“万人计划”青年拔尖人才，重复资助比例高达55.8%。这些重复申报影响到了人才项目支持的覆盖面，使得西部高校教师获得上述荣誉的机会更少。

（三）区位和交通劣势是人才流失的重要影响因素

兰州市位于北纬36°03′，东经103°40′，依黄河而建，是中国陆城版图的地理几何中心。由于地处西部，与其他地区相比，地理交通区位劣势明显。沿海经济区都有发达的交通、方便的海运，具有极为方便的对外通道；中部地区，地势低平，一般有铁路、公路、河运，对外交通也较为方便，向东可与沿海协作，向西可与西部协作。而兰州与外省，国外的交通连接状况则较差，难以与外界进行充分、便捷的往来。近年来，机场、高铁建设显著改善了兰州城市交通可达性，城市交通发展不平衡性有一定程度改善；但是与北京、武汉，乃至西安的“小时经济圈”相比，交通可达性水平较低，地理环境的短板明显。因此，地域区位对人才的吸引力和竞争力远远落后于东部发达省区，造成人才外流。

如相比临近的陕西省，甘肃省的区位劣势也尤其明显。陕西省利用区域比较优势，吸引了中国科学院兰州化物所刘维民院士到西北工业大学工作；兰州大学长江学者、特聘教授秦勇已赴西安电子科技大学任职，学校为其提供院长职位、500多平方米实验场地、近1 000万的科研启动费，初步完成学术团队的组建。

更加让学校发展处于不利地位的是，兰州大学榆中校区位于距离兰州市区45公里外的国家级贫困县榆中县夏官营镇。从兰大本部出发，经过一个多小时穿越荒山和农田的车程之后，才到达兰大榆中校区。榆中校区是兰大本科生集中生活和学习的地方，这里原是兰州军区空军司令部废弃的机场，四周荒无人烟。它唯一的邻居，是西北民族大学新校区。周边十分衰败，周围几乎看不到人影，与中东部地区的大学城完全无法同日而语。由于榆中校区的存在，兰大被戏称为“夏官营大学”。为了降低学生们心理上的落差，兰大后来将大四学生搬回本校区。但由于校舍不足，有相当一部分学生只能挤在8人一间的宿舍里。同时由于榆中校区不通公交车，全靠兰大自己的30辆大巴车往返接送师生。兰大老师上完课就坐校车赶回市区，造成学生与老师之间缺乏交流，低年级学生与高年级学生及研究生之间也缺乏互动。

兰大学生有60%是农村生源，50%的学生来自西部省份，此外有30%是贫困生。很多西部来的农村学生从小到大都没怎么去过城市，好不容易考上了兰大，以为可以好好见识一下大城市，结果到了学校才发现，到的是一个比家乡“更农村”的地方。大学的发展离不开城市，大学是一名学生完成城市化、社会化过程的地方，但是在这样一个闭塞，与社会缺少交流的孤岛式校园里，显然很难完成这一目标，学生在眼界和见识方面，不如国内其他名校的学生。这也是影响学校发展的重要因素之一。首先是本科生的生源问题。兰大的高考各省录取平均分在高校中位列第76名，这与兰大的科研、学术等其他排名都有相当差距——生源水平远远落后于学校地位；兰大平均每年有36名本科新生退学。令人更加忧心的是兰大优秀研究生的流失。过去，校外保送研究生的人数是固定的，但在2014年，教育部实施保研新政，即凡是保研的学生可以自由选择读研院校，造成兰大保送研究生几乎全都外流到了北京、上海等地的名校。兰大物理学院青年教授周金元表示，2016年他们的研究生没招满，调剂来的10个学生，除了有两名学生来自北京化工大学与宁夏大学两个“211”大学之外，其余都毕业于非“985”“211”大学。为留住本校的优秀研究生，兰大也想出了对策：在大三时就开始给学生做工作，让学生提前了解导师们的工作，并设立奖学金奖励留下来的人。这一政策确实收到了成效，但留下来的学生大多数都是保送生里排名靠后的，真正的尖子生还是走了。研究生是大学科研的主力军，优秀研究生的外流，直接影响大学科研的质量与水平。

（四）其他影响因素

“双一流”建设使得人才竞争进入白热化状态。由于地方经济发展差距以及政府对高校投入的差异，在这场人才大战中，竞争的双方完全不在一个层次。媒体报道，山东将在“十三五”期间筹集50亿元资金支持“双一流”建设。江苏则在《高水平大学建设方案》中提出，从2017年起，对进入全国百强的省属高校，给予每年每校1亿元左右的资金支持。中西部地区是什么状况呢？贵州省未来5年内推进区域内一流大学建设的经费仅5亿元。新疆维吾尔自治区用于支持自治区内本科高校在5年内建设50个重点专业的资金总共为1亿元。而教育部等部门启动"中西部高校基础能力建设工程"，在2012年至2015年的一期工程中投入也只有100亿元专项资金。相比之下，面对东部地区高校的人才争夺，中西部高校难有招架之力。

学校行政管理团队的服务意识和服务能力不强也是造成人才流失的重要原因。兰州大学现任校长严纯华多次强调"留人是留心"，要想留住大师级人才的心，就要将事情干在实处，邀请学校各职能部门要做好各项服务工作，要将服务每一位师生作为首要任务来抓，以更深更细更透更温暖的服务为人才的发展提供保障。他多次要求对引进的人才一人一册建立档案，会同学院做好服务保障工作，安排好实验室等工作生活条件。让领导反复强调要求，说明工作人员的意识和能力并不能满足服务好人才工作这一要求。其中，学校在项目管理、财务报账流程、教学管理等工作上都还有很大的提升空间。

留住优秀人才，还需要创新人才引进和管理制度。兰州大学正在研究一项新的留人政策——"青年研究员"，计划从博士到博士后毕业，每个学科经过审查，在学科最顶尖的杂志发表过文章的特别优秀的人才，就可以直接进入研究员行列；特别优秀的可以直接聘为教授。

五、政策建议

（一）抓住"一带一路"战略机遇，支持西部高校服务地方发展，实施差异化、特色化发展策略

随着新亚欧大陆桥、中国—中亚—西亚及中巴经济走廊的建设，使西北地区的发展与向西开放紧密结合，将改变我国西北地区长期以来在对外开放中的区位劣势。此外，"一带一路"建设也为我们的发展提供更广阔的市场，有助于推动西部地区产业转型升级，迫切需要提升西部地区的国际竞争力，需要与沿线国家发展更加紧密的经贸联系和人文交流。这将推动西部地区成为内陆对外开放的新高地。建议将加强西部地区高校发展与"一带一路"发展战略的对接，将地方产

业与高校统筹规划发展，支撑地方经济社会发展，产出高水平科研成果，通过高等教育的发展带动和提升西部地区的发展，为西部生态文明和经济社会发展贡献力量。

（二）实施一校一策的精准化支持，聚焦重点和优势，为人才提供一流的工作平台

很多高层人才并不是特别看重待遇，而更加注意的是有一个能发挥学术专长的平台。因此，实施一校一策的支持战略，支持西部高校打造这些平台显得尤为重要。聚焦重点和优势，支持西部高校对传统学科专业进行更新升级，集中建设好优势特色学科专业群，构建与本校办学定位和办学特色相匹配的学科专业体系，加快形成办学特色优势，用优势学科和重点平台来吸引人才。

事业留人就要有好项目，然而仅靠一两个大项目的支持对于西部高校来说是远远不够的，建议在国家层面予以政策倾斜。当前的各类竞争性科技项目，比如973、863、重大研究计划、专项等项目中，给出一定额度让西部科研机构参与承担，并协调一些国家大型科研仪器设备能否让西部科研院所共享。在“长江学者”计划、国家千人计划、万人计划和国家杰出青年基金等评审工作中对西部高校实行条件单设、同等优先支持。进一步实施好“西部人才特殊支持计划”“少数民族高端人才培养计划”“对口支援西部地区高等学校计划”。

进一步优化人才支持体系。一是加强对各类人才项目的统筹管理。进一步明确各类人才之间的合理定位、层次、支持方式和支持力度，构建科学规范的人才管理体系。二是鼓励青年人才综合考虑自身发展需求，选择一项相同层次的人才项目进行申报。国家及用人单位对入选同一层次人才项目的人才，在待遇上原则上相当，科研配套根据其学科特点设定。让人才把更多的时间和精力投入到科技创新工作中去。三是完善人才评价考核机制，促进人才创新活力。在人才项目评审过程中，不断完善人才评价标准，注重人才分类。

进一步加大支持西部高校引进高层次人才，充分发挥高层次人才的学术人格魅力、管理经验、学术资源及国际影响力，推动相关学科的振兴发展。支持学科带头人组建自己的学术团队，形成一个梯队的、可持续的发展团队。支持鼓励学科带头人在提携后学、培养人才上下功夫。营造良好文化氛围，提升人才个人精神层次和文化修养，传播“正能量”，以战略的眼光、博大的胸怀，大力选拔和

培养优秀青年拔尖人才。中国工程院院士林东昕研究员就认为，“年轻人经验少，就得靠我们多指导。年轻一代是创新的未来。做导师就得有甘为人梯的精神，我给学生定的目标是超越我。”常年奔走在雷达测试一线的中国电子科技集团首席科学家吴剑旗认为，当导师既要给年轻人搭平台，也要言传身教，处处作表率，“尤其是现在生活条件好了，更应培养年轻一代的爱国奋斗精神。”

支持兰州大学先行先试，创新体制机制，整合、联合校内外资源，主动融入国家战略，聚焦丝绸之路沿线的研究资源与话语权，打造国际合作战略平台，进一步搭建起兰州大学与国际国内同行之间的交流平台。以项目专题为龙头，引领国家项目的提出，打造以兰州大学牵头的西部高校群体。

（三）加大支持力度，提高西部高校人才保障能力和水平

建议借鉴20世纪五六十年代国家倡导人才建设西部时的做法，出台“收入保障计划”和“年薪保底制”等办法，努力提高教师薪酬，以此吸引青年研究者到西部安家和稳定骨干人才。建议高标准推动高校教职工周转房建设，建设“高层次人才公寓”，改善教师的生活条件，同时提高各类人才的住房补贴和安家费。确保人才在户籍、住房、保险、医疗以及配偶就业、子女入学等方面的基本保障，从机制体制方面完善引人用人的制度。

进一步推动中西部地方政府在高校的“放管服”改革，破解长期以来存在的行政化、官本位难题，理顺政府、市场、社会、用人主体关系，为高校营造更宽松的办学环境。调整人才评价导向，增强科研人员职称评定、评价的公平性和公正性，在职称评审、荣誉申请评审中从重头衔、轻贡献引导到重能力、重实绩、重贡献的正确轨道，使科技人员可以把时间和精力放在潜心研究上，不再因公平公正问题而徒生烦恼，营造有利于科技人才安心、专心、潜心研究的制度环境。

对西部高校处级行政管理人员开展专题培训，更新行政人员工作理念，学习先进经验，切实提高人才服务能力，推动高校行政改革。按照能放尽放的要求赋予科研人员更大的人财物自主支配权，优化预算评估工作，只针对拟立项的项目开展预算评估，精简优化人才评价流程，减少繁文缛节，为科技人员松绑减负，切实把科技人员从烦冗审批、烦琐杂务中解放出来。

（四）创新东西部高校对口帮扶机制，推动西部高校人才建设工作

建议跟进西部地区经济开发、教育发展、地理生态文明发展等设立各类重大项目，以西部地区高校研究机构为主，与东部高校和科研院所开展联合申报，形成以西部高层次研究人员为主研究开发的格局，通过项目研究提高西部研究人员水平。

开展“多对一”团队式对口帮扶模式，做实做深对口支援工作。建议建立西部高校从对口支援院校遴选知名学者担任校长，鼓励将其科研团队乃至行政团队带到对口支援院校。学科建设方面，根据西部高校学科建设需求，组建“N+1”团队式对口支援模式，由某东部高校为组长单位，将相关高校纳入对口帮扶的合作框架，采取多对一方式、团队化对口支援，给予强大的人才、技术和资源支持。

建议在人才引进方面实行订单式培养，还可以从对口支援单位柔性引进一批专家或团队，按照“候鸟式”服务的模式开展工作，在学科建设、学位点申报、实验室建设、人才培养等方面与国内一流大学和科研院所结对帮扶，进一步凝练西部高校优势特色，切实提升高等教育综合实力和办学水平。

（执笔人：漆治文　张继红　张　勃　马欣燕
赵永平　黄旭红　李小金　孙冬梅）

第七章　四省藏区教育一体化发展研究

一、研究背景及意义

促进民族教育是我国教育跨越发展的重要内容，藏区教育的发展水平是衡量我国教育总体发展水平的重要指标。加快藏区教育发展，事关全国教育发展大局，关系到全国全面小康社会进程，也关系到社会的和谐稳定。新中国成立以来，特别是改革开放以来，我国藏区教育取得举世瞩目的成就，藏区教育发生了翻天覆地的变化。然而，由于历史原因、自然条件和经济发展等原因，藏区教育总体发展水平还不高，地区间差异还比较大，四省藏区之间、省域内藏区之间在教育经费的投入、教育资源的配置、课程的设置、师资的培养和配备等方面在城乡政策及地方落实不够均衡，存在较大的不一致性，区域之间的资源共享、合作办学、协同发展水平还比较低，在一定程度上制约了藏区教育的发展，致使藏区教育出现不公平，人民对教育满意度不高。

在中央第六次西藏工作座谈会上，习近平总书记提出的依法治藏、富民兴藏、长期建藏、凝聚人心、夯实基础，是党的十八大以后党中央提出的西藏工作重要原则，是当前和今后一个时期做好西藏工作的根本遵循[①]。同全国其他地区一样，西藏和四省藏区已经进入全面建成小康社会决定性阶段，改变藏区面貌，

① 习近平:《中央第六次西藏工作座谈会讲话》,2015。

根本要靠教育。《国家中长期教育改革和发展规划纲要（2010—2020年）》[①]提出：要优先发展教育；公共教育资源要向民族地区倾斜；中央和地方政府要进一步加大对民族教育支持力度。要加强对民族教育工作的领导，全面贯彻党的民族政策，切实解决少数民族和民族地区教育事业发展面临的特殊困难和突出问题。[②]

二、研究目的

本研究的主要目的在于结合国家教育体制改革和办人民满意教育的需要，立足四省藏区教育发展现状，通过分析比较，寻找四省藏区教育发展的差异和原因，特别是机制体制方面的壁垒。根据差异和原因，结合党和国家关于加强四省藏区教育发展的意见和措施，借鉴县域义务教育均衡发展的成功经验和典型做法，为破解四省藏区教育发展的不均衡问题，直面四省藏区教育发展的薄弱环节，提出基于理论、现状和展望的对策和建议，为进一步加快四省藏区教育发展，实现四省藏区教育一体化发展提供决策依据。

三、研究内容

本研究的主要内容有以下几个方面：

其一，分析整理近年来党和国家关于加快四省藏区教育发展的相关政策文件，梳理近些年来关于四省藏区教育机制保障方面的举措。

其二，分析比较四省之间及四省与全国、西藏各级各类教育发展的差异，为提出补短板的措施提供依据。

其三，科学分析造成四省藏区教育发展的原因，特别是体制机制方面的壁垒，为破解体制机制障碍提供基础和参照。

其四，有针对性地提出促进四省藏区教育一体化发展的对策和建议，为政府决策提供依据和研究支撑。

四、研究方法

该研究的研究方法主要为以下几种：一是文献法，主要查阅党和国家关于四

① 国务院印发《国家中长期教育改革和发展规划纲要(2010—2020年)》,2010。

② 国务院印发《国务院关于加快发展民族教育的决定》,国发〔2015〕46号。

省藏区的相关政策文件，国内学者关于“教育一体化”和四省藏区教育发展的相关研究成果；二是比较分析法，主要比较分析四省藏区与全国在各级各类教育方面的差异，并在此基础上寻找差异的原因；三是经验总结法，主要是结合义务教育县域均衡和基于四省藏区的做法，以及国家和西藏自治区在教育发展方面的做法与成效，特别是在教育发展中的举措和成功经验，为推进四省藏区教育一体化发展提供借鉴和参考。

五、概念界定与地缘分析

1.四省藏区教育一体化的理论基础

1988年，我国著名社会学家费孝通先生首次提出“中华民族多元一体格局”理论，重要阐述了中华民族是包括中国境内56个民族的民族实体，是多元形成的一体，是相互依存、统一而不可分割的整体。在多元一体民族教育理论中，“多元”强调的就是构成中华民族共同体的56个民族长期形成的多个优秀民族文化，“一体”指的就是中华民族文化，就是中国特色的社会主义先进文化，包括所有民族的优秀传统文化和现代文化。多元一体教育理论是以国家一体化文化认同前提下的教育，彰显的是国家意识，但同时又是对所有民族优秀文化传统的整合。

1995年王克勤发表的《论城乡教育一体化》中，“城乡教育一体化”这一概念正式出现在学术界。从词性上来看，一体化既可以归属为名词，也可以是动词。当为名词时，指融合为一个系统（整体）的目标状态；当为动词时，指一种相互作用的动态过程。就其动态过程而言，城乡教育一体化即是一种目标状态，又是一种动态发展过程，是目标和手段的统一。具体实施方式是指城乡教育要素互动交流以实现优势互补、共同发展，最终达到教育公平。

四省藏区作为藏民族的聚居区域，其历史、语言、习俗、伦理道德、价值观、宗教等都自成一体，省域之间接壤地区的生产生活方式具有跨区域的一致性，生态条件相似、发展基础和发展水平相差不大，明显区别于其他民族区域，其民族特征十分突出鲜明。藏区教育在办学模式、服务对象、教育内容、教育方式上都有其独特的地域性和民族性。四省藏区教育的一体化主要涉及四省藏区间在城乡义务教育、教育管理机制体制、师资培训培养、双语教学模式、学校课程设置、区域交流协作、教育资源共享等方面的一体化和统一性。

综观国内对教育一体化的研究，由于我国教育理论界对四省藏区教育一体化的研究起步晚、时间短，研究成果还缺乏系统性、深刻性、针对性和新颖性，难以发挥理论的指导作用。虽然一些学术会议、教育刊物涉及教育一体化，但只倾向于区域内城乡义务教育领域，从学前教育到职业教育领域的一体化发展的整体性研究很少，特别是对四省藏区的比较分析和教育一体化的研究更是少之又少。

2. 四省藏区教育一体化的概念及内涵

（1）一体化

可以理解为：将两个或两个以上的互不相同、互不协调的事项，采取适当的方式、方法或措施，将其有机地融合为一个整体，形成协同效力，以实现组织策划目标的一项措施。

（2）教育一体化

教育一体化是结合我国当前城乡二元结构矛盾仍然突出问题而提出的。乡村优质教育资源紧缺，教育质量亟待提高；城镇教育资源配置不适应新型城镇化发展，大班额问题严重。为落实全面建成小康社会要求，促进义务教育事业持续健康发展，实现区域内、城乡间学校建设标准统一、教师编制标准统一、生均公用经费基准定额统一、基本装备配置标准统一，和“两免一补”政策城乡全覆盖等方面的统一，消除地域、城乡差距，实现教育均衡发展[①]。

（3）藏区教育一体化

藏区教育的一体化主要涉及四省藏区（甘肃、青海、云南、四川）在城乡义务教育、教育管理机制体制、师资培训培养、双语教学模式、学校课程设置、区域交流协作、教育资源共享等方面的一体化和统一性，其目的是通过统一协调的联动机制，促进藏区教育发展在财政投入、课程设置、教育资源配置等方面的去差别化待遇，实现藏区教育质量的提升。

3. 四省藏区教育一体化的地缘结构基础

四省藏区是指除西藏自治区以外的青海、四川、云南、甘肃等四省藏族与其他民族共同聚居的民族自治地方。分为青海藏区、四川藏区、云南藏区、甘肃藏区。是与现“西藏自治区”邻接并曾经深受藏传佛教影响，位于川、滇、甘、青四个省人民政府管辖范围内，位于中国西南和西北地区的藏族自治区域。具体包

① 国务院印发《关于统筹推进县域内城乡义务教育一体化改革发展的若干意见》，国发〔2016〕40号。

括10个藏族自治州和2个藏族自治县。10个藏族自治州即四川省的甘孜州（康定县）和阿坝州（马尔康县），云南的迪庆州（香格里拉市），甘肃的甘南州（合作市），青海的玉树州（玉树县结古镇）、海南州（恰卜恰镇）、黄南州（隆务镇）、海北州（西海镇）、果洛州（大武镇）和海西自治州（德令哈市）；2个藏族自治县分别是位于四川省凉山彝族自治州境内西北的木里县、位于甘肃省武威市境内的天祝县。

四省藏区之间相互接壤，有相似的地质结构和自然环境，都集中在青藏高原腹地或边缘内。甘肃省的甘南藏族自治州和四川省的阿坝藏族自治州、青海省的海南藏族自治州、果洛藏族自治州接壤，青海省的海北藏族自治州与甘肃省的天祝藏族自治县接壤；四川省的甘孜藏族自治州和西藏自治区、青海省的玉树藏族自治州、果洛藏族自治州接壤；青海省的玉树藏族自治州与西藏自治区几乎全境接壤。云南省的迪庆州西北接西藏自治区。总体形成以西藏自治区为主体，边缘分布、相互连接的地缘结构。

六、四省藏区教育发展现状

1.国家及地方政府对西藏与四省藏区优惠扶持政策比较

从中央第五次西藏工作座谈会开始，中共中央、国务院将西藏与四省藏区统筹协调发展提到了新的战略高度。2010年召开的中央第五次西藏工作座谈会将西藏与四省藏区的发展稳定工作一起进行研究部署； 2015年召开的中央第六次西藏工作座谈会确定一系列治藏方略，并明确了“统筹西藏与四省藏区协调”的政策取向。但是，长期以来，由于多种原因，西藏与四省藏区之间的发展显得不够协调。总体看来，中央政府对于西藏的重视和支持高于其他四省藏区。西藏是唯一享受中央定额补助并保持较大增长的民族地区。仅“十一五”和“十二五”期间，中央政府投资西藏的援助项目资金分别为1 378亿元和1 384亿元。并下发了10余个专门支持西藏社会经济发展的单行文件。国务院新闻办2004年发布的《西藏的民族区域自治白皮书》指出：“据统计，西藏自治区成立以来的近40年间，西藏财政支出共计875.86亿元，其中的94.9%来自中央补贴。”[①]尽管中共中央、国务院等先后印发了《关于加快四川云南甘肃青海省藏区经济社会发展的

① 国家统计局:《2016年全国教育经费统计年鉴》,中国统计出版社,2017。

意见》《关于支持四川云南甘肃青海四省藏区经济社会发展若干政策和重大项目意见的通知》等一系列支持性文件，出台了一些具体扶持措施，但与西藏自治区相比较，其支持力度相对较小[①②]。四省在贯彻落实民族教育的政策时采取的措施和支持的力度也不尽相同。从2016年春季开始，四川、甘肃、青海藏区全面实施从幼儿园到高中的15年免费教育，云南藏区实施了14年免费教育。四川在全国率先实施藏区“9+3”免费教育计划，应届毕业生初次就业率达到98.8%。云南藏区人均受教育年限由2010年的6.4年提高到2015年底的7.4年。迪庆藏族自治州通过实施高原农牧民子女学生生活补助、义务教育阶段农村中小学校营养改善计划、国家“两免一补”政策等教育惠民政策，让5万多名农牧民子女从中受益。当地每名学生每年可获补助3000元，学生的食宿完全免费，学校还为学生统一配发学习用具和生活用品。青海省针对藏区大中专毕业生就业难的问题，实行倾斜政策，2016年高校毕业生总体就业率均保持在87%以上。甘肃省财政部门和教育部门加大对藏区义务教育寄宿学生的资助力度，逐年提高甘南藏族自治州农村义务教育阶段寄宿生生活费补助。从2012年起，甘肃省从校舍建设、双语教师培训等多方面加大对藏区教育事业的扶持力度。出台了《甘肃省教育厅支持甘南藏族自治州教育跨越发展行动计划（2013—2020年）》。2012年启动了甘肃—天津“9+3”藏区免费中等职业教育项目。2014年，在国家支持下，天祝县“全面改薄”项目总投资高达4 504万元，对62所农牧区寄宿制学校均实施了“改薄工程”和“温暖工程”。[③]通过新建、改扩建中小学教学及辅助用房、生活用房，配备现代化教学设备，安装小型锅炉等，天祝所有农牧区寄宿制学校告别了煤炉取暖，给当地数以千计的藏族孩子带来了温暖和舒适的读书环境。从2011年秋季起，中央财政每年拨款160亿元，全面启动农村义务教育学生营养改善计划，下达营养改善补助资金，使藏区农牧村中小学生吃上了热气腾腾的营养早餐和午餐。[④]

---

① 国务院印发《关于统筹推进县域内城乡义务教育一体化改革发展的若干意见》,国发〔2016〕40号。

②《第六次全国民族教育工作会议纪要》,2015。

③甘肃省教育厅印发《甘肃省教育厅支持甘南藏族自治州教育跨越发展行动计划(2013—2020年)》,甘教厅〔2013〕109号。

④ 李祥,陈恩伦著:《民族地区教育优先发展法律保障研究》,中国社会出版社,2016。

2. 四省教育经费投入与全国平均水平和西藏比较

表7-1　2016年四省公共财政教育经费增长情况

单位：亿元

地区	公共财政教育经费（亿元）	公共财政教育经费占公共财政支出比例（%）	公共财政教育经费本年比上年增长（%）	财政经常性收入本年比上年增长（%）	公共财政教育经费与财政经常性收入增长幅度比较（百分点）
全国	27 700.63	14.75	7.11	7.44	-0.33
四川省	1 277.45	15.95	2.70	2.54	0.16
云南省	864.12	17.22	14.00	3.87	10.13
甘肃省	548.78	17.42	9.79	8.11	1.68
青海省	168.79	11.07	3.43	2.98	0.45
西藏自治区	175.83	11.07	-1.73	9.44	-11.17

注：此数据来源于《2016年国家教育统计年鉴》和《教育发展报告》。

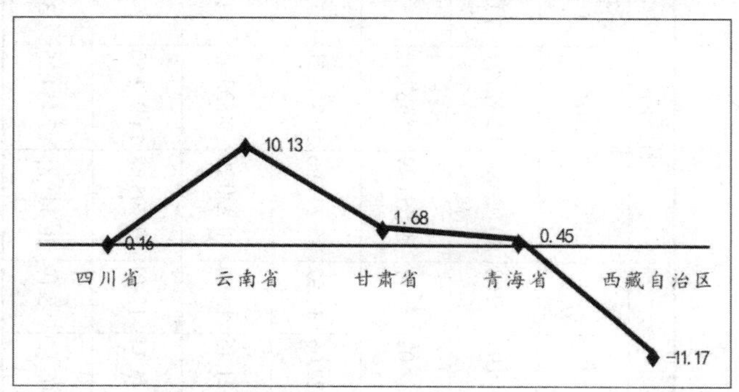

图7-1　2016年四省公共财政教育经费与财政经常性收入增长幅度比较（百分点）

从表7-1、图7-1看出，2016年全国公共财政教育经费占公共财政支出比例为14.75%。其中，国家财政性教育经费为31 396.25亿元（比上年的29 221.45亿元增长7.44%）。全国公共财政教育经费为27 700.63亿元（比上年增长7.11%）。西藏自治区和四省公共财政教育经费占公共财政支出比例都在11%以上，其中四川、云南、甘肃三省公共财政教育经费占公共财政支出比例都在15%以上，就公共财政教育经费本年比上年增长率而言，云南省增长最高，达到14%，西藏自治区为负增长（-1.73%）；就财政经常性收入本年比上年增长而言，西藏自治区最高（9.44%），甘肃省次之（8.11%），四川省最低（2.54%）；就公共财政教育经费与财政经常性收入增长幅度比较而言，云南省为10.13个百分点，西藏自治区为-11.17个百分点，其他三省均在2个百分点以下。

表7-2 2015、2016年四省各级教育生均公共财政预算教育事业费增长情况数据表

单位:元

地区	普通小学			普通初中			普通高中			中等职业学校			普通高等学校		
	2015年	2016年	增长率(%)	2015年	2016年	增长率(%)	2015年	2016年	增长率(%)	2015年	2016年	增长率(%)	2015年	2016年	增长率(%)
全国	8 838.44	9 557.89	8.14	12 105.08	13 415.99	10.83	10 820.96	12 315.21	13.81	10 961.07	12 227.70	11.56	18 143.57	18 747.65	3.33
四川省	8 984.53	9 003.19	0.21	11 477.01	12 063.03	5.11	9 054.49	9 587.72	5.89	8 933.53	9 344.50	4.60	13 056.98	12 236.78	-6.28
云南省	7 532.21	8 931.35	18.58	9 335.79	10 822.06	15.92	8 231.96	10 370.21	25.97	9 645.03	11 220.00	16.33	14 711.33	14 931.80	1.50
甘肃省	9 118.26	10 321.93	13.20	10 187.13	11 721.46	15.06	8 220.29	9 839.95	19.70	11 364.91	12 083.35	6.32	15 537.85	18 053.38	16.19
青海省	10 472.79	11 948.81	14.09	13 295.04	14 915.34	12.19	12 795.38	14 062.50	9.90	10 526.81	12 867.51	22.24	19 651.26	24 694.50	25.66
西藏自治区	25 750.22	24 237.46	-5.87	23 845.23	24 605.62	3.19	26 541.85	27 454.25	3.44	32 957.17	30 228.19	-8.28	34 219.19	33 384.17	-2.44

注：此数据来源于2015、2016年《国家教育统计年鉴》和《教育发展报告》。

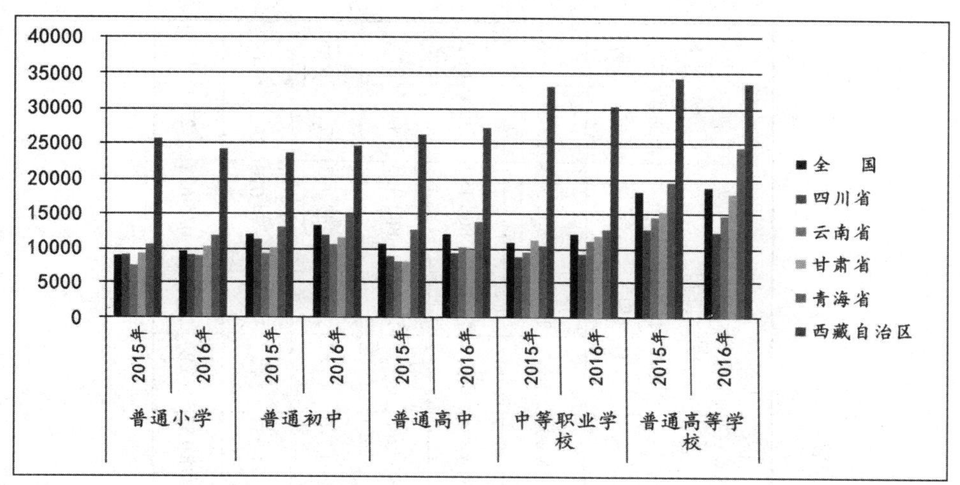

图7-2　2015、2016年四省各级教育生均公共财政预算教育事业费增长情况对比图(元)

通过表7-2、图7-2看出，2015—2016年间，全国、西藏自治区与四省各级教育生均公共财政预算教育事业费增长情况差异较为明显。体现出各省区教育投入在各级各类教育方面的差异。云南省在普通小学、普通初中、普通高中、中等职业教育四个方面的增长率都高于全国水平和其他四个省区，甘肃省在普通小学、普通初中、普通高中三个阶段高于全国水平。青海省在中等职业教育和普通高等教育两个方面高于全国水平和其他四个省区。各级教育生均公共财政预算教育事业费绝对值而言，西藏在五个方面均高于全国水平和其他四个省区，青海在普通小学、普通初中、普通高中、普通高等教育四个方面高于全国水平和其他四个省区，四川、云南、甘肃三省的普通初中、普通高中教育事业费都低于全国水平。

3.四省藏区教育办学条件与发展现状比较

（1）四省各级各类学校基本办学条件统计分析

表7-3　2016年四省各级各类学校基本办学条件统计表

地区	普通小学			普通初中			普通高中			中等职业学校			普通高等学校		
	学生数（人）	生均校舍面积（m²）	生均图书（册）	学生数（人）	生均校舍面积（m²）	生均图书（册）	学生数（人）	生均校舍面积（m²）	生均图书（册）	学生数（人）	生均校舍面积（m²）	生均图书（册）	学生数（人）	生均校舍面积（m²）	生均图书（册）
全　国	99 130 126	7.2	21.5	43 293 684	13.4	34.4	23 666 465	20.8	37.1	12 758 604	16.7	25.6	32 802 316	25.2	76
四川省	5 495 234	6.3	15.6	2 448 234	13.6	32.3	1 447 174	19.5	42.2	914 426	12.5	18.7	1 806 182	22	68.2
云南省	3 766 145	8.3	21.7	1 873 150	10.1	25.8	805 829	19.9	34.7	486 248	12.3	17.6	862 959	18.6	67.9
甘肃省	1 821 629	7.8	20.1	876 171	12.7	32.7	603 490	15.2	30	210 710	17.8	23.7	537 903	27.3	69.5
青海省	457 893	8.8	23.4	207 937	15.5	42.1	120 304	19.8	45.7	74 057	14.4	15.2	74 020	29.2	74.9
西藏自治区	302 892	13	16.3	120 283	17.4	24.5	56 897	22.1	28.6	18 157	26.2	24.5	55 628	23	69.4

注：此数据来源于《2016年国家教育统计年鉴》和《教育发展报告》。

从表7-3看出：尽管各省对标准化学校建设的具体指标有所不同，但四省藏区之间、四省与全国和西藏基本办学条件存在显著差异。在生均所占校舍面积方面，小学阶段学校，青海省、云南省、甘肃省生均校舍面积略高于全国水平，四川省生均校舍面积最小，人均低于全国平均值0.9平方米，但都远低于西藏自治区；普通初中阶段学校，仍然是西藏自治区生均校舍所占面积最大，其次是青海省、四川省、甘肃省，云南省初中生均校舍面积最小，甘肃省和云南省都低于全国平均水平；普通高中阶段学校，青海省生均校舍面积最大，其次是四川省、云南省、甘肃省，云南省、甘肃省都低于全国平均水平（甘肃省生均校舍面积低于全国5.6平方米）；中等职业教育学校，四川省、云南省、青海省生均校舍面积都低于全国和西藏水平（甘肃省通过职业教育园区建设和地方中职院校调整，生均校舍面积目前略高于全国水平）；普通高等教育学校，四省生均校舍面积都低于全国平均水平。在图书配备方面，四省义务教育阶段学校（小学、初中）虽然都达到生均15册的标准，但差异明显，青海省生均图书略高于全国水平，甘肃省、云南省、四川省生均图书均低于全国水平；普通高中阶段学校，四川省、青海省都高于全国水平，而云南省、甘肃省两省生均图书均低于全国水平，甘肃省生均图书低于全国7.1册；中等职业教育和普通高等教育学校，四省生均校舍面积都低于全国和西藏水平。

近年来，四省藏区通过全面实施“全面改薄”工程，各级各类学校办学条件有了明显改善。目前，四省藏区已全面建立了教育经费保障机制，将农村牧区义务教育纳入公共财政保障范围，所有义务教育阶段学生享受到了免除学杂费和免费教科书[①]。但一些发展困境和难题依然存在，义务教育阶段教学水平不高、职业教育相对薄弱、师资队伍整体水平较低、教育投入远远不能满足教育发展需要等。为此，四川省在招生体制、培养模式、就业帮扶等方面探路索径、寻求突破，致力创新工作实施，推动藏区教育水平新突破。“十二五”以来，大力实施“9+3”中职教育，累计招收藏区“9+3”免费教育学生2.22万人。推进实施藏区15年免费教育，惠及学生150多万人。甘肃省出台措施加大甘南州“控辍保学”力度，让藏区适龄儿童都能进入学校就读。甘肃省政府办公厅印发《甘肃省加快发展民族教育专项规划（2016—2020年）》，明确提出，到2020年，民族地区办

① 张诗亚等编著:《民族地区教育优先发展研究》,经济科学出版社,2014。

学整体发展水平接近全省平均水平，九年义务教育巩固率达到95%以上，高中阶段教育毛入学率接近90%，民族地区高考升学率总体达到全省平均水平，实现专任教师学历合格率全达标。青海省通过实施一系列教育工程，有力促进教育公平，提高教育质量，增强可持续发展能力，广大藏区教育事业取得长足发展。近年来，青海省加大教育投入力度，成为历史上教育投资最多、力度最大、办学条件改善最为明显的一个时期。实施了学前教育发展工程、特殊教育学校建设工程、示范性高中建设工程、中等职业学校基础能力建设工程、支持高校服务地方经济发展基础建设工程、民族教育双语教学改革工程、基础教育信息化建设工程、教育技术装备标准化建设工程、农牧区教师周转房工程、中小学教师素质提升工程、青海教育园区建设工程等12大教育工程。云南省迪庆藏族自治州全面实施藏区学前2年、义务教育9年、高中阶段3年的14年免费教育。学前教育免除保教费并给予生活补助，普通高中教育免除教科书费、学费和住宿费并给予生活补助。实施14年免费教育后，藏区各级各类教育开发的地方教材、民族“双语”教材，将纳入免费教科书范围[①]。

（2）四省各级各类学校教师配置与生师比统计分析

从表7-4看出，四省各级各类学校生师比情况存在较大差异，具体表现为：小学阶段甘肃省生师比低于全国和其他省区，低于全国5.0个百分点，与西藏自治区基本持平；初中阶段，四川、甘肃、青海三省都低于全国水平，也略低于西藏自治区；普通高中阶段，甘肃省、青海省生师比低于全国水平，却高于西藏自治区，四川、云南两省生师比高于全国水平和西藏自治区；中等职业教育阶段，甘肃、青海两省生师比低于全国水平，却高于西藏自治区，四川、云南两省生师比高于全国水平，但都远高于西藏自治区；普通高等教育学校，青海省的生师比低于其他三省，也低于全国平均水平和西藏自治区，低于全国3.8个百分点，低于西藏6.1个百分点，体现出青海高校教师数量较为充足的情况。总体来看，各省各阶段生师比不均衡，特别是四川省、云南省在许多阶段学校生师比都高于全国和西藏水平，甘肃省、青海省在基础教育（小学、初中、高中）阶段生师比都低于全国水平，但整体高于西藏自治区。

① 张诗亚主编:《中国民族教育发展报告》(第1辑),人民教育出版社,2014。

表7-4　2016年四省各级各类学校生师比情况统计

地区	普通小学			普通初中			普通高中			中等职业学校			普通高等学校		
	专任教师数(人)	学生数(人)	生师比(%)	专任教师数(人)	学生数(人)	生师比(%)	专任教师数(人)	学生数(人)	生师比(%)	专任教师数(人)	学生数(人)	生师比(%)	专任教师数(人)	学生数(人)	生师比(%)
全　国	5 176 454	99 130 126	19.2∶1	5 833 939	43 293 684	7.4∶1	1 733 459	23 666 465	13.7∶1	302 697	12 758 604	42∶1	1 627 182	32 802 316	20.2∶1
四川省	250 900	5 495 234	21.9∶1	358 182	2 448 234	6.8∶1	96 213	1 447 174	15∶1	16 967	914 426	53.9∶1	86 994	1 806 182	20.8∶1
云南省	218 947	3 766 145	17.2∶1	188 490	1 873 150	9.9∶1	53 875	805 829	15∶1	7 636	486 248	63.7∶1	38 968	862 959	22∶1
甘肃省	128 591	1 821 629	14.2∶1	139 993	876 171	6.3∶1	45 107	603 490	13.4∶1	10 490	210 710	20.1∶1	27 133	537 903	19.8∶1
青海省	21 232	457 893	21.6∶1	30 270	207 937	6.9∶1	8 923	120 304	13.5∶1	2 156	74 057	34∶1	4 513	74 020	16.4∶1
西藏自治区	20 802	302 892	14.2∶1	15 328	120 283	7∶8	4 985	56 897	11.4∶1	1 295	18 157	14∶1	2 467	55 628	22.5∶1

注：此数据来源于《2016年国家教育统计年鉴》和《教育发展报告》。

然而，藏区教师结构不配套，队伍素质整体不高，教师招不进、留不住、教不好问题突出。为此，四川省通过实施“十年行动计划”“大小凉山彝区教育扶贫提升工程”，大力实施“免费师范生培养计划”和“特岗计划”，推动民族地区教育与全省教育同步发展。实施“藏区千人支教十年计划”“三区人才支持计划”，共选派教师3 500余人到藏区开展支教。开展省级免费师范生培养计划招录工作，共计为藏区录取教师1 087人。云南省迪庆州加大了对教师的培养，设立藏区定向免费师范生专项招生计划，采取“定向培养、定向就业”的方式，重点培养双语教师、“双师型”教师、幼儿园教师和农村中小学理科、音体美等学科紧缺教师；在民族地区高校、中专探索定向或委托培养“民汉双语”教师的机制。甘肃省从2012年起，加大对藏区教育事业的扶持力度，指导甘南州建立健全义务教育均衡发展保障机制，通过捆绑式、强弱校连片结对等合作办学模式，合理配置教育资源，促进城乡、校际教师合理流动，还通过工程带动、对口支援等方式培训培养了一批民族地区“双语”和音体美教师，提高学校整体办学水平和办学质量，缩小城乡、校际差距。[①]青海省从1956年以来，先后创建了6州民族师范，填补了牧区中等师范教育的空白。据1986年初全省中专调查统计，30多年间6州民族师范共培养出毕业生10 621名，其中初等教育教师4 930名，中等教育教师5 641名，培训在职教师2 058名。从20世纪90年代开始，面向全国藏区招收专科和本科的藏英班，培养藏、英、汉“三语”的中小学师资，有效缓解了民族地区学校师资紧张的情况。[②]

七、机制壁垒与制约因素

尽管国家层面和各省都加大了对藏区教育的支持力度，从人财物各方面基于藏区教育极大地扶持，在一定程度上改变了藏区教育办学条件差、教学质量较低的面貌。但由于历史的原因和自然环境的因素，各省藏区之间、省内藏区城乡之间，不均衡的问题依然存在。

第一，政府教育经费投入不同，藏区生均教育经费差异大。为了不断改善和提高藏区教育水平，四省在教育经费投入方面都加大力度，不断优化藏区育人环

① 甘肃省人民政府办公厅印发《甘肃省加快发展民族教育专项规划(2016—2020年)》,2016。
② 张诗亚主编:《中国民族教育发展报告》(第2辑),人民教育出版社,2014。

境。虽然各省都能认真贯彻落实国家对民族地区教育的政策要求，但各省由于财政收入和经济发展的不同，在对藏区生均教育经费投入方面的具体政策也各不相同，造成藏区教育在省之间、区域之间、校际之间发展差异大，从而为四省藏区教育的一体化发展造成保障基础方面的差异。

第二，教师培养机制不同，教师资源配置差异大。藏区教师待遇低，生活环境不好，人才难以积聚，教师队伍建设困难重重，教师显得量少质弱，师资结构不配套，尤其是缺少双语教师。针对藏区教师队伍结构性短缺和双语教师不足的现状，四省在藏族地区虽然都实施了“民族地区人才支持计划和教师专项培养计划”等，但由于对藏区教师培养和培训院校间的差异、培训培养方案与模式的机制不同，造成四省藏区教师资源配置水平，特别是双语教师和数理化等学科教师配置差异较大。

第三，办学理念差异较大，整体教育质量不高。由于自然环境和历史的原因，四省藏区的教育基础较为落后，部分学校管理者办学理念滞后，管理水平不高；同类学校之间、区域内校与校之间交流、互动少，优质学校发挥示范、引领和帮扶作用不大。造成四省藏区整体办学水平不高，省域之间也存在较大差异。

第四，课程设置有待规范，地方课程差异较大。一是四省藏区课程改革滞后，基本以开设国家课程为主，没有建立统一的“双语”课程标准和考核评估体系，藏汉双语教学模式不统一、教材不统一、教学内容单一、教学方法落后；“双语”教育还没有形成从小学—中学—高中—大学相互衔接和有序完整的教学体系。二是适合藏区的地方课程开发少、内容单一。藏区中小学除藏文相关教材使用五省区协作统编教材之外，其余各科均采用人教版教材，与课本配套的书籍也一律采用人教版的。但据调查发现现行的人教版各科教材对于藏区中小学生并不适用，如语文课本上讲的内容与他们的实际生活，知识阅历都很遥远，他们无法看懂。而与教材配套的各类教参、练习册更不适合藏区学生。现使用课程已不适应藏区学生实际成长的需求。建立健全符合藏区实际和特点的教材、师资、教学模式相结合的“双语”教育体系迫在眉睫。

第五，缺乏统一的协调机制，均衡发展存在体制壁垒。虽然教育部有民教司和民办教育发展中心来主管和协调民族教育，同时，为了推进五省藏区教育改革和发展，还成立了五省藏区协调性改革办公室，加大对藏区教育的指导和帮助力度，由于缺乏一些必要的硬性措施，统一规划和统一的管理保障机制、统一的办学标准和培养机制尚不完善，各省藏区教育基本在国家的指导下由各省自己负责管理，各省由于管理机制和现实条件的差异，造成四省藏区教育发展很不均衡。

八、发展需求与对策建议

党的十九大报告提出要优先发展教育事业，推动城乡义务教育一体化发展，高度重视农村义务教育，办好学前教育、特殊教育和网络教育，普及高中阶段教育，努力让每个孩子都能享有公平而有质量的教育。《国家中长期教育改革和发展规划纲要（2010—2020年）》和十九大报告为当下和今后几年，推进藏区教育事业发展指明了方向、规划了蓝图。为此，应该从国家层面规划设计四省藏区教育协同发展的路径，科学制定促进藏区之间交流合作、实现教育事业一体化发展的政策和规划，既是充分体现国家意志的重要行为，也是全面推进藏区教育整体水平的重要举措，也必将促进西藏自治区和四省藏区实现跨越式发展和长治久安。通过课题组调研分析和研究，初步建议主要从以下五个方面推进四省藏区教育一体化改革发展：

第一，建立科学有效的藏区教育一体化发展保障机制。为了切实解决四省藏区教育发展不均衡问题，保障藏区教育一体化改革长效有序发展，教育部应从国家对藏区长治久安的政治发展高度考虑，加强协调监管力度，成立由教育部主管领导担任组长，以教育部办公厅、规划司、人事司、民教司、民教发展中心、五协办、四省等部门主要负责人为成员的国家四省藏区一体化教育发展改革领导小组，统一科学规划四省藏区教育的中长期均衡发展目标，与各成员部门负责人分层签订目标责任书，责任到人，分工明确，科学实施，年终进行考核和总结分析。由国家统一部署，各级教育主管部门共同协调推进，才能确保藏区教育改革常态化发展，逐步缩小四省藏区之间和城乡之间的差距，真正实现藏区教育优质均衡发展。

第二，建立以中央财政为主的藏区教育经费投入一体化发展机制。在加大藏区教育财政投入，吸引社会力量办学的同时，更要建立健全藏区教育经费投入一体化发展机制，提高经费使用效益。建议从国家层面统一核定标准，统一核拨教育经费，实施四省藏区交界地区特殊支持政策一体化，严格按照2016年教育部下发的《教育部关于推进川甘青交界地区教育发展的指导意见》，制定交界地区教育发展专项规划，鼓励支持交界地区实施免费基础教育，其他各项政策措施向交界地区倾斜[①]。

第三，建立统一规范的教师队伍管理一体化机制。进一步规范教师培养和管理机制，实施推进招考教师一体化、培训基地建设一体化和教师培训一体化等改革，逐步解决藏区教师结构和资源配置不足问题。一是统一城乡教师编制标准，均衡配置师资，合理增加藏区教师编制总额，配齐配足学科教师及双语教师；二是积极探索校长、教师“县管校聘”改革，理顺并推动落实县级教育行政部门管理教师的职能职责，促进藏区校长教师交流轮岗；三是面向四省藏区统一实施特岗计划、地方免费师范生培养计划，定向培养培训双语教师和紧缺学科教师；四是建立完善的教师培养和培训机制，加大培训基地建设力度，把国内师范院校统一组建为培训基地；统一要求培训学校设置符合藏区学生学习和生活实际需求的专业课程，尤其是增加各类藏汉双语专业；国家层面出台优惠政策，积极引导大中专师范院校毕业生到藏区就业，加大教师培养培训力度，逐步形成“实践、培训、管理、研究”一体化的良好运行机制，努力提高藏区教师队伍整体水平；五是提高教师生活待遇，认真落实乡村教师生活补助，增设和统一藏区乡村教师津贴，建盖周转房，优先解决职称，定期进行体检等。

第四，建立统一科学的四省藏区学业质量监测评价机制。一是按照教育部办公厅批转的《五省区协调性义务教育课程改革实施方案》[②]文件精神，对藏区基础教育课程进行改革，教材编写内容和教学模式的建立要符合藏区学生学习的规律和实际需求，把社会主义核心价值观教育融入各级各类学校课程，深入推进民族团结教育“进学校、进课堂、进头脑”，把民族特有的优秀文化反映到教材中去。从教材上建立配套的国家双语教材体系，进一步建立和完善以国家课程为主体，地方和校本课程为补充的双语课程教材体系。确保少数民族学生基本掌握国家通用语言文字，提高少数民族语言文字教学水平。二是改革创新藏区教育教学评价体系，由教育部牵头，委托第三方对四省藏区各阶段学校教育教学质量进行定期跟踪监测，及时向四省公布监测分析报告，为教育部深入了解掌握藏区教育一体化发展情况和为指导四省藏区不断完善和推进教育改革提供有价值的帮助。

---

① 张诗亚主编:《中国民族教育发展报告》(第2辑),人民教育出版社,2014。

②由五省区藏族教育协作领导小组制定并通过,经教育部办公厅批转的《五省区协调性义务教育课程改革实施方案》,教民厅〔2006〕8号。

第五，依托现代信息技术手段提升藏区教育质量。建议从国家层面积极推进四省藏区教育信息化建设，加大信息化基础设施建设力度，围绕“三通两平台”建设工程，建立数字教育云平台，协调落实四省藏区省、市、县（区）、校四级应用支撑。通过智慧教育云平台、大数据统计分析挖掘等现代信息技术与教育教学的深入融合应用，不断突破层级限制和设备、资源、信息孤岛，为藏区教师提高教学水平和课堂效率、学生提高学习质量、学校及教育行政部门提高管理效率，搭建科学、高效、稳定、可靠的信息化网络支撑环境体系，实现四省藏区之间、各省藏区内部城乡之间教育资源共享交流，优质教育资源互补，从而助推四省藏区教育一体化发展和教学质量的不断提升。

（执笔人：何宝平　金安义　时　霞　张丽娟　樊霞会　张善鑫）

参考文献

［1］习近平.中央第六次西藏工作座谈会讲话［Z］，2015.

［2］国务院.国家中长期教育改革和发展规划纲要（2010—2020年）［Z］，2012.

［3］国务院.国务院关于加快发展民族教育的决定［Z］，2015.

［4］国务院.关于统筹推进县域内城乡义务教育一体化改革发展的若干意见［Z］，2016.

［5］第六次全国民族教育工作会议纪要［Z］，2015.

［6］国务院.关于加快四川云南甘肃青海省藏区经济社会发展的意见［Z］，2013.

［7］国务院.关于支持四川云南甘肃青海四省藏区经济社会发展若干政策和重大项目意见的通知［Z］，2012.

［8］国务院.乡村教师支持计划（2015—2020年）［Z］，2015.

［9］国家统计局.2016年全国教育经费统计年鉴［R］.中国统计出版社，2017.

［10］甘肃省教育厅支持甘南藏族自治州教育跨越发展行动计划（2013—2020年）［Z］，2013.

［11］李祥，陈恩伦.民族地区教育优先发展法律保障研究［M］.中国社会

科学出版社，2016.

［12］张诗亚等.民族地区教育优先发展研究［M］.经济科学出版社，2014.

［13］甘肃省加快发展民族教育专项规划（2016—2020年）［Z］，2016.

［14］张诗亚.中国民族教育发展报告（第1辑）［R］.人民教育出版社，2014.

［15］张诗亚.中国民族教育发展报告（第2辑）［R］.人民教育出版社，2014.

［16］张诗亚.中国民族教育发展报告（第3辑）［R］.人民教育出版社，2014.

［17］教育部关于推进川甘青交界地区教育发展的指导意见［Z］，2017.

［18］五省区协调性义务教育课程改革实施方案［Z］，2015.

第八章　教育精准扶贫几个难点问题的研究

一、研究背景与意义

2013年11月，习近平总书记在湖南湘西考察时首次提出“精准扶贫”。“精准扶贫精准脱贫”已成为我国扶贫攻坚全面建成小康社会的思想基础。教育在精准扶贫中具有基础性、先导性和持续性的作用。习近平总书记说：“到2020年全面建成小康社会，最艰巨的任务在贫困地区，我们必须补上这个短板。扶贫必扶智。让贫困地区的孩子们接受良好教育，是扶贫开发的重要任务，也是阻断贫困代际传递的重要途径。”

教育是贫困人口脱贫“两不愁、三保障”的重要内容，也是党中央确定的脱贫攻坚“五个一批”举措之一。教育不仅是那些生来就是贫困者摆脱贫困的关键途径，也是那些由于疾病、自然灾害、家庭变故以及企业亏损、倒闭等原因，可能陷入贫困的个人或家庭避免贫困的关键途径；教育还是改善人们生活方式、保障健康、促进就业创业、增加收入、增强幸福感，通向未来幸福生活的主要通道。教育不仅是促进经济增长、社会繁荣的核心因素，也是防止冲突、治愈伤害、减少腐败、预防犯罪，确保政治稳定、社会和谐的重要基础。相对于产业扶贫、移民扶贫、项目扶贫等，教育扶贫直指造成贫穷落后的根源。

党的十九大报告指出：“建设教育强国是中华民族伟大复兴的基础工程，必须把教育事业放在优先位置，深化教育改革，加快教育现代化，办好人民满意的教育。要全面贯彻党的教育方针，落实立德树人根本任务，发展素质教育，推进教育公平，培养德智体美全面发展的社会主义建设者和接班人。”以习近平同志为核心的党中央高度重视“推动城乡义务教育一体化发展，高度重视农村义务教育、学前教育、特殊教育和网络教育、普及高中阶段教育，努力让每个孩子都能享有公平而有质量的教育”。这为我国农村教育事业发展提供了战略性政策导向。本课题研究主要聚焦影响我国教育事业整体发展的农村义务教育、学前教育和特殊教育等领域，深入了解这些领域教育扶贫的现状，发现存在的主要问题，并提出一些有针对性的政策建议，以期丰富教育精准扶贫的新观念、新路径、新举措，从而更好地促进我国基础教育发展。

农村义务教育是我国教育发展的短板，乡村小规模学校是农村义务教育的重要组成部分，办好乡村小规模学校是实施科教兴国战略、加快教育现代化的重要任务，是实施乡村振兴战略、推进城乡基本公共服务均等化的基本要求，是打赢教育脱贫攻坚战、全面建成小康社会的有力举措。而办好乡村小规模学校的核心是加强教师队伍建设，打造一支能扎根乡村、师德高尚、业务精湛、爱岗敬业的师资队伍。

学前教育是终身学习的开端，关系亿万儿童的成长，关系千家万户的切身利益，关系国家和民族的未来。国家高度关注和努力发展学前教育，将发展学前教育、精准扶贫及可持续发展放在国家战略的高度，积极推动我国学前教育事业的持续稳定发展。

特殊教育是教育领域的难点。特别是重度残疾儿童由于生活无法自理，无法到普通中小学和特殊教育学校就学，这些儿童接受不到义务教育，而义务教育是国家统一实施的所有适龄儿童、少年必须接受的教育，是国家必须予以保障的公益性事业。其实质是国家依照法律的规定对适龄儿童和青少年实施的一定年限的强制教育制度。教育部《第二期特殊教育提升计划（2017—2020年）》中明确将“特教学校、普通学校随班就读和送教上门的运行保障能力显著提高”确定为总体目标之一。要求“以区县为单位，逐一核实未入学适龄残疾儿童少年数据。通过特教学校就读、普通学校随班就读、送教上门等多种方式，落实‘一人一案’，做好教育安置”。送教上门是指对具有接受教育能力但因身体残疾障碍过重，无法到学校接受正常教育的适龄重度残疾儿童，采取学校教师、志愿者等走进家门进行有目的、有计划、个别化的教育方式。在特殊教育领域，送教上门是一种教育方式，其本质是将课程送到无法到校参与学习的适龄重度残疾儿童家中，让孩子能够接受教育。送教上门的对象既可能是身体重度障碍的学生，也可能是精神层面不适宜到学校环境接受教育的学生。送教上门使教育精准扶贫落到实处，让所有孩子都能沐浴灿烂的阳光！

二、研究目标

本研究主要针对乡村小规模学校教师队伍建设、农村贫困地区学前教育发展、特殊教育发展等教育扶贫的难点，从现状入手，发现和研究问题，最后提出一些具体的可借鉴、可推广的政策建议。

三、研究内容

收集和研究关于乡村小规模学校教师队伍建设、农村贫困地区学前教育、特殊教育等领域的基本现状、主要问题，针对问题提出一些具体的政策建议。

四、研究方法

（一）文献研究法

其一，学习党的十八大以来有关教育扶贫的政策，领悟教育扶贫的内涵及各地在教育扶贫的新思路、新举措。

其二，查阅我国贫困地区关于基础教育、学前教育、特殊教育发展的文献资料。

（二）调查研究法

其一，深入国家级贫困地区甘肃省平凉市静宁县、庄浪县、临夏州积石山县、甘南卓尼县、陇南文县的乡村学校、幼儿园、特殊教育学校，对教学基础设施建设、教师队伍建设、学生就学现状、影响教育发展的瓶颈因素、推进教育发展的需求等进行现场调查和访谈。

其二，对调查获取的信息资料进行分类汇总，结合文献分析，提出关于乡村小规模学校教师队伍建设、学前教育发展、特殊教育发展的政策建议。

五、研究的主要结论

（一）关于乡村小规模学校教师队伍、农村贫困地区学前教育和特殊教育的基本现状

1.乡村小规模学校教师队伍的基本现状

乡村小规模学校的建设和发展，是各个国家教育事业发展中都要面对的课

题。21世纪初，全球少于3个班级的小规模学校仍占学校总数的30%，大多实行复式教学或混龄教学，法国、秘鲁、泰国、老挝等国的小规模学校数量都占有较大比例。美国的城镇化率尽管达到85%，但依然有2.2万所教学点，约占全美小学总数的三分之一。

世界各国的乡村学校都普遍存在着难以吸引和稳定优质师资的困境。各个国家都在努力尝试以更好的激励来提升乡村教师岗位的吸引力，以达到吸引和稳定优质师资的目的。美国联邦政府出台一系列支持乡村小规模学校计划，包括“乡村教育成就项目”“小型乡村学校成就项目”和“乡村低收入学校项目”。日本、韩国等都出台《偏远地区、岛屿学校振兴法》，通过专门的政策扶持，为处于交通不便利地区的人们提供均等的教育机会。柬埔寨政府为乡村教师设立了“艰苦岗位津贴”和“复式教学津贴”，“艰苦岗位津贴”额度约每个月12.5美元，如果是在官方指定的29个偏远学区工作的乡村教师每月另外还有15美元的津贴。在柬埔寨，约有20%的教师在从事复式班的教学工作，为补偿从事复式教学教师额外付出的劳动时间，柬埔寨政府专门设立了“复式教学岗位津贴”，在每一学年结束后，乡村学校从事复式教学的教师会根据其各自不同的教学情况，得到不同比例的津贴。比如，进行“双班复式”的教师会得到相当于基本工资60%的复式津贴；“三班复式”的教师会得到相当于基本工资80%的复式津贴。以色列还为乡村学校校长和教师设置了一个特别的带薪休假制度，即所有乡村教师和校长每隔7年就能拥有长达1年的学习进修假期，在这一年的假期里，乡村教师和校长不需要上班却可以拿到相当于工资80%的补贴。

据教育部统计，截至2017年底，全国不足百人的乡村小规模学校有10.7万所，其中小学2.7万所，教学点8万个，占农村小学和教学点的44.4%，在校生有384.7万人，占农村小学生总数5.8%。乡村小规模学校依然普遍存在，尽管学生数总量不大，却集中在贫困程度较深、无力送子女进城上学、处于社会“后20%”弱势人群家庭子女。“能走的都走了，留下来的是走不出去的人。”2015年6月，国务院办公厅印发《乡村教师支持计划（2015—2020年）》（以下简称《计划》），全面落实集中连片特困地区乡村教师生活补助政策。2016年全国集中连片特困地区乡村教师生活补助共投入补助资金44.3亿元，比2015年增加了9.9亿元，提高了28.8%。集中连片特困地区人均月补助标准达到或超过400元的县占25%，与2015年相比提高11%。甘肃省2015年出台了《甘肃省乡村教师支持计划实施办法》，所有乡村教师全面落实不低于每人每月300元标准的生活补贴，2017年补贴增加为每人每月不低于500元。截至2016年12月25日，全省58个集中连片贫困县和17个插花贫困县共为16.36万名乡村教师发放生活补助资金6亿元，人均月补助标准达到307.2元。新疆维吾尔自治区许多县对于2018年新招聘的乡村教师承诺发放200～700元/月不等的基层补贴和乡村教师生活补贴。

目前教育部已采取了许多措施，如发放乡村教师生活补助、交通补助等，在一定程度上留住了一些教师。一些地方利用民生实事就业项目、特岗教师和三支一扶服务人员招考等途径，考录选拔教师到村小和教学点任教，缓解部分乡村小规模学校教师严重缺乏的问题。山东省建立市级政府委托高校定向培养师范生制度，吸引优秀学生从事教师职业。广西壮族自治区将深入实施农村小学教师定向培养计划，优先补足配齐民族地区乡村学校教师和紧缺学科教师。

任明杰是河南省封丘县潘店镇大辛庄小学的一名特岗教师。2014年，他考上特岗教师，将村里的留守儿童当成自己的孩子，放学后免费为其辅导，自费为学生购买学习用品。还完成了一本3万余字的教学经验总结，涵盖学习、卫生、安全、纪律等方面的理论和实践案例。为了与学生打成一片，他自学踢毽子、跳绳、篮球等，他不但会种地、手工、摄影、做美食，还撰写了30万字的从教日记，拍摄了两万余张教学照片及数百段视频。2018年任明杰被评为“河南最美教师”，颁奖词这样写道：“青年有志，志在特岗。你像参天大树，撑起的是百户人家的希望；你如燎原星火，把万千同行的心海点亮。十项全能，学生偶像，纵身砺生活清苦，亦胸怀诗意远方。”

乡村中的夫妻学校。为让教师留得住、教得好，我国一些地区鼓励一对或几对夫妻的老师在乡村小规模学校任教，人们把这些学校称为“夫妻学校”。我们在调研中发现，甘肃省静宁县仁大乡西张小学，是仁大乡最为偏僻的一所学校。学校只有两位年轻的夫妻老师，男教师在这里任教已经10年，女教师任教9年，两人携手共创一片天。男教师说：“多小的学校，再少的学生，总得有教师坚守；社会再进步，经济再发展，总会有一部分学生转不到城里去念书。因此，这里更需要有责任心的教师。”吉林省安图县两江镇中心学校汉阳教学点，距县城明月镇120公里，全校教职员工只有夫妻俩。他们一干就是30年，把最美好的青春和全部心血献给了大山深处的孩子们。重庆巫溪县中梁乡星溪村小学，一对年过半百的夫妻老师，携手撑起了这座乡村小学，延续着山里娃求学的希望，无悔坚守20多年。湖南省芦溪县长丰乡学校位于武功山山脉中段，山高路远，平均海拔超450米，最高的斗涧山海拔1 060米。为了让学校的老师不流失，校长鼓励年轻的男女老师在学校内部找对象。全校共有教职工41人，其中有12对夫妻。这12对夫妻，在这所大山里的学校，长的待了30多年，短的也待了十多年。正因为有这些夫妻教师和学校教师的默默付出和奉献，学校中考成绩连续10年稳居芦溪县前5名，并获得了“江西省人民群众满意学校”等荣誉称号。

2.农村贫困地区学前教育的基本现状

《国家中长期教育改革和发展规划纲要（2010—2020年）》中指出，要明确政府职责，把发展学前教育纳入城镇、社会主义新农村建设规划。2010年，国务院颁布了《关于当前发展学前教育的若干意见》，重点提及农村儿童的学前教育，推动实行集中资助学前教育。国家政府通过持续不断地推进“农村学前教育工程”，以及地方政府的“民生工程”“教育扶贫项目”等，在中西部农村地区新建幼儿园、利用农村闲置校舍改建幼儿园、增设小学附属幼儿园等措施，彻底改变了西北农村幼儿“无园可上”的状况。截至2015年，全国农村幼儿园数量达到15.5万个；幼儿园儿童人数达到2 700多万人。西北五省学前三年的平均毛入园率已达到75%左右。值得一提的是，在甘肃省58个集中连片贫困县，不仅实现了乡镇幼儿园全覆盖的发展目标，而且通过“甘肃省精准扶贫学前教育专项支持计划”，使学前教育向农村行政村延伸，在2000人以上的村庄建成939所幼儿园，在民族地区建成113所双语幼儿园，充分体现了“政府主导”“公益、普惠”为价值取向的学前教育改革方向。农村“入园难”问题正在得到逐步缓解。

（1）学前教育持续发展，幼儿园数量逐年增加，入园率稳步提升

党的十八大以来，国家持续发力，农村学前教育事业取得重大进展。2016年全国有教育部门办幼儿园66 119所，占幼儿园总数的27.57%，比2015年增加8 634所，增长15.02%。其中，城区为9 769所、镇区21 492所、乡村34 858所。与2015年相比，教育部门所办的幼儿园，城区增加854所，增长10%，镇区增加1 673所，增长了8%，乡村增加6 107所，增长了21%，乡村幼儿园增速最快。2016年，城区幼儿园数量为74 262所、镇区81 666所、乡村83 884所。城市幼儿园数量仅占总数的30.97%，农村（镇区和乡村）幼儿园数量占到69.03%，农村幼儿园依然是学前教育的很大比重。全国幼儿园数量2016年达到23.98万所，比2010年增加59.3%（具体数据见图8-1）；全国幼儿教师数2016年达到249.88

万人，比2010年增加91.4%（具体数据见图8-2）；全国毛入园率2016年达到77.4%，比2010年提高20.8个百分点（具体数据见图8-3）。

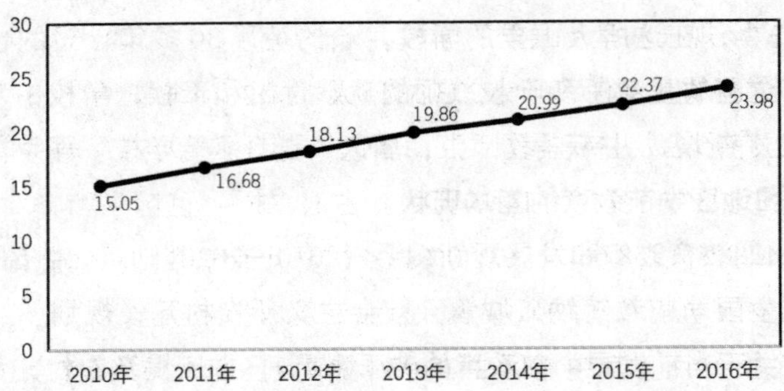

图8-1　2010—2016年全国幼儿园数量(万所)

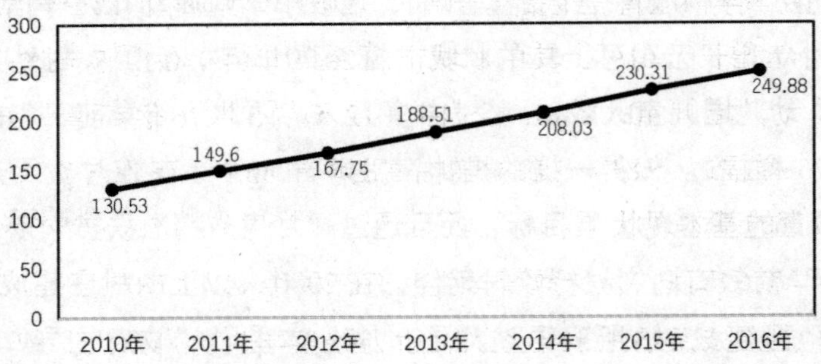

图8-2　2010—2016年全国幼儿教师数(万人)

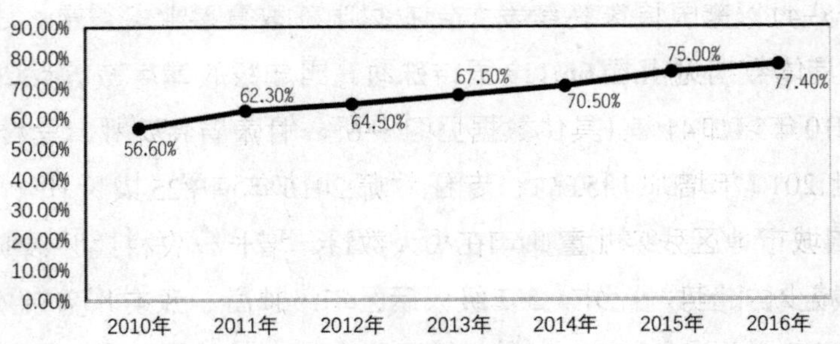

图8-3　2010—2016年全国毛入园率(%)

甘肃省幼儿园数量2016年达到6 441所，比2010年增加167.6%；教师数2016年达到39 459人，比2010年增加188.7%；毛入园率2016年达到90.00%，比2010年提高50.32个百分点。

（2）幼儿教师规模和学历层次不断提高

2016年，全国幼儿专任教师为223.21万人，较2012年新增了75.29万人，增幅达50.90%。在新增幼儿专任教师中，城区为31.13万人，占41.35%；镇区为30.06万人，占39.93%；乡村为14.10万人，占18.73%。城区、镇区、乡村5年增幅分别达到了42.22%、58.66%、61.40%。乡村幼儿专任教师总体规模增幅最大。

2016年，全国幼儿专任教师中学历为大专及以上者达到76.54%，比2012年提高了11.41个百分点。其中城区由72.92%提高到82.85%；镇区由62.31%提高到74.83%；乡村由46.42%提高到62.46%。

（3）学前教育经费大幅增长，财政性教育经费超半数用于农村地区

近年来，我国学前教育总经费显著增长。2015年我国学前教育经费为2 426.74亿元，较2012年增长了61%。其中，城市由2012年的930.17亿元增长至2015年的1 303.28亿元，增幅40.11%；农村由2012年的573.76亿元增长至2015年的1 123.47亿元，增幅达95.81%，农村增幅高出城市55.7个百分点。

3. 特殊教育的基本现状

全国截至2016年底，特殊教育学生共有在校生49.17万人，比上年增加4.95万人。其中，视力残疾学生3.61万人，听力残疾学生9.00万人，智力残疾学生26.05万人，其他残疾学生10.51万人。特殊教育毕业生5.92万人，比上年增加0.63万人。全国特殊教育学校数2016年达到2080所，比2010年增加21.9%（具体数据见图8–4），全国特殊教育学校专任教师2016年达到5.32万人，比2010年增加34%（具体数据见图8–5）；全国特殊教育当年招收学生数2016年达到9.15万人，比2010年增加41%（具体数据见图8–6）。甘肃省特殊教育学校数2016年为40所，比2010年增加135.3%，专任教师2016年有825人，比2010年增加97.4%。全国城市地区残疾儿童少年在校人数逐年增长，农村地区残疾儿童在校人数有逐步减少的趋势。此外，5年级以后，年级越高，残疾儿童在校生人数则越少，而且有急剧下滑的趋势。

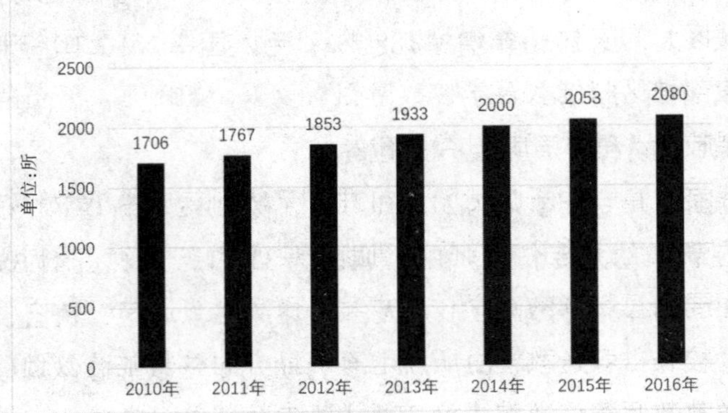

图8-4 2010—2016年全国特殊教育学校数(所)

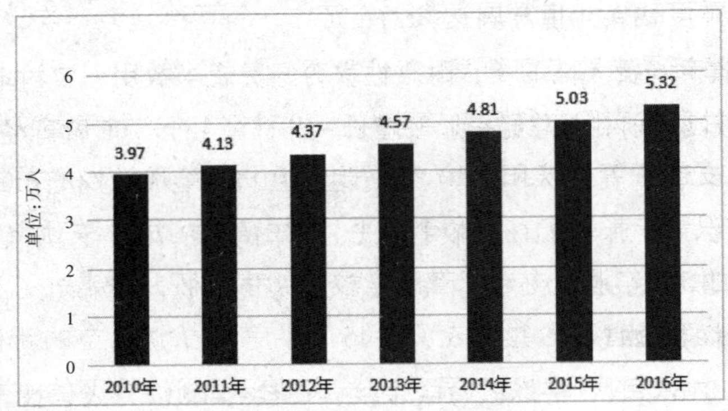

图8-5 2010—2016年全国特殊教育专任教师数(万人)

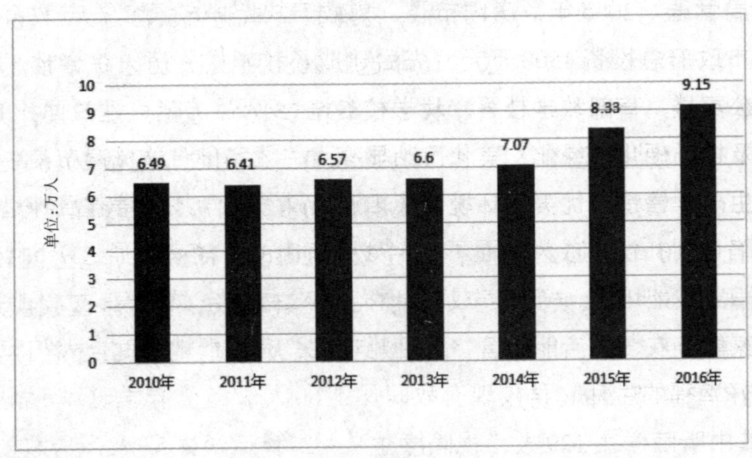

图8-6 2010—2016年全国特殊教育当年招收学生数(万人)

从特殊教育学校增加的数量上看，地区之间存在较大差异。表现在东中西部之间、城市（城区）和农村（乡村）之间的发展不均衡。从全国各省特殊教育学校分布来看，东部地区特殊教育学校数量相对较多，如山东、江苏等地特殊教育学校数量上发展较快，基本都超过百所特殊教育学校。

对于重度残疾儿童，由于生活无法自理，无法到普通中小学和特殊教育学校就学，送教上门就成为这些儿童接受教育的重要方式。目前，我国已开展送教上门工作的县区主要由县特殊教育学校（或县特殊教育资源中心）主管当地送教上门工作，由学区校长推荐送教学生所在地有责任心的教师做送教上门工作，县特殊教育学校与送教教师签订送教协议。每学年由特殊教育学校和送教上门教师一起制订送教计划，送教教师严格按照计划定期送教。如甘肃省目前有10多所特殊教育学校对重度残疾儿童开展送教上门工作，每两周送教一次，大约有100多名重度残疾儿童接受送教上门教育。

前进中的甘肃省庆阳市特殊教育学校。1976年3月，甘肃省庆阳市西峰区什社乡塔头村党支部把筹办庆阳革命老区第一所民办聋哑学校的重担交给了年仅21岁的回乡知识青年张荣庆。他和李兴平、刘永昌2名民办教师一起墁窑洞、盘土炕，在村部的5孔窑洞里办起了聋哑学校，26名聋哑儿童走进了学堂。1981年学校业务由民政系统管理，并建成了有45间平房、占地12亩的新校舍，拥有专职教师12名，为来自庆阳地区8县区、长庆油田及周边地区的一批批聋哑儿童实施八年一贯制教育创造了良好的学习生活环境。1985年，将学校业务交给西峰市教育局管理。2005年，庆阳市委、市政府决定学校隶属于市教育局。2014年，市委市政府总投资4500万元，先后建成了教学楼、逸夫综合楼、学生宿舍楼、教师公寓楼、盲部教学楼等。现学校占地1.9万平方米，建筑面积1.5万平方米。校园及操场硬化、绿化、美化已凸显亮点，体育健身器械遍布其中，为教师乐教、学生乐学营造了优美的环境。庆阳市特殊教育学校的培养目标是让残疾孩子身心缺陷得到补偿，成为残而不废、残而有为的劳动者。通过9～12年的文化课学习、职业技能培训、德育养成和身心健康发展的全面教育，力求使每一名残障学生回家能务农、开店能经营、生活能自立，有尊严地和健全人和睦相处，共同追求美好幸福的生活。学校现有教职员工60人，15个教学班，三类残障学生194人，其中听障学生129人，视障学生9人，智障学生53人，送教上门学生3人，已成为一所集视障、听障、智障于一体，涵盖九年义务教育、三年职业高中教育的综合型特殊教育学校。

（二）关于乡村小规模学校教师队伍建设、农村贫困地区学前教育发展和特殊教育发展存在的主要问题

1. 乡村小规模学校教师队伍建设存在的主要问题

（1）乡村小规模难以获得优秀年轻师资

乡村小规模学校师资短缺，特别是英语、科学、音乐、美术、信息技术等学科教师缺额较大，而且普遍存在年龄老化、结构失衡、素质不高的问题，严重影响国家课程计划的落实。对于位置偏僻的乡村小规模学校而言，由于在城乡社会发展水平中处于底层地位，不仅工作和生活环境艰苦，而且工资和福利待遇较低，因此难以吸引优秀教师和优秀高校毕业生到那里任教，尽管国家和不少省（区）出台了一些面向偏远乡村学校师资招聘政策，如“农村教师资助行动计划”和“高校毕业生农村任教退费政策”等，但仍然难以获得扎根基层、奉献农村的优秀年轻师资。有些招聘到乡村小规模学校的高校毕业生因条件艰苦、环境不适应而辞职，有些乡镇初中和小学因师资短缺“截留”了原本到乡村小规模学校任教的高校毕业生，也有部分乡村小规模学校年轻教师被“借调”到其他单位工作，导致乡村学校优秀师资匮乏。

（2）乡村教师生活补助标准偏低且倾斜力度不大

调研发现，西部地区目前大多数乡村教师生活补助在300～500元之间，约占工资的10%。这些微少的补助对乡村教师没有多大的吸引力。有的地方实行“一刀切”，不同地域、不同学校的乡村教师生活补助完全一样，有些县（区）按照教龄确定乡村教师生活补助，这显然违背了《计划》实施的初衷。乡村教师生活补助分档的目的是补偿乡村教师，尤其是偏远地区乡村小规模学校教师在生活条件、教学环境和个人发展等方面的劣势。“一刀切”、标准低的乡村教师生活补助，使得环境恶劣、工作艰苦的乡村小规模学校教师心理失衡，工作积极性受挫。

（3）乡村教师核编政策难以落实到位

为解决村小和教学点等乡村小规模学校课程多、负担重的问题，《计划》规定乡村小规模学校按照生师比和班师比进行核编。但调研发现，大多数乡村小规模学校没有按照生师比和班师比进行核编。我国地方政府在制定乡村教师编制的

执行标准时，主要依据其财政能力而非学校实际需求，教育部门能够获得多少编制，取决于县级财政能力、县级政府对教育的重视程度和上级部门的编制政策等。目前我国仍沿袭“以县为主”的财政体制，乡村教师编制的增加意味着教育经费支出增长，由于县级财政大都“一个萝卜一个坑”，根本没有额外的教师编制。目前在安排教师编制时，总会优先安排乡镇中心小学和完全小学等，乡村小规模学校总是处于“被遗忘”的角落。调查结果显示，超过一半的乡村小规模学校教师进行“包班上课”，一睁眼就忙到天黑，是这部分教师群体工作的真实写照。

(4) 乡村教师职称评定非常困难

调研发现，有些地方乡村教师职称评定的指标不公开，甚至存在暗箱操作，职称评定仍然倾向城镇教师。尽管目前乡村教师职称评定取消了论文等要求，但科研课题、获奖等一项都不能少，乡村教师明显处于劣势地位。乡村教师高级职称比例明显低于城区和镇区。2015年，《中国教育统计年鉴》显示，乡村教师具有高级职称的比例要比城区低34.5%。

2.农村贫困地区学前教育发展存在的主要问题

(1) 师资队伍数量不足，专业化水平不高

一是农村幼儿教师数量不足。当前，学前教育是教育发展的“短板”，农村学前教育则是“短板中的短板”。据统计，我国幼儿园的生师比平均为1∶30.2，而农村幼儿园则达到了1∶36.1，远远超出了国家规定的标准，有的地方甚至超出国家规定标准的两三倍。不仅生师比严重超标，农村学前教育的园所数量、幼儿入园率、师资队伍质量、课程设置等也严重不足，形成农村学前教育的“总体性资源匮乏”和“总体性教育贫困”现象。

二是农村幼儿教师专业化程度不高。制约农村学前教育质量提升的关键因素是农村幼儿教师专业化程度不高。目前，农村幼儿教师补充的渠道主要是公开招聘、特岗计划和转岗教师等形式，初入职教师的共同特征是缺少学前教育背景。“考非所专，聘非所用”的现象非常普遍。因编制等现实问题，农村幼儿园教师岗位缺乏吸引力，无法吸引学前教育专业的优秀毕业生到农村基层就业。

三是农村幼儿教师的保教能力有待提升。正是由于农村幼儿教师专业化水平的限制，农村幼儿园教育远离农村幼儿的生活实际与学习经验，农村幼儿园“城市化”与“小学化”现象非常普遍。

（2）缺乏长效保障机制

虽然在普及学前教育的过程中，各级政府财政经费向农村地区倾斜，建成了一大批公立性质的农村幼儿园。但是部分新建农村幼儿园仍徘徊在“体制”之外，幼儿园靠收取的保教费维持幼儿园日常运转，缺少制度性经费的保障。为了解决这一问题，地方政府也在积极探索农村学前教育的投入机制，或在极贫困地区实施免费学前教育，或通过制定生均公用经费保障农村幼儿园运转。但“市县为主，省级补助，中央支持”的经费投入原则和“以县为主”的管理体制，使得大部分新建农村幼儿园的运转资费由县级财政负担。一方面西部贫困地区县级财政有限，自给率低，投入总量不足，“以县为主”的投入体制直接影响了最贫困地区学前教育的普及。另一方面，西部乡村一批小规模幼儿园，因幼儿人数过少，依靠有限的生均经费，也无法保障幼儿园的日常运转。

（3）办园体制不够完善

一是“城镇化”办园模式与西部边远农牧区地域特征不相符的问题。目前，普及农村学前教育采用的是“自上而下”的、规模化的普及路径，即率先普及县、乡级幼儿园，然后是行政村，最后延伸到边远山村。建园规模也以县级6个班以上、乡级6个班、村级3个班为标准。办园模式多为“全日制”或全日简托为主要形式。而这种“城镇化”办园模式与西部边远农牧区“山大沟深，居住分散、人口稀少”的地域特征不相符。

二是学前教育发展不平衡，幼儿园办园水平差距大，幼儿入园率偏低。近几年来，幼儿教育得到较快发展，但农村托儿工作发展缓慢，基本处于自然发展状态。幼儿园“低、小、散”的状况普遍存在，低价争夺生源的现象普遍存在，办园行为不规范。县（市、区）之间、城乡之间、幼儿园之间发展很不平衡，差距十分显著。

三是管理体制尚未理顺，管理工作尚未全面到位。市（州）、县（市、区）、镇（乡）三级政府及有关部门管理学前教育的职责尚未十分清晰，部分地区不能有效落实。一些县（市、区）教育行政部门内部科（室）之间职责交叉，关系没有理顺，影响管理效率。一些地方镇（乡）中心小学与中心幼儿园的关系没有理顺，财权与事权分离，影响幼儿园的发展。一些镇（乡）中心幼儿园属于个人办学，无法承担“中心”职责。中心幼儿园园长的任命或聘任，有的地方是县级教育行政部门，有的地方是镇（乡）政府，有的地方是中心小学，有的地方是举办者，情况不一，职责不明。部分农村幼儿园规模小，无园舍，流动性大，管理难度较大。

3.特殊教育发展存在的主要问题

（1）区域布局不平衡。《2016年中国教育统计年鉴》显示全国特殊教育学校数情况，河北省160所，河南省和山东省各146所，江苏省101所，而青海省和宁夏回族自治区分别有15所和12所，西藏自治区只有5所，全国各省区之间很不平衡。另外城乡之间特殊教育学校分布也很不平衡。2016年，我国城区、镇区、乡村的特殊教育学校数分别为998所、946所、136所，招生数分别为31 926人、39 519人、20 076人，乡村特殊教育学校数仅占全国特殊教育学校数的6.5%，但乡村特殊教育学生数占全国特教学生数的21.9%。教育资源的匮乏和受教育群体的庞大，致使农村特殊教育的推进和普及受到严重阻碍。

（2）层次结构失调。长期以来各级政府主要关注义务教育阶段的特殊教育。近年来，虽然学前教育、中等教育、高等教育阶段特殊教育有所发展，但总体规模偏小，残疾人接受义务教育以后，升学非常困难。以高等教育为例，目前全国尚未有一所专门面向残疾人的大学，也鲜有以残疾人为教育对象的职业学校。在绝大多数高校，没有专门为残疾人开设的专业。

（3）财政投入不足。各级财政对特殊教育的投入虽然在不断加大，但与普通教育相比，明显不足。考虑到特殊教育办学成本比普通教育高很多，目前的财政投入更是捉襟见肘。以2015年财政投入为例，全国各级财政特殊教育经费投入为120.79亿元，仅占全国财政教育经费的0.35%。由于经费紧缺，特殊教育学校建设滞后，办学条件改善难度很大，师资待遇也不高。

（4）师资培养滞后。目前特殊教育学校的教师大多数是“半路出家”，未接受过专门训练。全国仅有北师大、华东师大、辽宁师大等少数高等师范院校设有特殊教育本科专业，有南京特殊教育职业技术学院、营口职业技术学院等院校设有特殊教育专科专业。全国每年培养的中、高等特殊教育师资，远远满足不了广大残疾人就读需求。据估算，仅全面普及残疾儿童少年九年义务教育，全国特殊教育师资缺口达10万以上。仅靠目前的师资培养培训体系，远不能解决问题。

（5）送教上门困难突出

一是本职工作与送教上门工作之间存在的矛盾。目前送教上门工作主要由特殊教育学校教师和送教学生所在地学校教师承担，但特殊教育学校本身编制少，教师工作量大，只能在周末和节假日送教上门，严重影响了教师的休息时间。送教学生所在地教师有时周末加班或有活动就与送教工作时间冲突，无法去送教。

二是送教内容单一。由送教学生所在地学校教师送教的内容单一，只能送语文、数学课程，但重度残疾学生最需要的是康复和生活的知识、技能，而承担送教学生所在地学校教师没有掌握康复知识与技能，无法对送教学生进行康复教育与康复训练。送教教师缺乏康复知识与技能。目前康复教师很少。

三是送教上门无专项经费。送教上门成本高，目前送教上门工作经费有两方面的来源，一是部分省区开展送教上门实验，划拨实验经费，但实验结束后无经费资助，送教工作被迫停止。二是一些学校拿出送教学生生均公用经费开展送教上门工作，但生均公用经费不能作为教师的补助进行开支，送教教师的待遇无法落实。

四是缺乏对送教上门工作的评估。送教上门工作一部分是特殊教育提升计划实验县开展的工作，另一部分是特殊教育学校自发开展送教上门，教育部、各省（自治区、直辖市）没有对送教上门工作制定统一的评估标准，送教上门质量无法保障。

（三）关于乡村小规模学校教师队伍建设、农村贫困地区学前教育发展和特殊教育发展的政策建议

1.关于促进乡村小规模学校教师队伍建设的政策建议

（1）实施属地化公费定向培养政策

所谓属地化公费定向培养，即地方政府定向培养一批具有本地户口的公费师范生，入学前省级教育主管部门与公费师范生签订合同，他们在校期间可以享受公费教育，毕业后直接到乡村小规模学校任教，并在工作期间给予一定的优惠政策，如工资提前定级、评职优先和享受偏远地区津贴等，工作年限到期后可以在县城以下的学校自由调动。同时，严格教师管理政策，不允许乡镇小学和其他事业单位随意抽调乡村小规模学校教师，保证乡村小规模学校师资稳定。

（2）实行差异化乡村教师生活补助倍增计划

各级政府要将乡村教师生活补助列入新增教育经费中的重点保障对象，中央和省级政府在乡村义务教育保障经费中将乡村教师生活补助列为专项资金，县（区）政府要将部分土地出让金用于重点保障乡村教师生活补助按时足额到位。

要保证以往乡村教师政策性补助如乡村教师津贴、乡镇工作补贴和乡村教师生活补助等项目不减少、标准不降低，并且确保金额逐年递增；坚决执行差异化发放的政策，保证条件艰苦、地理位置偏僻的乡村小规模学校教师拥有2～3倍于乡镇小学教师的生活补助，充分激励优秀年轻教师到乡村小规模学校安心从教。同时，鼓励年轻夫妻到同一所乡村学校任教，并给予一定的补助。

(3) 实施“自上而下”和“自下而上”相结合的核编政策

实施“自上而下”和“自下而上”相结合的乡村教师核编政策。所谓“自上而下”，即省级政府根据教育事业发展规划制定编制实施办法，提出本省乡村学校编制方案，县级教育行政部门根据学生人数、标准班额、班级数和每班教师定员等指标，区别不同地域和学校层次，计算乡村学校教师编制数额。所谓“自下而上”，即学校在本校学生人数的基础上，兼顾本校所处地域和学校性质、班级数量和学科类别等因素，考虑教师实际工作量确定乡村教师编制。通过“自上而下”和“自下而上”相结合，合理确定本县（区）乡村学校教师编制的实际需要。同时，为乡村小规模学校设立10%～15%的教师机动编制，保证女教师休假、教师外出培训等实际需要。省级政府则坚持经费统筹的原则，客观评估县（区）级财政的教育承载力，根据不同地区财政能力实行乡村教师人员经费按比例分担机制。对于“三州三区”和国家级贫困县，由于增加乡村教师编制而需要的财政支出由中央财政直接拨付，切实解决财政能力弱的县（区）的后顾之忧，确保乡村小规模学校正常运转。

(4) 实施乡村教师职称结构单列

实施乡村教师岗位职称结构单列，专门针对在乡中心区及以下学校工作的教师、交流至乡村学校的教师、支教到乡村学校的教师，依据一定工作年限，设置岗位职称结构比例，提升乡村教师获得感，吸引和稳定更多的优秀人才在乡村从教，对于返城教师腾退高级职称，并重新参加城区高级职称评聘，进而提高乡村教师整体素质，提高乡村教育质量。

2. 关于促进贫困地区学前教育发展的政策建议

(1) 健全学前教育发展保障长效机制

一是将学前教育纳入省市经济社会发展总体规划，纳入城镇建设规划、新农村建设规划和教育发展总体规划。根据当地经济社会发展、城镇化进程、地理环境、交通条件、人口分布、留守儿童现状等情况，科学规划、合理布局学前教育资源，将新建、改扩建公办幼儿园用地纳入当地国有建设用地年度供应计划，实现幼儿园布点网络化、广覆盖，方便幼儿就近入园。以县为单位，制定专项规划、年度计划和精准扶贫政策，明确改革发展的目标、任务和措施，分年分步组织实施。按照农村“村村覆盖”的要求整体规划，形成县、乡、村学前教育网络，多渠道提供学前教育服务。

二是加强农村学前教育基础设施设备配建。按照托儿所、幼儿园建筑设计规范以及农村幼儿园基本办园标准，对建办日托幼儿园必需的厨房、盥洗室、寝室、保健室等按标准进行新建、改建。幼儿园厨房按照国家B级以上标准建设，在建设过程中，各幼儿园可根据实际，有条件的单独设置厨房，暂时不具备条件的，可共用中小学营养早餐厨房，但必须达到标准，符合卫生要求。幼儿园厕所提倡男女厕分开，适合幼儿使用。幼儿园必须配有与之相适应的保健室，健全保健措施，保障幼儿健康成长。幼儿园玩具教具配备应符合国家规范标准。

三是落实职责，切实加大经费投入。各级政府要将学前教育经费列入财政预算。新增教育经费要向学前教育倾斜。财政性学前教育经费在同级财政性教育经费中要占合理比例，而且要逐年提高。省财政设立学前教育专项资金，采取以奖代补形式，支持学前教育发展。按照国家统一部署，科学研究制定公办幼儿园生均经费标准和生均财政拨款标准。调整优化各级政府预算内基建投资结构，加大对农村学前教育基础设施的投入。

（2）建立农村幼儿园教师专业发展机制

一是科学制定农村幼儿园编制管理办法。根据国家制定的幼儿园教职工编制标准，对以国家财政性经费举办的公办幼儿园，其核定的编制作为聘用人员和核拨经费的依据。通过公开招聘新进教师、富余中小学教师经培训后转岗等渠道，基本配齐农村公办幼儿园教师。按标准和程序，采取教师转岗、特岗教师招录、“三区”支教、巡回支教、顶岗实习支教、公开招聘等多种渠道补足配齐日托幼儿园教职工。日托幼儿园必须有专任的园长，保教人员原则每班按照“两教一保”配备，按照每150名儿童至少配备一名保健医生的要求配备专兼职保健医生；食堂工作人员必须取得食品从业人员健康体检和培训合格证，并每年进行健康体检。

二是加强幼儿园教师培养培训。在加强农村幼儿园教师各级各类培训的基础上，要扩大高等师范院校学前教育专业培养量，继续办好高职大专幼儿师范学校，通过多种办学模式，扩大培养规模。建立和完善幼儿园园长和教师培训体系，开展多种形式的培训。对中小学富余教师分批组织转岗培训，合格后转入幼儿园。创新机制，探索幼儿教师补充办法，依托高职院校和师范院校学前教育专业，为农村幼儿园定向培养教师，毕业后定向就业，招生对象向深度贫困县和建档立卡贫困家庭倾斜。

三是落实农村幼儿园教师地位和待遇。根据国家统一部署，适时制定并实施农村幼儿园教师专业技术资格评审标准，完善专业技术资格评价机制。完善落实幼儿园教职工工资保障办法和社会保障政策。对长期在农村基层和艰苦边远地区工作的公办幼儿教师，按国家规定实行工资倾斜政策。对优秀幼儿园园长、教师进行定期的表彰奖励。

（3）建立健全学前教育科学管理机制

一是严格执行农村幼儿园准入制度。根据国家基本标准和社会的不同需求，制定不同类型幼儿园管理办法，实行分类管理、分类指导。县级教育行政部门负责审批各类幼儿园。未取得办园许可证和未办理登记注册手续，任何单位和个人不得举办幼儿园。对社会各类幼儿培训机构和早期教育指导机构，审批部门要加强监督管理。严格按照国家幼儿园建设管理相关规定，建立健全幼儿园管理、保教、安全、食品卫生、接送、应急突发事件处理等规章，完善幼儿档案资料，切实加强幼儿园财务、考勤、奖惩等相关制度建设。

二是建立农村民办幼儿园年检制度。幼儿园要严格按照国家有关规定依法依规办园，规范教材和操作材料征订，坚持以游戏为基本形式，科学合理安排幼儿园活动，保教并重，坚决防止和纠正“小学化”倾向，加强教师职业道德建设，确保幼儿身心健康、快乐成长。按照“准入一批、整改一批、取缔一批”的要求，对无证办园全面排查、分类治理、督促整改。对达不到准入条件、整改无效的幼儿园，由县级政府负责，相关部门协作，依法予以取缔；对办园规范、质量较高、收费合理的给予奖励。

三是健全农村幼儿园卫生保健制度。各类幼儿园要严格执行卫生部、教育部关于托儿所、幼儿园卫生保健管理的相关规定，健全卫生保健制度，贯彻保教结合、预防为主的方针，落实或协助有关部门落实幼儿园膳食营养、体格锻炼、健康检查、卫生消毒、疾病预防等卫生保健措施，预防和减少疾病发生，保障儿童身心健康。

四是加强农村幼儿园安全设施建设。将安全设施纳入幼儿园方案设计，配齐视频监控和报警设施，请有资质的单位定期对托幼建筑设施与技防设备进行安全鉴定、维护和保养。进一步加强安保人员配备，并健全每日值班制度、外来人员车辆登记制度、隐患自查制度等一系列安全管理制度，严格落实各项工作措施，相关部门按照职能分工，加强对安全工作的监管与指导。

（4）逐步全面推行农村幼儿园日托制

对照打赢脱贫攻坚战的艰巨任务和全面建成小康社会的目标，我国继续推进学前教育资源向贫困地区行政村延伸，学前教育项目向深度贫困县倾斜。如甘肃省平凉市的城镇、独立建制镇、城乡接合部等所有幼儿园建设项目全部按照日托幼儿园标准建设，不断满足进城务工人员子女接受学前教育的需求。推行农村幼儿园日托制，着力解决家长接送次数多、束缚劳动力的问题，有助于贫困家庭早日脱贫。

3.关于促进特殊教育发展的政策建议

（1）进一步加大特殊教育投入力度。建议中央和地方财政加大对特殊教育的投入，新增教育经费向特殊教育倾斜。一是要对特殊教育经费占财政性教育经费投入的比例提出要求。二是制定基础教育阶段特殊教育生均经费基本标准，督促各地落实。三是中央财政对各地义务教育阶段特殊教育学生，提高生均拨款标准，并加大对中西部地区的转移支付力度。

（2）优化特殊教育层次结构。在大力发展义务教育阶段特殊教育的基础上，建议增加残疾儿童少年接受普通高中教育、中等职业教育和高等教育的专项招生计划，给残疾儿童提供优质学习机会，增强他们自身就业能力。

（3）加强特殊教育专业人才培养，从源头上解决特殊教育师资培养问题。建议国家有计划地在师范类院校和医学院校增设一批特殊教育相关专业，适当扩大招生规模；在现有师范类专业中加开特殊教育类课程，培养师范生的全纳教育理念和指导残疾儿童随班就读的教学能力。加快培养教育—康复（治疗）“双师型”特教师资队伍。

（4）完善特殊教育学生资助体系。充分考虑特殊教育学生及家庭的特殊困难，建立健全专门针对特殊教育学生的资助体系，加大残疾学生助学力度，在“两免一补”基础上突出特教特办，扩大残疾学生补助范围，增加补助项目，提高补助水平。

（5）进一步规范做好特殊教育送教上门工作。为使重度残疾儿童接受比较好的教育，必须进一步规范做好送教上门工作，建议教育部印发送教上门工作实施意见。设立“送教上门”工作专项经费，用于“送教上门”教师的交通补助、课时费、保险费以及教育教学和康复教育设备的配备。培训当地普通中小学教师开展送教上门工作，并注重送教内容和方法的针对性。充分发挥特教学校的指导作用，建议定期跟踪指导。建立科学的送教上门工作评估、考核和奖罚制度。

（执笔人：杨军峰　曹宁子　马金玲　王成德）

第九章　教育精准扶贫新路径研究
——以甘肃省为例

一、研究背景与意义

教育在精准扶贫中具有基础性、先导性和持续性的作用。教育是贫困人口脱贫“两不愁、三保障”的重要内容，也是党中央确定的脱贫攻坚“五个一批”举措之一。以习近平同志为核心的党中央高度重视贫困地区的教育扶贫工作。甘肃省作为全国最贫困的地区之一，研究甘肃省教育精准扶贫的新路径和好经验具有重要意义。本课题主要立足甘肃省教育精准扶贫的实际，总结提炼甘肃教育精准扶贫的基本经验和有效做法，以期给我国其他贫困地区做好教育精准扶贫工作提供借鉴和参考。

甘肃省高度重视教育扶贫工作，教育投入连续多年为全省公共财政第一大支出，坚持创新机制，突出精准，狠抓落实，以保障义务教育为核心，全面落实教育扶贫政策，逐年持续降低贫困地区特别是深度贫困地区、民族地区义务教育辍学率，稳步提升贫困地区义务教育质量。强化引领，深入推进教育精准扶贫国家级示范区建设。全面推进贫困地区义务教育薄弱学校改造工程，不断加强乡镇寄宿制学校和乡村小规模学校建设，确保所有义务教育学校达到基本办学条件。在贫困地区优先实施教育信息化工程，不断加强学校网络教学环境建设，共享优质教育资源。深入推进义务教育均衡发展，充分利用教育东西扶贫协作机制，让更多贫困地区的孩子享受优质教育资源。

二、研究目标

本研究主要立足甘肃省教育精准扶贫的实际，总结提炼甘肃省教育精准扶贫的基本经验和有效做法，一方面促进甘肃省进一步做好教育精准扶贫工作，另一方面这些经验与做法可以给我国其他贫困地区做好教育精准扶贫工作提供借鉴和参考。

三、研究内容

收集和研究甘肃省开展教育精准扶贫的有关资料和信息，总结提炼甘肃省教育精准扶贫的基本经验和有效做法。

四、研究方法

（一）文献研究法

学习党的十八大以来有关教育扶贫的政策，领悟教育扶贫的内涵及各地在教育扶贫的新思路、新举措。

（二）调查研究法

其一，深入国家级贫困地区甘肃省平凉市静宁县、庄浪县、临夏州积石山县、甘南卓尼县、陇南文县等，了解教育精准扶贫的基本情况，进行现场调查、访谈。

其二，对贫困地区帮扶单位的扶贫策略、扶贫措施、扶贫效果进行调查访谈。

其三，对调查获取的信息资料进行分类汇总，结合文献分析，总结提炼出乡村小规模学校教师队伍建设、学前教育、特殊教育的基本现状、存在的主要问题以及政策建议。

五、甘肃省的主要做法与成效

甘肃省拥有58个集中连片贫困县、17个插花贫困县，其中23个县是深度贫困县，全省贫困面大，贫困程度深，是全国脱贫攻坚的主战场之一。党的十八大以来，甘肃省以习近平新时代中国特色社会主义思想为指导，深入贯彻习近平总书记视察甘肃重要讲话和“八个着力”重要指示精神，在财力十分有限的情况下，坚持把教育发展作为阻断贫困代际传递的根本途径，加大投入、聚焦发力，大力实施学前教育、义务教育、普通高中教育、职业教育、乡村教师队伍、民族教育、学生资助、高校招生、留守儿童等9个专项支持计划和支持革命老区教育跨越发展行动计划，形成了从学前教育到高等教育全口径的一系列教育精准扶贫政策体系，在全国率先建成教育精准扶贫大数据平台，率先出台乡村教师支持计划，大力改善贫困地区办学条件，加大贫困地区学生资助力度，实现义务教育建档立卡贫困家庭适龄学生无一人因贫失学目标。2017年，全国打赢教育脱贫攻坚战现场会在甘肃省召开，甘肃省的教育扶贫经验和做法得到教育部和兄弟省份的高度评价。

（一）甘肃省教育精准扶贫的主要做法与成效

1.立足全局，坚定抓好教育扶贫这个优先任务

甘肃省坚持和加强党对教育工作的全面领导，紧盯“两不愁、三保障”目标，持续确保教育投入为全省公共财政第一大支出，全力抓好教育这个最根本的精准扶贫举措。健全完善省级领导包抓市州和深度贫困县教育脱贫工作制度，压实各级责任，强化成效考核，确保中央精准扶贫精准脱贫方略落地生根。为进一步做好教育扶贫工作，出台《甘肃省坚决打赢教育脱贫攻坚战的意见》《甘肃省三年教育脱贫攻坚计划（2018—2020年）》《甘肃省职业教育助推脱贫攻坚实施方案》《甘肃省“学前学会普通话”行动实施方案》《甘肃省推广国家通用语言文字服务脱贫攻坚行动实施方案》等一揽子方案，明确全省打好教育脱贫攻坚战的路线图和时间表；制定《教育脱贫攻坚工作责任清单和问责办法》《教育脱贫攻坚考核办法》《教育系统扶贫领域作风问题专项治理实施方案》等一揽子文件，为教育脱贫攻坚政策一以贯之落实落细提供了重要保障；建立《省教育扶贫专责工作组联席会议制度》《省教育扶贫专责工作组工作任务分工方案》《省教育扶贫专责工作组办公室工作职责》等一揽子制度，与专责工作组各成员单位上下联动、协同推进的工作机制基本健全。

2.突出精准，确保教育扶贫政策落实到“最后一公里”

形成“精准到人”的扶贫举措。一是建立领导包抓市州和深度贫困县教育脱贫工作机制。二是研究制定了14个市州“一市一方案”、35个深度贫困县“一县一清单”、贫困家庭“一户一对策”、受教育贫困人口“一生一办法”方案，做到

底数清、问题明、措施准，靶向施策，滴灌到人，为教育脱贫攻坚政策落实落细提供了保障。三是落实落细打赢教育脱贫攻坚战意见、教育脱贫三年攻坚计划，以及义务教育、职业教育等10个专项支持计划和配套措施。四是结合实际完善贫困家庭学生资助保障措施，抓好贫困地区专项招生计划，进一步缩小我省集中连片贫困县考生高考录取率与全省普通高考录取率的差距。

形成“精准到人”的资助体系。一是抓好精准建档。省、市、县、乡、学区五级按照“一户一对策”“一生一办法”开展教育脱贫信息库建设，完成全省101万建档立卡贫困家庭学生精准建档，为贫困人口脱贫验收和教育扶贫政策落实提供数据支撑。二是兑现资助政策。2018年全省累计下达资助资金11.08亿元，免除88.36万名适龄幼儿学前教育保教费；免除12.62万名贫困家庭高中学生学杂费；免除16.85万名建档立卡贫困家庭中职学生学费并发放生活补助；免除3.8万名省内高职（专科）院校建档立卡贫困家庭学生学费和书本费；271.18万名农村义务教育学生享受“两免一补”和营养改善计划，符合条件的建档立卡贫困家庭学生全部覆盖。三是紧盯持续资助。按照“脱贫不脱钩政策”要求，对已脱贫的59.63万名在校建档立卡贫困家庭学生进行重点摸排，确保政策精准惠及到户到人。

贯彻“严实并济”的审核要求。一是做到数据比对精准。围绕控辍保学，强化数据监测，利用公安、扶贫和教育部门三方数据，开展全省拟脱贫的建档立卡贫困人口中义务教育适龄学生的数据比对，教育系统数据审核准确率99.96%，2017年拟脱贫人口中义务教育适龄人口无一人因贫失学辍学。甘肃省数据比对的做法被教育部推广至全国采用。二是做到退出审核精准。按照贫困县退出教育行业指标验收标准，对2017年退出的6个贫困县和12个插花型贫困县教育方面退出指标进行了多轮严格的核查验收，18个县义务教育退出指标均达到退出标准。三是做到动态监测精准。主动对接国家建档立卡信息系统和教育部学籍信息管理平台，实现了全省建档立卡贫困家庭各级各类学生的数据动态监测。重点监测贫困家庭异地就学、辍学失学、残疾智障、因病休学的学生以及民族地区女童就学情况。

3.聚焦难点，着力破解民族地区义务教育辍学问题

针对临夏、甘南两州民族学生义务教育辍学率长期居高不下的问题，打响控辍保学攻坚战。制定《甘肃省重点地区控辍保学攻坚实施方案》，采取差异化措施力促适龄儿童劝得回、留得住、学得好。组织督导组到临夏州等6个市（州）的部分县（区）辍学高发地区督促检查控辍保学工作，对东乡县和积石山县等攻坚县控辍保学情况进行多次明察暗访。完善控辍保学动态监测机制，建立学籍系统数据质量核查机制，综合运用宣传引导、帮扶救助、行政、法律等措施，加强义务教育阶段控辍劝返复学工作。截至2018年10月22日，临夏州动态监测义务教育阶段辍学学生15 227人，其中建档立卡贫困家庭适龄辍学学生7 298人，已劝返7 290人，劝返率99.89%；甘南州动态监测义务教育阶段辍学学生5 624人，其中建档立卡贫困家庭适龄辍学学生1 318人，已劝返1 318人，劝返率100%。全省当年脱贫的贫困人口无一人因贫辍学，初步统计2018年民族地区九年义务教育巩固率全部可达到93%以上。

4.注重配套，加快补齐教育扶贫的硬软件短板

着力扩大学前教育资源，抓好1 000多所贫困县新建幼儿园标准化建设，不断提升农村地区幼儿园科学保教水平。重点抓贫困地区办学条件改善。全面完成“全面改薄”项目五年规划任务，按需求规划建设乡村小规模和乡镇寄宿制学校，将办学条件标准化建设延伸到教育体系“神经末梢”。甘肃省“全面改薄”项目共投入中央、省、市、县四级资金237.17亿元，共完成新建（维修）校舍建筑面积705万平方米，运动场783万平方米；完成购置生活设施34.8万台（件套），购置图书870万册，课桌凳187万套，计算机、教学仪器设备等36.88万台（件套），惠及贫困地区12 123所义务教育薄弱学校的260万名学生，分别占义务教育阶段学校数的94.95%、学生数的95.94%。制定《甘肃省“三区三州”教育脱贫攻坚资金规划（2018—2020年）》，未来三年利用中央支持我省“两州一县”教育脱贫攻坚资金8亿元，重点在“两州一县”新建、改扩建62所农村寄宿制学校，配备必要的教学、生活、就餐和信息化设施设备，配齐管理、生活教师，方便农村孩子就近入学和留守儿童照料。

2018年省政府实施“深度贫困县农村边远地区温暖工程”“深度贫困县农村中小学教师周转宿舍建设项目”为民办实事项目，解决23个深度贫困县区农村边远地区中小学170万平方米校舍采暖问题和23个深度贫困县3 000余名教师住宿问题。省政府为民办实事项目全部实行项目进展周报制度，“温暖工程”482个项目开工率达100%，供暖季开始前可全部实现清洁能源供暖。“周转房项目”开工率达100%，督促全部项目年底主体完工。启动制定《关于加强全省乡村小规模学校和乡镇寄宿制学校建设实施方案》，重点聚焦深度贫困地区，科学合理制定乡村学校布局规划。统筹利用覆盖全省的数字教育资源，通过“阳光课堂”教学分享模式，形成城乡教育一体化发展跨区域共建共享机制。制定出台了《中共甘肃省委甘肃人民政府关于全面深化新时代教师队伍建设改革的实施意见》《县域内义务教育学校校长教师交流轮岗实施意见》，采取调动交流、学校联盟、学区一体化管理、对口支援、教师走教等多种途径和方式，逐步实现县域内校长教师交流轮岗制度化、常态化。继续实施乡村教师支持计划，进一步提升乡村教师队伍整体素质。

5.强化引领，深入推进教育精准扶贫国家级示范区建设

2017年7月，全国打赢教育脱贫攻坚战现场会在甘肃省召开，现场观摩了静宁县教育脱贫攻坚工作。2017年8月，教育部、国务院扶贫办同意设立甘肃省教育精准扶贫国家级示范区。2018年3月，甘肃省教育厅批复同意在平凉市开展甘肃省教育精准扶贫国家级示范区建设先行先试工作。2018年7月，甘肃省人民政府办公厅印发《甘肃省教育精准扶贫国家级示范区建设实施方案》，在全省各市（州）、县（市、区）和省属高校，紧盯“九大精准工程”（义务教育“兜底保障”工程、学前教育“幼有所育”工程、职业教育“技能脱贫”工程、乡村教师“配优提质”工程、民族教育“聚焦优先”工程、招生扶贫“求学圆梦”工程、高等教育“定点帮扶”工程、首次就业“帮助保障”工程、结对帮扶“协作助力”工程）开展教育精准扶贫试点工作。组织全省58个集中连片贫困县、17个插花贫困县和省属各高校申报并开展教育精准扶贫国家级示范区建设试点项目188项，其中市县144项，省属高校44项，项目类别丰富，涵盖了实施方案中要求的“九大精准工程”。为确保试点引领、试出成效，甘肃省教育厅在申报2019年省级教育经费预算时，专门争取省级财政经费对重点试点项目予以经费支持。

自全省开展示范区建设工作以来，平凉市主动扛起先行先试任务，在全面落实教育扶贫各项政策的基础上，在农村幼儿园日托制、农村初中寄宿制建设管理、初级中学渗透职业教育、职业教育精准扶贫订单培养、职业教育通用平台建设等方面开展试点。将2018年的试点工作确定到校，一校一方案，定期督导，按时完成。2018年确定试点的54所农村幼儿园实现了每天“两餐一点”供应，家长接送次数由每天四趟减少为两趟，可以安心发展产业或外出务工。2018年确定的40所农村寄宿制建设管理试点学校，食堂、浴室、电暖设备等基础设施改造建设已全面完成，秋季开学投入使用。全市有6 000多名校外寄宿生实现校内住宿，这些学生的家长告别陪读，腾出更多精力发展产业或外出务工增加收入。各职教学校结合职业教育宣传周、办学成果巡回宣传等途径，全面开展面向初中的渗透教育，截至2018年10月，全市累计完成初中学校渗透职业教育师资培训649人（次），组织初中学生到职业院校参观、学习、体验3万多人（次），职业学校组织专业课教师为初中学生培训2 145人（次）。发挥职业院校的人才、设备、资源等优势，依托平凉职业技术学院和各县职教中心建立精准扶贫通用培训平台，实行各类培训进平台。各县（区）积极遴选确定教育扶贫培训基地平台，全市累计命名、授牌行业共享精准培训基地57个，开展各类培训1.43万人次。平凉职业技术学院、泾川县职教中心、静宁县职教中心与大金空调（上海）有限公司、浙江吉利控股集团、上海大众有限公司等知名企业签订订单培养专业12个，共1 036人，其中建档立卡户274人。

全省实施教育扶贫"九大精准工程"，义务教育兜底保障做到"一个都不能少"，学前教育"应需尽入"实现幼有所育，职业教育帮助贫困家庭至少一人掌握一门致富技能，民族教育补齐"两州一县"发展短板，高等教育定点帮扶实施"百千万扶贫行动"，从源头上打破"贫困积累循环效应"，并积极探索校农合作、校村合作培养乡村振兴人才新途径，努力为全国教育扶贫做出经验、做出引领、做出示范。

6.加强帮扶，充分利用教育东西部扶贫协作机制

按照与甘肃省政府签订的《东西扶贫协作责任书》，制定《甘肃省教育行业扶贫协作三年行动规划》，明确未来三年东西部教育扶贫协作的目标任务。目前，甘肃省教育厅与天津市教委、厦门市教育局分别签署《职业教育东西协作行动计划落实协议》，制定《天津—甘肃职业教育协作实施方案》，协作推动全省特别是贫困地区职业教育加快发展。一是抓人才支援协作，开展教育管理干部双向挂职（任职）、东部教师支教、农村教师赴东部交流培训。2018年以来，甘肃省10个市（州）共派出1 723名教育管理干部和教师赴天津、福州、厦门、青岛等地挂职锻炼、交流学习，东部地区已选派492名教育管理干部和骨干教师到我省贫困地区开展互访交流、支教送教、教师专题培训、教学团队建设，累计培训学科教师16 868人次。二是抓职业教育协作，深化津甘两地职业教育"一对一"帮扶合作。确定天津市14所国家中职改革发展示范校帮扶甘肃省中职学校，天津市10所高职院校对口帮扶10所“甘肃优质高职培育学校”，集中开展教师队伍建设、课程专业建设、校企对接合作、人才联合培养等方面的深度合作。三是抓兜底招生协作，以订单培养为重点，东部省市兜底招收我省贫困家庭子女接受优质中高等职业教育，毕业后优先推荐在天津就业，实现就业脱贫。截至目前，天津、厦门、福州的中职、高职院校已招收我省贫困家庭学生1 675名，并已全部落实资助政策。天津市、山东省、福建省三省市扩大对甘肃跨省本科、专科招生计划，2018年安排甘肃省本科计划9 296名，专科计划15 912名。天津大学已与兰州交通大学签署协议，开展高层次人才定向联合培养。

7.创建平台，努力建设公平而有质量的教育

经过多年坚持不懈的努力，甘肃省教育信息化建设取得了重大进展。截至2017年底，全省中小学“校校通”比例为84.98%，“班班通”比例为87.26%，“人人通”教师和学生比例分别为95%和77%。甘肃省基础教育资源公共服务平台，实现了教学资源、人人通空间、教育教学应用、大赛活动、教师培训等模块的有机结合。甘肃教育管理公共服务平台，已发展成通达全省各高校、市州和县区的附带移动端的办公平台。截至2017年底，甘肃省拥有普通小学6 172所，其中农村地区4 675所，占比75.7%。另有教学点5 128个，大多地处偏远，山大沟深。严酷的自然条件，使得传统的教育教学手段无法有效覆盖到广大农村地区，“山里娃”对教育公平的渴求日益强烈。教育信息化建设，对甘肃教育事业补齐短板、改善民生、加速推进现代化具有重要意义。近年来，甘肃省将教育信息化专项资金重点用于深度贫困地区，以“一校带多校”“中心校带教学点”等模式，覆盖教学点1 000多个。在西北师大附中建设数字资源提供系统，与临夏州、甘南州、庆阳市的20所学校结对帮扶，实现优质教育资源共享。

近五年，甘肃省实施中小学教师信息技术应用能力提升工程，共培训中小学（幼儿园）教师290 580人，占专任教师总数的88.86%，各个中小学校将信息技术应用成效纳入教师绩效考核指标体系。在“互联网+”教育的新形势下，推动从教育专用资源向教育大资源转变、从提升师生信息技术应用能力向全面提升其信息素养转变、从融合应用向创新发展转变，这“三个转变”代表着“互联网+”条件下的人才培养新模式，标志着教育服务供给模式升级和教育治理水平提升。实施“教师人文素养提升工程”，采用“互联网+移动端”学习模式，满足学习者随时、随地、随需学习的要求。开展“一师一优课、一课一名师”活动，

2017年甘肃晒课教师16.3万余人，晒课数19.8万节，获得部级优课550节，形成了基础性资源人人参与开发、个性化资源万众竞相开发的教学资源开发新格局。以学习者为中心，实现“人人有空间”“人人用空间”，意味着传统的“填鸭式教育”“流水线教育”一去不复返了，有教无类，因材施教，将逐渐成为中国教育的主流。

（二）对做好教育精准扶贫工作的一些思考和建议

第一，深化精准扶贫意识，高度重视教育精准扶贫的特殊地位。政府及相关部门，应从思想上充分认识教育精准扶贫对于打赢精准扶贫攻坚战的战略性价值，充分认识教育精准扶贫的艰巨性，充分认识协同协力协作推进教育精准扶贫工程的特殊重要性，动员全社会力量参与到这一功在当代、利在千秋的伟大事业中来。

第二，精准识别贫困人口特征，实施“靶向疗法”。准确把握贫困人口的生存状态、基本特征和发展诉求，是教育扶贫能否真正精准的前提。随着我国扶贫工作的深入推进，连片贫困正在逐渐消失，现阶段贫困人口呈现出碎片化、分散化和个性化的特征，这就要求我们在新的形势下，实施教育扶贫要准确把握贫困人口的个性化特征和差异化致贫机理，实施“靶向疗法”。具体而言，要建立贫困人口动态调查跟踪机制，整合并共享各部门有效信息，形成贫困人口信息管理系统，为教育精准扶贫的开展提供施策依据，也为后续扶贫效果评估提供科学准确的数据支撑。

第三，重视社会力量作用，健全教育精准扶贫机制。教育扶贫是社会力量参与扶贫的重要着力点。社会力量参与扶贫工作可以增加教育扶贫的资金投入。很多企业、社会组织和公民个人都比较倾向于把教育作为参与和支持扶贫的重要领域，从而增加教育扶贫投入，弥补政府力量在资金方面的不足。社会力量参与扶贫工作可以探索有效的教育精准扶贫新模式。与政府办学相比，社会力量更具灵活性和自主性，措施也更有针对性，比如阿里巴巴开展的贫困地区师资培训和奖励计划，为贫困地区学校培养师资队伍；一些社会组织机构在贫困村建立儿童学习交流中心，关爱儿童，尤其是留守儿童的成长；还有大量个人的一对一资助等。社会力量通过不同方式参与教育扶贫，探索形成许多有益的实践模式，推动教育扶贫的发展，为未来的教育改革提供宝贵的实践经验。社会力量参与扶贫工作还可以营造良好的扶贫社会氛围。社会力量参与教育扶贫是一个可以传递和传承的扶贫模式，今天被帮助的孩子，长大后就很可能会成为帮助别人的人。这种感恩方式的持续传递，能够形成良好的互帮互助氛围，激发社会扶贫热情，传承中华民族优秀的传统文化。我们应该进一步号召和鼓励全社会参与到教育扶贫攻坚战中来，加强组织动员，出台相关支持政策，完善相关体制机制。通过政府购买服务、政府与社会资本合作等多种方式鼓励社会力量参与贫困地区教育基础设施、教师培训、教育教学等工作；鼓励企业和个人以多种形式参与教育扶贫事业，援助贫困地区职业教育、两地教育合作交流等。

第四，加大人才引进与培养，构建开放、灵活、多元的师资队伍建设方案。教育精准扶贫的有效推进，离不开大量优质师资力量的参与。针对贫困地区优质师资力量严重缺乏的现状，需要构建开放、灵活、多元的师资队伍建设方案。一方面，要加大优质师资人才的引进和培养。贫困地区要克服一切困难，为新进师资人才创造良好的工作环境。另一方面，贫困地区要注重当地师资的培养和提升，要通过有效发挥基层教师培训中心作用、构建教育发达地区与贫困地区骨干教师交流机制、与发达地区师范类院校开展合作等多种方式，加强贫困地区教师的培训力度，提升其教育素养，使其能够胜任地方教育精准扶贫各项工作。要不断提高贫困地区教师工资待遇，建立教师收入稳定增长机制，持续改善教师工作生活条件，稳定教师队伍，保障并不断提升贫困地区一线教师和教育工作人员参与教育精准扶贫的积极性。

第五，资金开源节流和资金专项管理相结合，着力解决教育扶贫资金短缺、不到位问题。打赢教育精准扶贫攻坚战，资金是保障。没有充裕的资金，教师培训、教育基础设施建设等一系列关乎教育扶贫成效的工作都难以开展。部分贫困地区教育扶贫资金不足、不到位已成为制约教育精准扶贫工作开展的首要问题。我国应当建立更加多元化的教育精准扶贫专项资金筹资渠道，一方面要继续加大财政支持力度，中央财政一般性转移支付、专项转移支付资金向贫困地区和贫困人口倾斜；另一方面要更加重视社会力量，要创新体制机制汇集更多社会资金共同致力于教育精准扶贫工作。要结合脱贫攻坚任务和贫困人口变化情况，完善资金安排使用机制，精准有效使用教育资金，把教育经费花在刀刃上。切实把教育脱贫作为财政支出重点予以优先保障，资金安排向教育脱贫任务较重的地区倾斜。同时，要建立严格的资金专款专用制度，加强财政监督检查和审计、稽查等工作，杜绝各种对教育精准扶贫专项资金挤占挪用等不良行为的发生，严厉查处私自占用、挪用专项教育精准扶贫资金的行为，确保专项资金真正用于教育精准扶贫事业。

第六，坚持因地制宜，重点、优先发展职业教育。在实施教育精准扶贫过程中，建立健全从学前教育到高等教育的完整体系固然重要，但教育精准扶贫更需突出重点，抓住关键环节。职业教育对于贫困家庭学子习得一技之长、实现稳定就业，从而快速“挪穷窝”“拔穷根”“摘穷帽”十分关键，也有利于贫困地区的产业发展，应成为教育精准扶贫攻坚战的重要内容而优先考虑并重点发展。应采取包括提升贫困地区职业教育办学能力、加快区域性公共实训基地建设、按照当地产业发展实际加大实用技能培训力度、鼓励贫困地区职业院校与企业合作办学等一揽子措施，加快贫困地区职业教育发展，努力培育符合贫困地区产业需求的技能型人才。

第七，创新对口教育支援方式，精准助力贫困家庭脱贫。经过近些年的发展，沿海地区高等教育尤其是高等职业教育资源十分丰富，但受制于高考生源减少等因素，一些高职院校不同程度地出现了招生难问题。建议逐步加大发达地区高职院校招生计划向中西部贫困地区投放力度，同时采取更加优惠的扶持政策吸引和鼓励贫困家庭子女到发达地区接受高职教育、鼓励发达地区企业接受中西部贫困家庭学生就业，真正做到精准投放招生计划、精准接受贫困生源、精准落实当地就业、精准实现家庭脱贫。

（执笔人：杨军峰　苏永平）